Claude Lefort
et l'idée de société démocratique

Logiques Sociales
Collection dirigée par Bruno Péquignot

En réunissant des chercheurs, des praticiens et des essayistes, même si la dominante reste universitaire, la collection *Logiques Sociales* entend favoriser les liens entre la recherche non finalisée et l'action sociale. En laissant toute liberté théorique aux auteurs, elle cherche à promouvoir les recherches qui partent d'un terrain, d'une enquête ou d'une expérience qui augmentent la connaissance empirique des phénomènes sociaux ou qui proposent une innovation méthodologique ou théorique, voire une réévaluation de méthodes ou de systèmes conceptuels classiques.

Dernières parutions

Elisabetta RUSPINI (sous la dir. de), *Monoparentalité, homoparentalité, transparentalité en France et en Italie. Tendances, défis et nouvelles exigences*, 2010.
T. DJEBALI, B. RAOULX, *Marginalité et politiques sociales*, 2010.
Thomas MIHCAUD, *La stratégie comme discours*, 2010.
Thomas MICHAUD, *Prospective et science-fiction*, 2010.
André PETITAT (dir.), *La pluralité interprétative. Aspects théoriques et empiriques*, 2010.
Claude GIRAUD, *De la trahison, Contribution à une sociologie de l'engagement*, 2010.
Sabrina WEYMIENS, *Les militants*
Damien LAGAUZERE, *Le masochisme, Du sadomasochisme au sacré*, 2010. *UMP du 16e arrondissement de Paris*, 2010.
Eric DACHEUX (dir.), *Vivre ensemble aujourd'hui : Le lien social dans les démocraties pluriculturelles*, 2010.
Martine ABROUS, *Se réaliser. Les intermittents du R.M.I, entre activités, emplois, chômage et assistance*, 2010.
Roland GUILLON, *Harmonie, rythme et sociétés. Genèse de l'Art contemporain*, 2010.
Angela XAVIER DE BRITO, *L'influence française dans la socialisation des élites féminines brésiliennes*, 2010.
Barbara LUCAS et Thanh-Huyen BALLMER-CAO (sous la direction de), *Les Nouvelles Frontières du genre. La division public-privé en question*, 2010.
Chrystelle GRENIER-TORRES (dir.), *L'identité genrée au cœur des transformations*, 2010.

Louis Moreau de Bellaing

Claude Lefort
et l'idée de société démocratique

© L'Harmattan, 2011
5-7, rue de l'Ecole-Polytechnique, 75005 Paris

http://www.librairieharmattan.com
diffusion.harmattan@wanadoo.fr
harmattan1@wanadoo.fr

ISBN : 978-2-296-54272-3
EAN : 9782296542723

SOMMAIRE

Introduction 9

I – L'interprétation 17
II - Interprétation et phénomènes sociaux 37
III - Interprétation et idée démocratique 53
IV - Interprétation et démocratie 77
V - Interprétation et totalitarisme 95
VI - Interprétation et idée du totalitarisme 113
VII - Interprétation et droits 127
VIII - Individu et sujet 141
IX - Faits et événements 149
X - Révolution et politique 165
XI – Totalitarisme 181
XII - La guerre 201
XIII - Société et lien social 207
XIV - 1968 et après ? 227
XV - Le pouvoir 241
XVI - Les droits de l'homme 259

Conclusion 269

Table des matières 279

Le détail des rubriques dans les chapitres figure dans la table des matières.

INTRODUCTION

Des libres propos ne sont ni un commentaire, ni une analyse, ni une interprétation globale, ni une ou des exégèses. Un commentaire requiert une interprétation approfondie. L'analyse suppose la référence à tout l'oeuvre de l'auteur, pour se concentrer sur l'un de ses livres. Une interprétation globale d'un livre le situe dans l'oeuvre, le prend en son entier sans sérier des textes. Des exégèses auraient requis de suivre ligne à ligne les textes retenus et d'en tirer une sorte de nouvelle réflexion.

Nos propos sont beaucoup plus modestes. À partir de ce qui est retenu dans le livre, ils proposent - c'est le cas de le dire - une explication par l'interprète (qui est simultanément lecteur), explication qui ne vaut d'ailleurs que par rapport au lecteur et s'applique à chaque texte. Mais, si, dans le livre, il y a cohérence de la pensée, les textes ne peuvent pas s'isoler complètement les uns des autres. Un lien les unit subtilement que l'interprète, par ses paraphrases, ses mises au point, ses mises en évidence, peut faire quelque peu apparaître.

Le livre *Le Temps présent. Ecrits : 1945-2005* est celui d'un auteur, philosophe politique et philosophe de l'histoire, mais aussi, pour nous, sociologue, socio-anthropologue : Claude Lefort.

Auteur aujourd'hui connu et reconnu internationalement en sciences humaines et sociales, il a le mérite de ne pas battre les estrades, sauf celles de son métier de chercheur-enseignant. Situons-le brièvement pour les lecteurs et les lectrices qui ne le connaîtraient pas, mais la meilleure manière de le connaître est de lire ses livres. S'opposant, dès 1943 au Parti communiste tout en étant marxiste, il quitte en 1947 le trotskisme et fonde avec Castoriadis un groupe Socialisme ou barbarie qui s'efforce d'analyser le système bureaucratique en URSS. Abandonnant, en 1958, Socialisme ou barbarie dont il redoute la fixation en organisation - fixation qui ne s'est pas produite -, il s'éloigne du marxisme, tout en gardant pour Marx un intérêt à la fois affinitaire et critique qui dure toujours. Elève, au lycée, de Merleau-Ponty dont il devient l'ami, il a polémiqué, dans les années 50, avec Sartre sur les camps en URSS, pIlolémique qui a contribué à l'écarter de la gauche socialiste ; celle-ci n'a guère critiqué, jusqu'à la disparition de l'URSS, le stalinisme et le post-stalinisme totalitaires et n'a critiqué qu'occasionnellement ses abus. Auteur de nombreux articles entre 1945 et 1968, dont beaucoup paraissent, avant 1958, dans la revue *Socialisme ou barbarie*, il va, à partir de la publication, dans un livre collectif, d'un texte sur les événements de 1968, commencer à rassembler ces articles. Il achève également sa thèse sur Machiavel en 1972 et entre à l'Ecole pratique des Hautes Etudes en Sciences sociales où il enseigne jusqu'à sa retraite en 1994. Il est mort le 3 Octobre 2010.

Le livre sur lequel nous tenons de libres propos est intitulé *Le Temps présent*. L'une des idées de Lefort est qu'il y a un passé-présent, c'est-à-dire que le présent devient saisissable, non seulement tel quel dans l'instant, mais en l'accolant à son passé, même s'il arrive qu'une sensation fugitive - le parfum d'une fleur par exemple - vienne l'en détacher. Or *Le Temps présent* - le livre - porte sur le passé ; il fait se succéder chronologiquement des articles et des entretiens qui vont de 1945 à 2005. Mais ce passé n'a de sens que si le temps d'aujourd'hui le présentifie, lui donne signification et sens. Qu'il s'agisse d'événements ou d'oeuvres, Hongrie, Tchécoslovaquie, gaullisme, Solyenitsine surgissent du passé comme présents, réincarnés en quelque sorte par ce que l'auteur, à l'épreuve de ces événements et de ces oeuvres, en avait dit par petits bouts et qu'il nous présente aujourd'hui en bloc. Ce dernier livre paru de Lefort ne rend ni nostalgique, ni passéiste. Il intrigue sans cesse, parce qu'il va avec le temps, autrefois présent au fur et à mesure, aujourd'hui passé, mais devenant temps de présence par l'écriture et l'oeuvre.

Dans ce livre, les principaux concepts de l'auteur se retrouvent, que ses autres ouvrages ont rendu significatifs. Lefort appelait totalitaire la direction du système bureaucratique en URSS. Le concept s'est élargi, pour caractériser notamment le type de société né de la Russie et de sa révolution, type de société sans équivalent, si on le compare aux dictatures et aux despotismes de la modernité, aux régimes oligarchiques, tyranniques ou aristocratiques de l'Antiquité et de l'Ancien Régime. Sous sa forme stalinienne et post-stalinienne, il est une sorte de fantasmagorie qui se met an place avant la dernière guerre et va durer jusqu'à son écroulement brutal en 1989, sous le coup de pouce de Gorbatchev qui - peut-être sans mesurer les conséquences que cela pouvait produire - décrète la liberté du droit d'expression et de connaissance dans l'espace public et privé. La fantasmagorie reposait sur l'illusion d'un Substitut - le parti et son tout-puissant secrétaire - parlant et agissant comme s'il était, à lui seul, la société, une société indivise, homogène. La finalité était de construire un homme nouveau sur terre (et non plus pour le salut éternel comme l'avait prêché l'Eglise). Parler, à propos du marxisme-léninisme de religion séculière, comme le faisait Aron, nous a toujours paru peu probant. Car il ne s'agit pas d'une religion qui conforte son corpus dogmatique et qui suppose un autre monde, un Tout Autre comme disait Ricoeur, ni d'un sacré extérieur pour reprendre l'expression d'Edmond Ortigues, caractérisant des sociétés à ancêtres et à mythes. Il s'agit pour le Substitut de représenter (et non d'incarner comme ce fut le cas dans les totalitarismes fasciste et nazi) le social, le collectif, de parler et d'agir comme s'il était eux. Individus et groupes peuvent se vivre comme luttant contre un ennemi intérieur qui va à l'encontre de la parole et de l'agir du Substitut (d'où l'autocritique) et contre un ennemi extérieur (l'étranger) qui peut s'allier avec l'ennemi intérieur.

Mais il serait vain, dans ce livre, de s'en tenir au concept de totalitarisme. Il est certes l'une des grandes préoccupations de l'auteur, mais non, et de loin, la seule.

Le Temps présent commence d'ailleurs par un article qui critique les travaux de Daniel Guérin sur le fascisme et annonce une définition de celui-ci qui sera reprise par l'auteur en 1958, pour montrer que la gaullisme n'était pas fasciste et ne menait pas au fascisme.

On verra apparaître, au cours des pages, le concept d'indétermination qui prend de plus en plus d'importance - et qui est peu à peu caractérisé -, mais surtout celui d'interprétation qui court entre les lignes et tente de briser tout surplomb de la pensée de l'auteur et toute possibilité, pour le lecteur, de la fixer une fois pour toutes.

Il y a bien d'autres concepts qui réapparaissent dans ce livre à partir de l'oeuvre de Lefort ; nous en laissons l'élucidation à l'exégèse qu'ils requièrent. Or nous ne nous voulons pas exégète.

Si nous parlons des concepts mis en oeuvre par Lefort, c'est parce que, à notre sens, ils sont induits et détachés de questions, de questionnements qui travaillent non seulement l'oeuvre, mais tout particulièrement ce livre. Par exemple, qu'est-ce que, selon la formule de Merleau-Ponty, la « chair du social » ? Est-ce non seulement le corps des individus, mais aussi la substance que les êtres humains mettent dans leurs rapports sociaux, contenus abstraits ou concrets qui, en quelque sorte, les « garnissent » ? Comment et pourquoi une hiérarchie (une seule) tend-elle continûment à se reforger, visant un Un, un unique quelconque et s'exerçant contre la multiplicité des rapports sociaux, des catégories sociales et contre la division de classes ? Faut-il balancer par-dessus les moulins les droits humains, droits humains et droits sociaux ? Ne faut-il pas, au contraire, leur reconnaître leur place, celle d'inspirateurs de foyers de revendications et d'obligations reconnues ?

Enfin une question surgit, parmi toutes celles qui, à notre avis, peuvent se multiplier et induisent, répétons-le, lorsque l'auteur s'en détache, la cohérence conceptuelle de son livre (sinon de son oeuvre). C'est celle qui nous intéresse le plus - et qui donne son titre à notre ouvrage - : qu'est-ce que la démocratie ?

À celle-ci nous répondrons par une idée, dont nous ne prétendons pas retrouver les lignes de force à la base de l'ouvrage de Lefort - ouvrage qui, à notre avis, la déborde -

, mais dont nous pensons qu'elle peut éclairer, d'un bout à l'autre de son parcours, le travail de l'auteur dans ce livre et dans ceux qu'il a écrits précédemment. Pour nous, Lefort cherche constamment depuis 1945 ce que peut être la démocratie. Même lorsqu'il la confond probablement, entre 1945 et 1958, avec la démocratie bourgeoise, ce qui l'interpelle ce sont la signification et le sens qu'elle peut prendre, non pas seulement comme régime politique, mais comme mode d'être, comme style de vie collectif et individuel.

Il nous semble que le choix, sous l'influence de Merleau-Ponty, de la démarche phénoménologique, celle plus proche de Husserl que de Heidegger - à laquelle Lefort demeure fidèle, même s'il l'aménage en y introduisant la dimension de l'inconscient - marque déjà, dès ses premiers textes, chez lui cette recherche de ce que peut être la démocratie. Plus encore retrouvons-nous cette préoccupation dans ses articles sur l'interprétation, sur la révolution hongroise, préoccupation qui demeure, selon nous, largement implicite et qui s'explicite ici et là par des articles portant directement sur le concept et la pratique de la démocratie, par exemple dans un chapitre de *L'Esquisse d'une théorie de la bureaucratie* et, tout récemment (2009), par une conférence à la Sorbonne sur la fragilité et la fécondité de la démocratie.

Telle est notre idée qui nous servira de fil conducteur, de fil rouge, pour tenir de libres propos sur les textes que nous avons retenus de l'ouvrage et que nous présentons très largement dans les chapitres qui suivent.

À la vérité, cette idée nous a été suggérée par ces textes. Les ayant choisis fort arbitrairement au creux des articles et des entretiens qui se succèdent dans le livre, nous nous sommes aperçu, en les lisant et les relisant, que c'était peut-être, dans la plupart d'entre eux, cette recherche de la démocratie qui constituait leur horizon. Ce dernier est-il indépassable dans notre temps ? L'interrogation qui, constamment, le vise incline à penser qu'aucun horizon n'est indépassable en notre temps ou en d'autres, à moins d'arrêter précisément cette interrogation, de boucler la boucle et de faire disparaître la recherche en question.

Précisons que, si les textes ont été choisis par nous arbitrairement au cours de la lecture et de la relecture, nous avons tenté de respecter l'ordre d'apparition dans le temps des thèmes autour desquels nous rassemblons ces textes.

Ces thèmes - qui nous servent de chapitres et qui sont eux aussi quelque peu choisis arbitrairement - « encadrent » ceux qui nous sont suggérés par chaque texte et qu'une rubrique tente de formuler. La moitié de nos propos fait apparaître le thème de l'interprétation - qui est l'un des premiers grands thèmes abordés par Lefort dans cet ouvrage. Pour les autres thèmes, nous avons suivi également, autant que possible, la chronologie.

À cette thématisation, on ne doit attribuer aucune intention de fixation. Elle est plutôt une facilité de lecture. Lefort n'aime guère qu'on fixe sa pensée. Lui-même emploie le terme « fluidifier » qui marque son effort, dans l'écriture, pour ne pas bloquer la phrase, l'idée, la conceptualisation. Seuls les faits et événements, leur exactitude, leur poids lui paraissent irréductibles. Les occulter disqualifie la recherche. En cela, il est, pour nous sociologue, empirique au sens de l'empirisme sociologique (celui de Durkheim et de Mauss), mais il pense et dit grosso modo (notamment à Giovanni Busino aujourd'hui décédé) que le philosophe rôde toujours autour du sociologue, de l'historien, de l'anthropologue, du psychologue et qu'à n'être pas suffisamment philosophe ces derniers s'exposent à demeurer en deçà d'une compréhension ouverte de leur science de référence.

Ce sont les textes de Lefort qui montrent au mieux, dans leur déroulement, la validité de l'idée que nous voulons défendre. Aussi n'hésitons-nous pas à les citer aussi longuement que possible. Il ne s'agit pas de démontrer, mais plutôt de montrer au mieux, en présentant ces textes, la validité de notre idée.

Insistons sur le fait que la finalité de notre travail est de contribuer à une sociologie de la connaissance subjective. Il s'agit donc pour nous de donner la parole à l'auteur (Lefort) et l'on ne s'étonnera pas, répétons-le, de la multiplication et de la longueur des citations. C'est, bien sûr, dans nos libres propos par rapport aux textes cités qu'une sociologie de la connaissance subjective peut trouver du matériau et peut-être des pistes de réflexion. Pour nous, les textes de Lefort appartiennent pleinement, dans les sciences humaines et sociales, par leur rigueur et par l'ouverture conceptuelle qu'ils proposent, à la philosophie politique, à la philosophie de l'histoire et à une socio-anthropologie.

Nous n'avons pas voulu diviser ce livre en parties qui auraient rompu la succession chronologique et par trop enfermé le propos de l'auteur et le nôtre. Nous renvoyons le lecteur au sommaire qui indique les titres de chapitres et à l'annexe qui donne la liste des rubriques dans les chapitres.

Bien que Lefort, déjà très malade, n'ait pu lire, nous a-t-il dit, le manuscrit que nous lui avions envoyé, nous laissant libre, a-t-il ajouté, de sa publication, le livre paraît, malgré nos hésitations, grâce à la psychanalyste Marie Bonnet qui nous a encouragé à le publier en hommage à l'auteur du *Temps présent* et à toute son oeuvre. Il est dédié à la mémoire du psychanalyste Philippe Girard, qui fut son premier lecteur.

Chapitre I
L'INTERPRÉTATION

Le début du *Travail de l'oeuvre, Machiavel* était consacré au problème de l'interprétation dont Lefort dira plus tard (à Aron) qu'il ne prétendait nullement en proposer une théorie. Pour autant, la conception qu'il se fait de l'interprétation apparaît essentielle tout au long de son oeuvre. Dès le début de ce livre *Le Temps présent*, il y revient en introduction et l'on peut retrouver une suite à ce thème dans le livre à propos de l'expression de l'oeuvre, de l'interprétation littéraire quelle qu'en soit la forme (romans, etc.), de la rupture de Lefort avec le marxisme, de l'épreuve de connaissance, de l'indétermination, de l'institution, de la philosophie, des rapports entre démocratie et philosophie. Le thème de l'interprétation réapparaît également à propos de la question de l'autre, de l'acceptation de la novation, des rapports entre psychanalyse et ordre symbolique, de ceux de la psychanalyse avec la démocratie, de l'idéologie, de l'erreur et de la contradiction, enfin du travail de la pensée en prise avec l'illusion.

L'autorité du lecteur

Dès sa très brève page d'introduction au livre, l'auteur, rappelant qu'à la fin des années 50 il a abandonné le groupe Socialisme ou barbarie d'inspiration marxiste, note : « Depuis que j'ai abandonné ce groupe,...je ne connais d'autre autorité que celle du lecteur. »[1]

Ce qui légitime l'interprétation que l'auteur donne de tel texte ou de tel événement c'est l'autorité qui, chez le lecteur, va naître de sa propre interprétation du texte, de l'événement et de l'interprétation de l'auteur. Lefort refuse tout surplomb sur l'oeuvre, dans le texte, le commentaire, l'exégèse. L'auteur n'impose pas son interprétation, il l'offre au lecteur pour que ce dernier - et c'est cela son autorité - soit renvoyé à sa propre interprétation.

Il y a là chez Lefort une référence à la première partie de son ouvrage *Le Travail de l'oeuvre, Machiavel*. Il était nécessaire que nous la rappelions brièvement.

L'effort d'expression de l'oeuvre

À propos d'un article de Sartre consacré à la rationalisation de la littérature, l'auteur écrit : « ...il ne se demande pas suffisamment ce que signifie l'effort d'expression, ce par quoi une oeuvre s'élève au-dessus des précédentes, vise un nouveau rapport entre l'auteur et le lecteur, suscite en celui-ci de nouvelles attitudes, trouve enfin un nouveau type d'existence. »[2]

Est ici développée la brève phrase sur l'autorité du lecteur. Le rapport entre auteur et lecteur par la lecture de l'oeuvre a obligé l'auteur à un « effort d'expression ». Notons qu'il n'élève pas nécessairement l'oeuvre au-dessus des précédentes. Mais, indéniablement, le lecteur réagit par de nouvelles attitudes. On ne lit pas *Le Rouge et le Noir* comme on lisait *Les Malheurs de Sophie* de la comtesse de Ségur. Et c'est l'oeuvre qui trouve un « nouveau type d'existence ». Elle n'est plus dans la tête, sous la plume et dans l'inconscient de l'auteur, elle vit de sa vie propre avec chaque lecteur. Qui n'a pas vécu une sorte de transformation en soi, même minime, après avoir lu un beau livre, en l'occurrence de littérature ?

---

[1] Introduction (sans titre) p. 31 datée de 2006.
[2] La littérature moderne comme expression de l'homme p.113, daté de 1954.

L'auteur à l'intérieur du personnage

« L'auteur, poursuit Lefort, refuse de se mettre à distance de ses personnages...Il choisit de s'établir en eux...Il prétend se situer (ou feint de se situer) sur le même plan que celui qui parle et coïncider avec le mouvement de son existence...(Le) lecteur est mis dans la situation même de l'auteur. Il n'a qu'à s'établir au coeur du personnage. »[3]

Lefort va plus loin. Se servant de l'exemple de Joyce (et sans doute d'*Ulysses*), il donne en quelque sorte au lecteur le même statut qu'à l'auteur : s'établir au coeur du personnage. Il y a donc, dans ce cas, après la lecture de l'oeuvre, une coexistence de l'auteur et du lecteur, à partir de laquelle l'autorité du lecteur prend tout son sens. L'interprétation ne fera pas autorité, notamment dans le roman, si le lecteur ne contribue pas à lui donner existence et sens.

Décentration

« ...l'auteur n'est plus le centre de sa création, comme Dieu le père ; ...les personnages ne sont plus au centre de l'oeuvre, le lecteur ne peut plus prendre une vue absolue du roman ni le convertir en pur squelette...; l'individu enfin ne peut réduire le monde à sa représentation, mais doit se perdre en lui pour ne pas se perdre de vue. »[4]

Ni l'auteur, ni le lecteur ne sont plus au centre de l'oeuvre. C'est tout surplomb possible de l'un et de l'autre qui est aboli. Le lecteur ne regarde pas l'oeuvre, pas plus que l'auteur ne la possède. Le lecteur reprend l'interrogation de l'auteur ; le monde (du roman, mais c'est vrai aussi de n'importe quelle oeuvre philosophique, sociologique, anthropologique, etc., lorsque l'auteur ne s'y est pas érigé en créateur absolu), n'est pas un spectacle ; c'est un lieu où l'on se perd et cette perte est un gage pour mieux se connaître.

La littérature vit la contradiction de notre temps, elle est l'homme même

---

[3] Ibid. p. 114..
[4] ibid. p. 125;..

La contradiction entre l'homme et l'homme, entre l'homme et la société est au coeur de tout homme qui produit : ouvrier, savant ou artiste, dit à peu près Lefort. La littérature interroge le réel. « Cette interrogation est une action...Quand elle nous présente son vrai visage, la littérature n'est plus une expression, elle est l'homme même. »[5]

Elle n'est plus ni l'auteur, ni le lecteur, elle est l'être humain contradictoire, c'est-à-dire moi-même.

La rupture avec le marxisme

Elle eut chez Lefort certainement beaucoup d'autres motifs que celui repérable ici à propos de l'interprétation. Mais, pour s'en tenir à l'interprétation, cette rupture est marquée par une manière de dire, d'écrire et de faire (produire) que l'auteur ne dissimule pas : « Quand on pense que la politique est l'affaire de tous, on ne peut que vouloir écrire pou tous, et voilà que votre discours suit nécessairement une voie qui vous éloigne du plus grand nombre. Je crois simplement qu'il ne faut pas se masquer cette contradiction. Les marxistes parlent à tout bout de champ de la pratique sociale, mais ils sont aveugles à la pratique qui est censée les mettre en rapport avec cette pratique sociale et qui n'est rien moins que transparente, qui implique la ségrégation d'un espace de culture. »[6]

Autrement dit (par nous LMB), il y a une pratique sociale et culturelle qui nous met en rapport avec la pratique sociale. Mais la première suppose d'être séparée (et que l'auteur soit séparé) de la seconde. Elle suppose un espace social - Lefort oublie, à notre avis, social - et de culture (culturel) d'où il doit observer, connaître la pratique sociale, puis la penser, la dire, l'exprimer. Il n'est pas au-dessus, il est dedans, mais il s'en écarte pour faire son travail de producteur de connaissance.

---

[5] ibid.. p. 126.
[6] Entretien avec l'Anti Mythes, p. 235, daté 1975

L'épreuve de connaissance

« ...de chaque lieu, chacun est renvoyé au principe de sa démarche, ou plutôt l'interrogation se réfléchit, devient sensible à elle-même et, tout en devenant une interrogation déterminée, celle par exemple du champ social, met à l'épreuve de ce qui est. En d'autres termes, on pense ceci ou cela et on pense tout simplement, il y a travail de la pensée sur elle-même. »[7]

Lefort refuse un recouvrement du psychanalytique par le social et réciproquement. Mais il lui paraît illusoire de penser qu'il y a une réalité psychique en soi et une réalité sociale en soi, autrement dit, dans la réalité, une séparation entre psychique et social. Les modes de connaissance par la pensée ne sont pas, pour lui, séparés, d'où une épreuve de connaissance si l'on peut dire, épreuve qui se produit dans l'interrogation de ce qui est (le réel). On pourrait dire que, pour lui, l'interprétation (de l'auteur) n'est pas seulement prendre connaissance, mais s'éprouver dans le rapport au réel.

La rupture avec le marxisme (2)

Cette épreuve de connaissance se manifeste, selon nous, chez Lefort, dans une rupture avec le marxisme, mais non dans une rupture avec Marx. « L'on manque la vérité de l'oeuvre si l'on ne fait pas droit à son indétermination, au travail dont elle est le produit et auquel nous nous rapportons en nous laissant travailler par elle. Marx...m'importe parce que, dans le présent, je suis renvoyé à son oeuvre que je n'ai jamais fini de lire, qu'elle est le lieu d'une interrogation qui va très au-delà des conclusions auxquelles elle paraît aboutir. »[8]

Lefort se place ici dans la position du chercheur. Il tente de l'expliciter, comme il l'a fait auparavant, mais, cette fois, à partir de lui-même. Lisant Marx, il est « renvoyé » à « l'indétermination » de son oeuvre. L'auteur (Marx) ne

---

[7] iibid. p. 258.
[8] ibid. ,p.280.

surplombe pas par son interprétation - comme ce fut le cas de tant d'autres. Du coup, l'oeuvre de Marx continue de vivre dans la pensée du lecteur (Lefort), puisqu'il l'interprète sans se laisser enfermer par elle.

L'indétermination

Lefort revient sur la lecture de Marx, en développant son propos antécédent : « Lire Marx, c'est prendre la liberté de l'interroger. Cette liberté suppose qu'on accueille l'indétermination qui accompagne le mouvement de l'écriture...Et cette liberté se gagne, s'accroît dans la lecture elle-même, qui donne à penser au lecteur son propre temps. Elle s'accroît de la liberté de l'autre. » [9]

Lefort poursuit son argumentation. S'en prenant à un discours supposé scientifique, qui détermine par un système ses énoncés, il ajoute : « Or la même raison décide de l'élimination de l'oeuvre et de celle du social. »[10] La connaissance du monde est dès lors renvoyée à l'impuissance. La critique que Lefort fait ensuite de Bachelard ne semble guère opportune (« la maxime de Bachelard selon laquelle les faits sont muets, s'ils n'ont été produits par l'opération scientifique ») ; ce que Lefort appelle l'»opération scientifique », n'est-ce pas la rupture épistémologique que lui Lefort pratique mieux que personne et enseigne aux autres ? Celle-ci ne nuit en rien à l'indétermination propre à une oeuvre, à un terrain, à un phénomène social, à un événement quels qu'ils soient.

L'idéologie contre l'indétermination

« Si l'idéologie se signale aux dispositifs qu'elle aménage pour conjurer le danger de l'indétermination dans les choses - ou, ce qui revient au même, pour étouffer l'interrogation -, elle emprunte là encore une carrière féconde. »[11] Lefort cite les cas où la position de l'idéologie est ramenée à celle du

---

[9] Maintenant, p. 280, daté 1978.
[10] ibid. p. 280.
[11] ibid. p. 284.

colonisateur, où « la violence de la domination est accouplée à celle de la connaissance. »

L'institution du social

Elle est affaire d'interprétation, nous semble-t-il, autant que de reconnaissance. « La connaissance de nos sociétés, écrit l'auteur, le déchiffrement de leurs divisions et de leurs représentations, le questionnement de ce qui leur fait question ne se peut retrancher de la visée de leur institution (souligné dans le texte), du mode de leur engendrement, de celui de leurs différenciations au cours du temps et des problèmes qui en surgissent. »[12]

Lefort s'efforce de montrer ensuite que la « visée de l'institution » est celle de l'»institution du social ». Mais cette visée de l'institution du social ne se circonscrit pas dans les limites du présent, ni dans celles de l'histoire où « il (le présent) prend figure ». Nous citons ici longuement : « Car sitôt qu'on se rapporte à sa genèse (celle du présent), dans une interrogation qui porte sur l'institution du social (souligné dans le texte), cette interrogation ne peut que déborder les sociétés modernes ; mieux, elle ne peut affronter ce qu'elles ont de singulier, prendre en charge les problèmes de leur historicité propre qu'en référence à ce qui leur est étranger. Une telle interrogation est sans frontières…Cette interrogation porte tout autant sur les sociétés dites primitives ou « communautés sauvages » qui, selon Clastres, refusent l'État que sur la démocratie de Clisthène, le régime des castes en Inde, la « bureaucratie céleste » de l'ancienne Chine. Elle vit à l'épreuve de la différence - dans les horizons de notre monde, il est vrai, qui ouvre à la différence ».[13]

Ethnocentrisme, sociocentrisme, idéocentrisme, voire panthéocentrisme se trouvent ainsi balayés d'un trait de plume et l'on ne peut que s'en réjouir. Cela n'efface pas chez Lefort la recherche de la singularité, comme le montre l'énumération précédente. Mais la commune visée de

---

[12] ibid. p. 296.
[13] ibid. p. 296.

l'institution du social qui s'appuie sur la différenciation empêche les amalgames et les avatars de l'idéologie.

La philosophie

Elle est une interrogation sans frontières : « (La philosophie) habite déjà la littérature, du moins pour un lecteur capable de se laisser ébranler, emporter dans la rencontre d'une oeuvre et de se lier jusqu'à ne plus savoir si c'est sa passion ou la passion de l'autre qui l'éveille et si c'est sur un livre ou sur les choses mêmes qu'il a les yeux ouverts. »[14] Emporté par sa propre passion, Lefort se moque ensuite des sémiologues et de ce que Barthes appelait le plaisir du texte (qui est aussi une passion). Puis il ajoute : « Nous sommes prêts à la chercher (la philosophie) dans les travaux d'ethnologues, d'historiens, comme dans le champ de la réflexion politique et de la psychanalyse, pour l'y trouver plus vivante que là où elle est censée régner. »[15] L'attaque se porte alors sur la voix des « très avertis destructeurs de la métaphysique, (voix) d'autant plus persuasive que leur discours est tout de même plus rusé - il faut leur laisser cela - que celui des besogneux de la structure et du texte. »[16] La distinction entre, d'une part, Foucault, Derrida et, d'autre part, Barthes et son école est faite, ce qui permet à Lefort de stigmatiser de nouveau les sémiologues, mais surtout d'englober les deux groupes dans une idéologie commune.

Nous pensons que le texte que nous avons cité auparavant valait mieux qu'un tel développement qui, quelques critiques qu'on puisse faire à Barthes ou à Derrida, requérait une explication plus élaborée. Restent les textes sur la philosophie qui invitent les non-philosophes à tenter d'être philosophes ou, plutôt, plus philosophes, et les philosophes eux-mêmes à ne pas s'enfermer dans la philosophie universitaire.

Enfin Lefort rappelle que la pensée du politique, celle de l'histoire et de la philosophie se sont autrefois formés

---

[14] ibid. p. 297.
[15] ibiid. p. 291.
[16] ibid. p. 298.

ensemble et qu' « un tel événement avait quelque chose à voir avec la naissance de la démocratie »[17]

Marx et l'idéologie

La plus grande ambiguïté de Marx « paraît être, selon Lefort, celle de lier l'idée de la lutte de classes à l'idée d'une société communiste qui aurait banni d'elle toute division, qui serait en quelque sorte homogène... ; ultérieurement, ce fantasme vient alimenter le totalitarisme »[18].

Mais « Marx a été, avant toute chose et constamment le critique le plus radical et le plus courageux du travail forcé sous le couvert du libéralisme. L'oeuvre critique de Marx est immense et ineffaçable. C'est lui qui a fait basculer une certaine conception de l'histoire jusque-là marquée du sceau de la bourgeoisie, qui a fait surgir la vérité de ce qui était déjà l'autre (souligné) de cette bourgeoisie, le prolétariat, un autre (souligné) qui était refoulé par l'idéologie dominante, considéré en dehors de la vraie société. Et tout ce mouvement de la pensée de Marx, d'une certaine manière on n'y est pas infidèle quand on fait la critique du Goulag. »[19]

Marx n'est pas exempt de sa propre idéologie (le fantasme de la société homogène), mais, dans le même temps, il « perfore » (terme de Lefort ailleurs) l'idéologie bourgeoise. Le mouvement de sa pensée fait sauter des verrous ; apparaît le prolétariat comme autre de la bourgeoisie. Or c'est ce mouvement de pensée, débusquant le vrai sous la peinture de l'idéologie, que Lefort reprend à son compte dans la phrase qui suit. Le « on » c'est lui et peut-être quelques autres : Souvarine, etc. Faire la critique du Goulag - en un temps où personne ou presque ne le critique et où *L'Archipel du Goulag* de Soljenitsine est mal reçu, tout autant que son commentaire par Lefort - c'est se remettre dans le mouvement de pensée inspiré par Marx.

---

[17] ibid. p. 298.
[18] Goulag, détente et après-Brejnev p.314, daté 1977.
[19] ibid. p. 314;

L'interprétation des interprétations

Dans ce texte sur la guerre, Lefort donne brusquement, en citant Aron, mais en développant au mieux le propos de ce dernier, sa conception, si l'on peut dire, de l'interprétation. Nous citons longuement : « Le fait est qu'un écrivain puise dans son temps de quoi penser pour d'autres temps et qu'il ne se lie pas seulement à des contemporains, mais veut être lu par des hommes qui auront une autre expérience que la sienne. De telle sorte que le lecteur d'à présent ne lui est pas infidèle lorsqu'il mêle ses pensées aux siennes, lorsqu'au cours de la lecture il charge les « réponses » qu'il croit entendre du poids de ses propres questions. L'enquête historique ne lui permet pas de s'effacer devant l'objet. Elle n'est elle-même possible que parce qu'elle met en jeu sa sensibilité au monde qu'il habite... Quant aux représentations et aux interprétations déjà élaborées, dont nous avons pour une part connaissance avant d'avoir lu l'oeuvre qui les a suscitées..., nous les prenons en charge plus ou moins délibérément, elles contribuent à nous donner un accès à ce texte, soit qu'elles servent à son intelligence, soit qu'en le dénaturant, elles nous provoquent à reconnaître ce qui est éludé ou masqué. » [20]

Lefort avait longuement parlé de sa conception de l'interprétation dan *Le Travail de l'oeuvre, Machiavel* (auquel Aron a dû penser en choisissant le titre de son livre *Penser la guerre, Clausewitz*)). Il y revient ici, comme il le fait un peu partout, dans *Le Temps présent*. Mais il peut désormais condenser sa pensée sur l'interprétation et lui donner l'ampleur qu'elle mérite : pré-commentaires, lecture, commentaires du lecteur.

L'interprétation

Auparavant, dans les deux pages qui précèdent, Lefort écrit : « Et puisque Raymond Aron (auteur de *Penser la guerre, Clausewitz*) veut bien faire allusion, au début de son introduction, à mon propre livre sur Machiavel, je

---

[20] Penser la guerre, Clausewitz p. 324 daté de 1977.

voudrais signaler au passage qu'il se trompe à vouloir m'imputer l'ambition d'une telle théorie (une théorie générale de l'interprétation). Il m'importait seulement de réfléchir sur le problème philosophique de l'interprétation pour éclairer ma propre pratique, non de forger un système ou d'indiquer une méthode. »[21]

Lefort répond en quelque sorte à Aron, en lui donnant sa conception (et non une théorie générale) de l'interprétation.

L'usage de la psychanalyse

Le terme est de nous et non de Lefort. La psychanalyse nous semble constamment présente dans les textes de Lefort. Certes il ne cite pas Freud, se refuse justement à toute utilisation de termes psychanalytiques propres à la cure (chez le psychanalyste) et craint, comme le Freud du *Malaise dans la Civilisation*, le glissement de la psychanalyse vers le social. Cependant sa pensée philosophique, phénoménologique au sens de Husserl et de Merleau-Ponty, est pétrie de psychanalyse, plus précisément de la démarche psychanalytique. À Gilles Anquetil qui lui dit : « ...mais à force de soumettre la sociologie à la question philosophique, n'en arrive-t-on pas, comme pour la psychanalyse où il y a des analyses interminables, à une sociologie interminable ? », il répond : « La psychanalyse a sa spécificité. Mais il est vrai que toute analyse socio-historique est par principe interminable, parce qu'elle est faite de questions que l'on pose à un objet qui n'existe qu'en faisant question pour lui-même... D'une part, le sociologue construit des objets en raison de questions qui se forment en lui, ici et maintenant, au contact de son expérience du monde, d'une expérience confuse qu'il ne maîtrise pas. Et d'autre part, il rejoint, à travers des institutions, des acteurs qui déchiffrent (souligné) leurs conduites, leurs rapports, leurs liens et leurs oppositions et à qui ces institutions font problème ».[22]

Si le sociologue analyse interminablement, les acteurs (le mot est discutable) déchiffrent tout aussi interminablement

---
[21] ibid. p. 322.
[22] Repenser la démocratie p. 343 daté 1978.

comme en psychanalyse, celle de la cure où, au fond, l'analyse n'est jamais terminée même quand elle s'achève, mais surtout celle qui, en tant que démarche, inspire un sociologue comme Lefort.

Démocratie et philosophie

Pour Lefort, il s'agit de repenser la nature de la démocratie, ce qui nous paraît une tâche philosophique avant qu'elle devienne sociologique et anthropologique. « La démocratie ne souffre pas de définition, écrit Lefort, mais elle désigne un type de société dans lequel nul ne saurait s'adjuger le pouvoir ; dans lequel se trouve aménagée et circonscrite une scène politique où joue la compétition ; dans lequel cette compétition a pour effet d'activer et de légitimer les conflits qui surgissent dans la société civile, dans lequel, donc, les divisions ne sont pas déniées, enfin dans lequel la différence des instances qui commandent la vie sociale est préservée ».[23]

Lefort dit ici ce qui lui paraît essentiel sur la démocratie et il reprendra ce thème de nombreuses fois, comme nous le verrons. Il ajoute : « Dans ce type de société, la figure du peuple s'esquisse, mais elle ne peut se fixer ; l'unité se dérobe ; les critères du juste et de l'injuste, du vrai et du faux, du bien et du mal, même ceux du possible et de l'impossible sont indéterminables. Bref la société fait ouvertement question pour elle-même »[24]

Dire que les critères du juste et de l'injuste, etc. sont indéterminables, cela ne veut pas dire qu'il y a relativisme, que la société démocratique peut flotter entre l'un et l'autre de ces critères (bien/mal, etc.). Cela veut dire que, dans cette société, nul ne peut s'arroger le droit de dire ce qui est bien ou mal, juste ou injuste..., comme c'était le cas avec l'Eglise sous l'Ancien Régime. C'est une recherche constante de tous et de chacun qui permet, non de fixer le juste et l'injuste, le bien et le mal, le possible et l'impossible, mais de les faire figurer dans des droits et obligations soumis eux-mêmes au questionnement.

---

[23] ibid.. p.366.
[24] ibid; p. 366.

L'autre

À propos de Clastres, Lefort développe une visée de l'autre proche de celle qu'il repère dans l'interprétation littéraire notamment. « En vain, écrit-il, soupçonnerait-on qu'il (Clastres) n'a voulu ou su voir, sur le terrain, que ce qui convenait à son attente. À le lire, on s'émerveille au contraire d'une rencontre avec l'autre (souligné dans le texte) qui était préfigurée en lui-même...S'il fut si tôt capable de déchiffrer ce que ceux-ci (d'autres) laissaient entrevoir sans le nommer, parfois en le dissimulant, c'est sans nul doute qu'avant de se vouer à l'ethnologie il portait en lui la figure de cet autre, qu'il était fait pour le reconnaître au dehors, révéler son identité et le laisser parler. » [25]

Il faut donc, dans l'interprétation, qu'il y ait dans l'interprète autre chose que la connaissance livresque, documentaire de l'objet, autre chose que ce qu'on appelle la connaissance de terrain. Il y faut une sorte de préparation (le mot est de nous) interne à l'interprète, peut-être une biographie qui rende non seulement possible mais féconde l'approche de l'autre. De *La Chronique des Indiens Guayakis*, l'un des livres de Clastres, Lefort dit qu'il est « l'exemple privilégié de la recherche d'une humanité différente par la vertu d'une sensibilité qui s'y prête ».[26]

Acceptation de la novation

Revenant sur la démocratie, Lefort dit qu'elle suppose une représentation dans l'universel, reconnaissance réciproque, autrement dit reconnaissance de l'autre : « S'il y a une valeur universelle, c'est bien celle-là cette reconnaissance réciproque qui passe nécessairement par l'acceptation de la non-totalisation, l'acceptation de la non-homogénéisation du social, l'acceptation de la novation, l'acceptation de l'indétermination ».[27]

---

[25] Sur Pierre Clastres p. 384, daté 1978.
[26] ibid. p. 384.
[27] La communication démocratique p. 400 daté 1978.

Les repères de la loi

« Qu'est-ce que la loi ? Quel contenu donner à la loi ? La démocratie véhicule cette interrogation ». Lefort explique ensuite qu'on ne peut confondre ce qui est la dimension de la loi et ce qui est son langage « tel qu'il vient à se formuler à une époque donnée selon les aspirations de celle-ci... ». Et il prend un exemple, celui des rapports adulte-enfant, pour faire comprendre la dimension de la loi : « La position de l'adulte est inconnaissable, la nature de l'enfant est inconnaissable, mais impossible de ne pas se référer à une loi en vertu de quoi il y a quelque chose qui doit être dit et quelque chose qui ne doit pas être dit, une loi en vertu de laquelle il y a du permis et de l'interdit, il y a du juste et du non juste, il y a du vrai et du faux »[28]. Il critique la société actuelle qui esquive cette distinction, cette exigence. Celle-ci, dit Lefort reprenant implicitement le thème de l'indétermination, « ne peut pas produire son fondement, mais... est constamment aux prises avec la question de son fondement »[29].

Dès le début du texte, le lien avec la démocratie est marqué ; il est repris à la fin du texte par le biais de l'indétermination. Mais c'est une nouvelle porte qui s'ouvre dans le propos de Lefort - au moins dans ce livre, car cette porte il l'avait ouverte depuis longtemps dans d'autres ouvrages -. La dimension de la loi ne s'oppose pas à l'indétermination, elle la confirme ; l'exigence de la loi (de la distinction du juste et de l'injuste, du permis et du défendu, etc.) renvoie sans cesse à la question de son fondement. Nous ajoutons, pour notre part, que si la prohibition de l'inceste, le sacré civil (aujourd'hui) et le don font partie de la dimension de la loi, ils sont eux-mêmes à questionner et à requestionner.

Psychanalyse et ordre symbolique

Lefort, reprenant sa réflexion sur la psychanalyse, dit comment, selon lui, elle « ébranle » la relation de l'un à

---

[28] ibid. p. 401 pour les trois dernières citations..
[29] ibid. p. 401.

l'autre et la représentation du pouvoir, du savoir et de la loi. Mais, plus encore, l'« aventure de la psychanalyse » et la pensée de Freud, par les effets de l'ébranlement qu'elles provoquent, « sont de nature à réveiller la pensée du politique et la mettre en demeure de sonder la mutation qui commande l'avènement de la société moderne. »[30]

Lefort affirme (« Ma conviction... ») que « la découverte de la psychanalyse se trouve liée à un événement : la dissolution des repères de la certitude. Une révolution, celle que Tocqueville nommait la révolution démocratique, a sapé les fondements de la distinction entre les hommes dans la société, une distinction qui fut toujours - dans toutes les formations sociales antérieures - ancrée dans la nature ou, ce qui revient au même, sacralisée par le mythe ou la religion. »[31]

N'oublions pas que Tocqueville ancrait la révolution démocratique, non seulement dans l'égalité des conditions, mais, en dernière analyse, dans le Dieu-Providence. Reste à se demander - mais reconnaissons que ce n'est pas le propos de Lefort - comment et, ensuite, pourquoi les formations sociales antérieures ont ancré la distinction des êtres sociaux dans la nature ou, ce qui revient au même - plus précisément Edmond Ortigues posait à ce propos le problème du « référent extérieur » - dans le mythe ou la religion.

Notons l'avancée pour la psychanalyse que représente l'argumentation de Lefort. Elle trouve ainsi sa vraie place et son statut. Elle n'intéresse pas - comme on le répète à satiété - surtout les individus, mais les êtres humains ensemble. Elle porte en elle, parce qu'elle naît de la révolution démocratique, un présent à connaître et un futur plus accessible.

Démocratie et psychanalyse

« Une explication de la démocratie.. pourrait rendre plus familier ce qu'il (le champ de la psychanalyse) a de plus déconcertant... La psychanalyse inaugure le questionnement le plus serré sur le savoir, sur l'implication

---

[30] Démocratie et avènement d'un lieu vide p. 463, daté 1982.
[31] ibid p. 463.

du pouvoir dans le savoir, sur le rapport de l'un avec l'autre, et non seulement sur leur mutuelle reconnaissance, mais sur leur mutuelle imbrication. La psychanalyse inaugure un questionnement dans lequel la liberté se rend sensible au contact d'une division, d'un écart de soi à soi. »[32]

Lefort note ensuite que c'est seulement dans une société qui devient démocratique de part en part, en renonçant à une instance ultime de certitude, que « la fréquentation de l'inconnu, l'attrait pour l'immaîtrisable, pour l'interminable » - propres notamment à la psychanalyse - sont possibles ». Il achève tristement sa conférence en disant que « ce qui fait entrer dans le champ de la psychanalyse sous l'effet même de la relation à l'immaîtrisable, à l'interminable, de la dissolution des repères de la certitude, c'est la solidification de l'institution, l'aménagement d'un espace maîtrisable, ou encore la fantasmatisation de la théorie comme grand Savoir, incorporée dans la personne de Freud et de ses successeurs ». Et il pose en final la question : « d'où vient que ne se donner à personne, se soustraire au pouvoir de quelqu'un ou d'un Autre, porte le risque de se laisser réenchaîner par un pouvoir sans contours, sans figure, anonyme, hors, donc, de toute contestation, sous lequel se rétablissent l'obéissance à la règle et l'illusion d'un savoir dernier. » [33] Question qu'il rattache un peu vite à Tocqueville, mais qui est la sienne et qui, grâce à lui, deviendra encore plus celle de nombreuses personnes et groupes.

Idéologie

« (Un) travail s'accomplit sous le signe de ce que nous pouvons appeler idéologie (sans pouvoir justifier ici ce concept), pour réaménager des repères de certitude : repères de la division sociale (au sens restreint de la division de classe) ou bien, au sens large, au sens de la division entre la position de l'un et de l'autre par l'opération du discours de connaissance .et l'opération de

---

[32] ibid. p. 468-469.
[33] ibid.. p. 469.

l'institution ».[34] Lefort indique ces repères : propriété, famille, école, institution médicale, etc. « Repères de la culture, ajoute-t-il, au service d'une discrimination des places de ceux qui ... détiennent richesses, lumières, honneurs, et des autres. Cette discrimination implique à la fois l'affirmation de la reconnaissance mutuelle des sensibilités et l'assujettissement aux détenteurs du pouvoir de ceux qui en sont démunis. »[35]

Mais « l'idéologie ne tient pas tout entière dans la tentative de produire, nommer la différence et de poser l'institution comme lieu de la maîtrise : elle passe aussi à travers des discours apparemment subversifs qui renversent le discours dominant et prétendent à la fois abolir la division sociale dans le réel, détruire l'institution comme telle, enfin qui dénient l'ordre du symbolique. »[36] Lefort ajoute que, sous l'effet des chocs en retour qu'il subit, le discours dominant se transforme et qu'il faut donc le déchiffrer constamment.

On a là un bel exemple de ce qu'on pourrait appeler le fondement (le mot est de nous) de l'idéologie. Ou bien elle efface ou réaménage la division du social, se mettant au service d'une discrimination entre riches et pauvres, ou bien elle nous tient dans son discours de maîtrise, ou bien elle est traversée par des discours subversifs qui la malmènent ; du coup le discours dominant (elle-même au fond) est transformé et demeure à déchiffrer.

Erreur et contradiction

Lefort tente une analyse d'*Humanisme et Terreur,* essai sur le problème communiste, de Merleau-Ponty, datant de 1947. La préface que donne Lefort à la nouvelle édition est de 1982. Si nous mettons en rubrique Erreur et contradiction, c'est que manifestement Merleau-Ponty était dans l'erreur et le reconnut plus tard dans *Les Aventures de la dialectique.* Lefort ne le suivait pas sur la piste du communisme tel que Merleau-Ponty l'admettait encore, préférant se rallier au trotskysme (qui, par définition,

---

[34] ibid. p. 465;
[35] ibid. p. 466;
[36] bid. p. 467;

n'était pas stalinien). Mais ce qui nous intéresse ici c'est le « travail du doute » dont il crédite Merleau-Ponty et dont il paraît se créditer lui-même à la même époque (avec, probablement, des différences d'approche). « Peu d'ouvrages comme celui-là, écrit Lefort en 1982, livrent délibérément passage aux objections, multiplient les obstacles dans le cours de la démonstration, sont théâtre d'un tel va et vient entre le pour et le contre et, d'un mot qui n'est pas fait pour le rabaisser, sont habités par la contradiction ». Voilà pour la contradiction. En ce qui concerne l'erreur de Merleau-Ponty, on peut la trouver dans ce membre de phrase : « Le désir de s'arrimer à une position depuis laquelle l'histoire demeure entièrement lisible et qui assigne à l'action des fins universelles ». Pour le reste, « la connaissance et l'analyse des faits, et ce qui se fait signe de la réalité, l'exercice de la pensée qui s'affranchit des opinions rivales et ne veut poursuivre que son propre but », il ne s'agit pas à proprement parler d'erreur. Mais, dit Lefort, « désir, connaissance, exercice de la pensée se combinent jusqu'au bout de telle sorte que l'argument ne se délivre pas de l'insatisfaction et du doute. »[37]

Le tournant : le travail de la pensée en prise avec l'illusion

Lefort va plus loin dans son analyse sur ce travail du doute, en montrant, dans la conclusion du livre de Merleau-Ponty, un glissement de sens : « La question du changement de caractère du marxisme (souligné dans le texte), (« Il faut rappeler les marxistes à leur inspiration humaniste ». « Est-ce notre faute, ajoute Merleau-Ponty plus loin, si l'analyse marxiste n'a pu survivre qu'en changeant de caractère »), cette question de changement du caractère du marxisme se transforme en question sur la légitimité de l'idée marxiste de solution. »[38] (« Quand on demande une solution, écrit Merleau-Ponty, on sous-entend que le monde et la coexistence humaine sont comparables à quelque problème de géométrie où il y a bien de l'inconnu, mais non pas de l'indéterminé. Or la question de notre

---

[37] D'un doute à l'autre p. 489 daté 1982.
[38] ibid. p. 493.

temps est bien de savoir si l'historicité n'est qu'un problème de cette sorte ») ». On voit donc directement le glissement de sens que, citant ces textes de Merleau-Ponty, Lefort nous indique. Il conclut, dans la même veine : « Outre que cet ouvrage est le témoignage le plus éloquent et comme le livre ouvert des croyances, des doutes, des résistances, des désenchantements d'une époque, ce qu'il y a en lui de fuyant, d'insaisissable...porte trace du travail de la pensée aux prises avec l'illusion ».[39]

Que retenir sur ce thème de l'interprétation ? D'abord ce que nous avons dit dès l'introduction générale : Lefort refuse toute interprétation en surplomb et laisse au lecteur son autorité, c'est-à-dire sa légitimation ou non de l'interprétation par un autre de l'oeuvre ou de l'événement. Autrement dit, il laisse le lecteur face à son propre désir d'interprétation, face à l'oeuvre (ou à l'événement) et face à l'interprétation de l'oeuvre (ou de l'événement). Mais Lefort approfondit en quelque sorte avant la lettre ce point de vue, notamment à propos de l'interprétation en littérature où le lecteur peut « habiter » les personnages d'un roman, être au centre de l'oeuvre, comme le montre par exemple *Ulysses* de Joyce.

Autre exemple : renoncer au marxisme, c'est renoncer à tout surplomb dogmatique, tout en restant fidèle à une lecture critique (approfondie) de Marx. L'épreuve de connaissance ne peut se séparer de l'indétermination, de la rencontre de la philosophie, de l'anthropologie, de la psychanalyse, des effets de l'idéologie, de ceux de l'erreur et de la contradiction. La démocratie trouve ainsi sa place dans l'interprétation, non seulement comme type de société propre à l'épreuve de connaissance telle que la conçoit Lefort, mais comme mode d'être, de savoir et de pouvoir.

---

[39] ibid. p. 493.

Chapitre II

INTERPRÉTATION ET PHÉNOMÈNES SOCIAUX

C'est encore de l'interprétation qu'il s'agit, mais, cette fois, très directement saisie dans son rapport avec des événements et des faits sociaux. Lefort présente longuement d'abord l'antisémitisme tel que Hannah Arendt le montre à l'oeuvre dans *Les Origines du totalitarisme*. Il la critique tout en reconnaissant ses apports fructueux sur la question. Ensuite, à propos de Souvarine, il pose le problème de la vérité et du mensonge. Parlant de la Révolution et, plus particulièrement, de la Terreur, il compare des textes de Marx, de Tocqueville et de Quinet.

Antijudaïsme et antisémitisme politique

Lefort suit de très près le premier tome des *Origines du totalitarisme* de Hannah Arendt. Il note d'abord la distinction qu'elle fait entre antijudaïsme et antisémitisme : « L'antisémitisme moderne, né à la fin du XIX° siècle, est une idéologie dont on peut certes trouver des prémisses dans le passé, mais dont il faut reconnaître l'originalité, c'est un phénomène politique. Encore conviendrait-il...de distinguer, au coeur de l'antisémitisme politique, la version qui apparaît simultanément en Allemagne, en Autriche et en France, et la version totalitaire ».[40]

---

[40] H. Arendt, Antisémitisme et génocide des Juifs p. 508 daté de ..

« Continuité donc, commente Lefort, mais aussi rupture...L'auteur nous interdit de réduire le totalitarisme à ses éléments constitutifs et à ses origines. Elle va jusqu'à affirmer que la politique totalitaire, loin d'être simplement antisémite ou raciste ou impérialiste (souligné) ou communiste, explicite ses éléments idéologiques à son propre service, jusqu'à ce qu'ils aient perdu toute fonction dans la réalité. »[41] « Paradoxalement, l'antisémitisme politique atteindrait donc à son degré culminant quand il deviendrait un instrument à des fins étrangères à la lutte contre les Juifs. » [42] Enfin, « il lui faut bien convenir que « (l)' antisémitisme français n'a pas animé le projet d'un parti au-dessus des partis, qu'il ne s'extrait pas d'une idéologie nationaliste, enfin qu'il n'a rien à voir avec l'impérialisme. »[43]

Antisémitisme et État

« L'image du pouvoir juif, dit Lefort, conspirateur au service d'un dessein de domination mondiale, porte à son envers l'image inconsciente ou inavouable d'un pouvoir impérialiste qui s'extrairait ici et là de la gangue pourrie de la société civile et gagnerait la toute-puissance de l'agir. »[44] Arendt le dit en effet par ses comparaisons, par exemple avec le racisme en Afrique du Sud.

Plus prudemment, Lefort note que « s'inspirant d'un argument de Tocqueville (il l'appliquait à la condition de la noblesse avant la Révolution), Arendt se croit en droit de juger (nous soulignons, L.M.B.) que les Juifs sont devenus haïssables politiquement parlant, à l'époque où leurs richesses ne se combinaient plus avec une fonction réelle dans l'État. »[45] Elle condamnait assez durement les juifs de Cour. Quant à la persécution soi-disant universelle, elle s'expliquerait, selon Arendt, par la tentative de retrouver une identité menacée par la migration et l'asssimilation.

---

[41] ibid. p. 508.
[42] ibid. p. 509..
[43] ibid. p. 509.
[44] ibid; p. 510.
[45] ibid. p. 510.

Lefort revient plus loin sur les juifs de cour et note auparavant : « L'observateur gagne la liberté, en faisant de l'histoire, de détecter d'autres ruptures (que la fracture entre antijudaïsme et antisémitisme politique) ». Est-il réellement convaincu par l'imbrication de la finance juive dans les affaires de l'État en France sous la Monarchie de Juillet, puis sous le second bonapartisme ? Que les juifs (certains) aient cherché protection près des autorités, on les comprend (après tout, il y avait encore des pogroms en Europe, même au début du XX° siècle). Marx fustige, au XIX° siècle, le « banquier Fould » dont la biographie n'est guère différente de celles d'un Laffitte ou des frères Péreire.

Ce que Lefort repère dans le travail d'Arendt, ce en quoi elle a innové, c'est que « son projet consiste à réouvrir le temps et à réouvrir l'espace que souhaitaient effacer à la fois les tenants de l'apologétique juive et les antisémites ». Elle trouve, dit Lefort, la voie d'une nouvelle historiographie. « Réouvrir le temps et réouvrir l'espace sont une même chose. Qu'il s'agisse de l'espace de la société prussienne au XIX° siècle ou bien de celui de la société française au XX° siècle. »[46]

Arendt, dit Lefort, ne pulvérise pas l'histoire des juifs et de l'anti-sémitisme en de multiples épisodes. Même si, dans le premier volume, elle donne aux juifs de cour l'importance qu'on a pu voir, la thèse selon laquelle ceux-ci « se sont installés dans la position d'un groupe séparé (souligné) et qu'ils en ont tiré parti pour régenter la masse des petits juifs » n'est pas de Lefort, mais d'Arendt elle-même, et mériterait, dans ce premier tome des *Origines du totalitarisme*, d'être mieux étayée. Arendt, note Lefort, récuse la thèse du bouc émissaire, « en ce sens qu'elle peut rendre compte de tous les phénomènes d'exclusion et donc qu'elle n'en explique aucun en particulier. »[47] Plus profondément, dit Lefort, « elle n'oublie pas que le sentiment d'être Juif s'est préservé sans cesse en dépit des aventures dans lesquelles il aurait pu s'éteindre. »[48] Elle affirme qu'il y a une conscience juive et s'oppose à la thèse

---

[46]bid. p. 511.
[47]ibid. p;511.
[48]iibid. p. 512.

de Sartre disant que « le juif est un homme que les autres hommes tiennent pour juif, voilà la vérité simple dont il faut partir. »[49] [50]

Désir de savoir, désir de liberté

« Le désir de savoir ne se dissocie pas, pour Arendt, du désir de liberté ». Lefort reconnaît sa faculté de connaître et de juger. Elle se révèle dans une idée qu'il reformule : l'histoire des juifs ne détient pas tout son sens en elle-même, « elle relève d'une histoire plus vaste, celle de l'humanité occidentale ; l'intelligibilité des persécutions du XX° siècle ne se livre à nous qu'à la condition de détecter et d'analyser la grande mutation politique de l'époque, que marque l'avènement du totalitarisme ». Et il ajoute (ce qui manifeste le désir de liberté d'Arendt) : « C'est dans le décentrage de l'histoire des Juifs, dans le déplacement du foyer de la question, du lieu de l'antisémitisme au lieu du totalitarisme, d'une façon générale au lieu du politique, que résident l'originalité et l'audace de la tentative d'Hannah Arendt ».[51]

Antisémitisme, idéologie, instrumentalité

« L'analyse (d'Arendt) se circonscrit à l'étude des liens qu'entretiennent les juifs constitués en groupe séparé, ou bien à l'étude de la relation qui s'établit entre l'impérialisme et le totalitarisme et la mobilisation contre la conspiration juive. »[52]

Lefort reproche à Arendt d'avoir négligé l'histoire au profit des représentations sur lesquelles l'antisémitisme antérieur s'était étayé. Elle n'interroge pas non plus la transformation de la société post-révolutionnaire, ni les conséquences de l'émancipation et de l'assimilation liées au développement de la démocratie. La thèse d'un premier effondrement du système de l'État-nation à la fin du XIX° siècle lui paraît douteuse, l'usage du concept d'impérialisme

---

[49]J. P. Sartre, *Réflexions sur la questions juive,,* Folio, 1977.
[50]Hanah Arendt : Antisémitisme et génocide des Juifs ibid. p. 513.
[51]ibid p. 511..
[52]ibid p. 515..

imprécis. Enfin le souci de réduire l'idéologie antisémite, dans le moment où elle s'affirme pleinement, fantastiquement sous le régime nazi, à la fonction d'un instrument cyniquement utilisé pour obtenir l'adhésion de la populace..., ce souci le déconcerte. Lui semble insoutenable la thèse d'un antisémitisme purement instrumental.

Pureté de l'organisme total

Lefort voit dans le nazisme la recherche de la domination totale. Mais, selon lui, « cette recherche ne saurait être dissociée de la volonté obstinée d'assurer l'intégrité du corps social, d'un corps fantasmé comme corps naturel, d'un corps tel que ses membres rigoureusement solidaires les uns des autres manifesteraient, chacun dans sa réalité physique, la pureté de l'organisme total. »[53]

Il y a, dans le nazisme, retour au corps, mais non plus au corps naturel du roi censé métaphoriser le social en corps, ni non plus au corps naturel de l'individu fantasmé en corps sacralisé par le divin dans la « patrie » comme dit saint Thomas. Le corps voulu par le nazisme, c'est l'organisme total, purifié, pur, comme le dit Lefort.

Antisémitisme et société démocratique

Arendt, dit Lefort, ne remet pas en question sa conception du politique. « Il est de grande importance, en l'occurrence, de scruter la frontière qu'elle prétend dresser entre le champ social et le champ politique ». Elle dissocie les aspects de la discrimination sociale de ceux de l'antisémitisme politique. Or, ce qui est refoulé (par Arendt); c'est « la question de la démocratie ou, si l'on préfère, celle que pose la relation de l'antisémitisme pré-totalitaire et totalitaire avec les contradictions que véhicule la société démocratique. »[54]

---

[53] ibid. p. 516.
[54] ibid; p. 516-517.

Démocratie, discrimination et antisémitisme

Lefort insiste, à propos de la discrimination, sur la mise à l'écart du politique par Arendt : « Que les Juifs ne voient dans l'antisémitisme politique qu'une nouvelle expression de sentiments antijuifs déjà connus, que le signe d'une opposition intrasociale, n'autorise pas à juger que la discrimination sociale soit en elle-même sans signification politique. »[55]

Lefort étend l'aveuglement au politique d'Arendt aux juifs eux-mêmes. Pour lui, « ce qui est en jeu dans l'antisémitisme avec l'exercice et la précipitation de la discrimination, c'est la forme (souligné) de la société.., un principe générateur de l'ensemble des rapports sociaux et notamment du rapport qu'entretient l'État avec la société civile ».[56]

Et il ajoute plus loin : « Il y a non seulement un aveuglement des Juifs à la politique, mais bien davantage un aveuglement au politique, à la dimension symbolique de cet espace en vertu de quoi il s'ordonne comme espace démocratique ou bien totalitaire ».[57]

Lefort ne peut qu'avoir raison : ce qui met en jeu l'antisémitisme, ce ne peut être seulement une population minoritaire et ses intérêts économiques ; c'est bien la forme de la société qui est en jeu dans le nazisme, voire dans le stalinisme (si nombre de Juifs s'en sont faits les agents, cela ne leur évita pas l'ostracisme, sinon la persécution). Cela dit, on ne peut se défendre, en lisant Lefort, d'un léger malaise. Comment H. Arendt et les juifs persécutés aussi bien dans la période pré-totalitaire que totalitaire auraient-ils pu pousser le raisonnement, l'argumentation aussi loin que les pousse Lefort ? Certes Arendt écrit *Les Origines du totalitarisme* après la guerre, mais n'est-elle pas, aussi distancée qu'elle tente d'être des événements, tributaire de sa propre histoire ? En tout état de cause, il fallait critiquer sur ce point Arendt, ce que fait Lefort, mais peut-être fallait-il le faire avec la nuance précitée.

---

[55] ibid. p. 518.
[56] ibid; p. 518.
[57] ibid. p. 518.

Egalité des conditions, égalité sociale, égalité politique

« Le progrès de l'égalité, écrit Lefort, est présenté (par Arendt) comme un fait purement social. Or ce phénomène est politique tout autant que social ». Tout en explicitant l'analyse de Tocqueville, elle ne prononce pas le mot démocratie. Elle voit dans le transfert du concept d'égalité du plan politique au plan social « une perversion ». « Elle veut, écrit Lefort, dissocier l'égalité politique de l'égalité sociale. Plus précisément, circonscrire le politique comme lieu où se donne la vérité de l'égalité, en le retranchant du social où celle-ci ne peut apparaître que sans fondement, comme un fait brut et, du coup, n'est concevable qu'en se travestissant en fait de nature, qu'en engendrant la fiction d'une essence de l'homme ».[58]

Il ne s'agit pas d'un pur naturalisme, mais plutôt, comme le dit Lefort, d'un travestissement de l'égalité sociale en égalité naturelle. C'est la non-distinction suffisante entre égalité sociale et égalité politique qui entretiendrait l'intolérable de l'antisémitisme. « Si une société, dit Arendt, ne laisse que peu de place à des groupes particuliers et à des individus..., leurs différences deviennent encore plus frappantes. »

Lefort relève comme équivoque l'association et, à la fois, la séparation de l'égalité des conditions et de l'égalité politique. Le processus de l'égalité des conditions entretient un rapport avec l'égalité des droits politiques, mais Arendt « dénie la signification politique de ce processus, le présente comme purement équivoque, juge qu'il ne saurait gagner qu'un statut imaginaire, c'est-à-dire se prêter à la fiction d'une identité de nature entre tous les hommes ».[59]

Rappelons, avec Lefort, que, pour Arendt, « les processus sociaux sont des processus biologiques, qu'il faut séparer de la sphère du politique, sphère de l'action. »

Lefort fait remarquer également que »l'égalité des conditions signifie la disparition du principe de différenciation et de hiérarchisation qui définissait les hommes comme inégaux par nature (souligné). Elle ne se

---

[58] ibid. p. 520-521.
[59] ibid. p. 520.

confond pas avec l'égalité sociale, ni avec l'égalité économique. »

L'égalité des conditions, projetée au registre diu social empirique, laisse échapper sa signification. Lefort écrit : « Son argument (celui de Arendt) sous-tend que ce qui relève de l'ordre de la nature - entendons de la vie, du processus historico-social, biologique - doit être tenu à distance de ce qui relève du politique..., l'ordre proprement humain de la parole et de l'action ». Elle ne met pas en évidence les ambiguïtés de l'égalité des conditions, indiquée par Tocqueville, le risque d'« une homogénéisation de la société et d'un abaissement de tous devant un pouvoir omnipotent. »[60]

Antisémitisme et démocratie sociale

Pour Arendt, l'histoire sociale des juifs n'aurait rien à voir avec leur histoire politique. Car, dit Arendt, une véritable égalité sociale et économique n'y fut jamais réalisée. Pourtant, dit Lefort, les Juifs sont apparus dans des espaces multiples (commerce, art, science, accès aux carrières, libertés, etc.). Phénomène caractéristique, note-t-il, de l'évolution de la démocratie. Arendt, à l'inverse, reconnaît aux Juifs leur statut de groupe séparé (souligné par Lefort) « du fait de la rigidité du système qui tend à enfermer chacun, dès sa naissance, dans des frontières de groupe ».[61]

Avant de passer aux compliments que Lefort adresse de nouveau - après l'avoir critiquée - à Hannah Arendt, compliments, selon nous, mérités, il nous paraît nécessaire de rappeler l'influence d'Alfred Portmann, un biologiste suisse, sur la pensée d'Arendt, ce qui expliquerait peut-être sa tendance au naturalisme en ce qui concerne le social. Dans *Les Origines du totalitarisme*, elle n'hésite pas à expliquer que les Boërs considéraient les Sud-Africains comme des animaux, parce que ces Sud-Africains tendaient à se confondre avec la nature (animale). De la même manière que Tocqueville donne comme origine ultime au mouvement démocratique le Dieu-providence, Arendt

---

[60] p. 522.
[61] ibid. p. 523.

donne au social une origine biologique, ce qui revient au même, pourrait dire Lefort. En cette occurrence, il ne le dit pas. Comme nous, il considère Tocqueville et Arendt comme de grands auteurs, mais leur succès un peu excessif ne vient-il pas aussi de leurs faiblesses ?

« Ce qui hante la société démocratique, dit Lefort - nous citons longuement -, c'est l'image d'un pouvoir réellement (souligné) extérieur..., étranger ; d'un pouvoir qui ourdit l'intrigue de la domination. C'est pareillement l'image d'un pouvoir réellement dans le social (souligné) ..., d'un pouvoir dont les agents jouent la comédie de la représentation populaire. C'est encore l'image d'une société réellement (souligné) morcelée..., d'une société dans laquelle, sous couvert du droit, des groupes pervers satisfont leur appétit. Ces images nourrissent l'antisémitisme moderne. »[62]

L'idée d'un Autre maléfique, défendue par Arendt, paraît convaincante à Lefort, de même que l'idée d'une idéologie antisémite née à la fin du XIX° siècle. Mais il se demande pourquoi l'associer à l'impérialisme plutôt qu'au développement de toutes les conséquences de la révolution démocratique.

Quant au nazisme, qui marque un tournant dans la lutte contre les juifs, « ce qu'il veut détruire, ce n'est ni la bourgeoisie, ni les intérêts capitalistes, mais le système de la démocratie. »[63]

Antisémitisme et antisémitisme nazi

« L'un est au service d'une défense des hiérarchies établies, l'autre au service de la révolution qui prétend construire sur une table rase un type d' homme nouveau. Dès lors, les deux sont animés de la même haine contre...la démocratie moderne. »[64]

---

[62] ibid. p. 526.
[63] ibid. p. 527.
[64] ibid. p. 527.

L'émergence de la société démocratique

L'Autre maléfique, la société moderne ne l'a-t-elle pas engendré ?, dit Lefort. Elle a fixé dans l'imaginaire « la part d'inconnaissable, d'insaisissable, d'étrangeté qu'elle apporte ». « C'est son intolérable indétermination qu'elle pourchasse, écrit-il encore. Elle fait d'un être déterminé l'indice de sa propre impossibilité à coïncider avec elle-même. »[65] Arendt dénonce la société bourgeoise comme société du spectacle et elle « se risque » à présenter les juifs « comme les agents par excellence du trafic de l'anonyme ». Elle ne s'attache pas, dit Lefort, à l'idée d'une humanité en quête d'elle-même. Il note que l'image du trafiquant de l'imaginaire est antisémite. Lefort achève son article en évoquant l'image du juif menaçant, celle de Freud, d'Einstein, de Marx, en rappelant que Goebbels mobilisa « par cette image (puissante) les masses autour du brasier où devait brûler avec les livres maudits la conscience juive de l'Occident » [66]

De cette conclusion, Arendt ne sort pas amoindrie, elle n'en sort pas non plus trop grandie.

Défense de la vérité

« L'ignorance ou le mépris dans lesquels la gauche a longtemps tenu Souvarine (l'un des premiers dissidents d'URSS dans les années trente)... tient en premier lieu à ce qu'on ne voulait rien savoir des vérités de fait - Kronstadt -, celles qu'il s'acharnait à rétablir. Certes toute interprétation est discutable et celle de Souvarine n'échappe pas à la discussion. Encore faut-il que celle-ci n'élude pas les vérités de fait, sous prétexte qu'il n'y a pas de critère de la vérité comme telle. Les éluder...c'est autre chose que risquer de se tromper, c'est prendre le parti du mensonge. À l'obstination que mit Souvarine à lutter contre le mensonge - celui des communistes en premier lieu, mais aussi celui de Trotski..., on a opposé l'irritation ou le silence. » [67]

---

[65] ibid. p. 527.
[66] ibid. P. 528.
[67] 1931-1934, La , lucidité critique de Souvarine p. 531, daté 1983;

Vérité de fait : c'est celle qui apparaît dans un fait vérifié autant que possible comme exact (événement, parole, écrit, acte individuel ou collectif, etc.). À partir d'un certain degré d'exactitude vérifiée, la vérité de fait peut être affirmée : la bataille du Waterloo a bien eu lieu le 18 juin 1815 et non le 30 ou le 10 ou pas du tout. C'est de cette vérité, nous semble-t-il, que parle Lefort en rappelant qu'à partir du moment où on l'élude, où l'on fait comme si le fait n'existait pas ou se relativisait au point de disparaître parmi d'autres faits, on est dans le mensonge (le contraire de la vérité c'est l'erreur, dirions-nous, sa perversion c'est le mensonge). Lefort, analysant des contenus de la revue de Souvarine, *La Critique sociale,* montre comment, tout en disant la vérité, il s'est lui-même fourvoyé. Passons sur l'idée que « Marx n'a cessé de douter de tout et nous a légué ce doute radical. »[68].Lefort note « qu'il y avait dans l'oeuvre du fondateur de quoi nourrir le dogmatisme des épigones ». Plus grave, la foi en la construction d'un nouveau parti révolutionnaire. Comment, se demande Lefort, échapperait-il à la bureaucratisation ? Enfin la certitude de Souvarine se nourrit du matérialisme historique, « dogme pernicieux » dit Lefort. « Des vices du capitalisme et de la société bourgeoise il est beaucoup parlé. De la signification de la démocratie moderne, du fait qu'elle constitue la cible privilégiée des mouvements totalitaires, il n'est rien dit. »[69]

Lefort admire Souvarine en tant que premier anti-stalinien déclaré - aussi comme homme de culture. Il lui reproche de ne pas être allé au bout de sa critique. Etait-ce possible en son temps ?

La révolution

Lefort commente des passages du 18 Brumaire de Marx, certains passages de *L'Ancien Régime* de Tocqueville et le livre *La Révolution* d'Edgard Quinet. Devant la révolution française, la Grande révolution, la bourgeoisie ne peut découvrir la contingence de son existence liée à sa situation

---

[68] ibid. p. 534;
[69] ibid. p. 534.

de classe. « Ce qu'elle ne veut pas savoir c'est qu'elle est comme acteur historique prise elle-même dans l'histoire, mortelle. »[70] « Le modèle de la Rome éternelle, ajoute Lefort, lui fournit l'illusion d'accéder elle-même à l'éternité. »[71]

« Marx induit son lecteur à trancher entre l'imitation-création et l'imitation-parodie par recours à la science de l'histoire. »[72]

Mais les révolutions qui ont suivi, dit Lefort, « ont donné le spectacle du retour des héros ». « La révolution comme telle est devenue en chaque occasion le modèle, la référence hors du temps, sous le couvert de laquelle se font ignorer les conditions du présent historique. »[73] Du coup, on ne sait plus où est la frontière - tracée par Marx - entre imitation-création et imitation-parodie.

La révolution : fantasme de théorie et délire littéraire

Tocqueville reproche à Burke de n'avoir vu dans les droits de l'homme qu'un chiffon de papier, alors qu'ils inauguraient un nouveau temps et un nouvel espace. Et tout comme Madame de Staël - qui, pourtant, demeure « monarchiste constitutionnelle » jusqu'à sa fin en 1817 - , Tocqueville, malgré son aristocratisme, admire 1789. Mais il voit l'une des origines de la Révolution dans le fait que furent transportées dans la politique toutes les habitudes de la littérature. Il va jusqu'à se moquer des paysans qui appellent leurs voisins des concitoyens, l'intendant un respectable magistrat, le curé de la paroisse le ministre des cultes et le « Bon Dieu » (dans le texte) l'Etre suprême. Bien entendu, ces paysans ne connaissent pas l'orthographe. Lefort rectifie aussitôt, sans ménager Tocqueville : « mépris d'un aristocrate pour la plèbe ». Et, ce qui ne découle pas nécessairement de ce que dit Tocqueville et est autrement précieux que le « mépris », Lefort montre qu'on peut voir « chez Robespierre notamment (il ne parle pas lui du « petit peuple » des paysans ni du « Bon Dieu ») la recherche d'une

---

[70] Révolution et parodie, p. 537 daté 1985.
[71] ibid. p. 537.
[72] ibid. p 537.
[73] ibid. p. 538.

posture à la faveur d'un discours convenu qui permette de se distinguer sur une scène, au lieu de se fier à son intelligence et à son désir. » (souligné par nous)[74]

L'esprit de la révolution

Lefort note que, pour Quinet, le but de la Révolution n'était pas d'ordre civil, mais d'ordre politique. Elle était fondée, dit-il, pour détruire l'arbitraire et instituer la liberté. Mais les révolutionnaires, poursuit-il en commentant Quinet, se débarrassant de la monarchie, n'ont pas osé s'attaquer à ses fondements, « ils n'ont pas osé extirper la tradition dont ils se nourrissaient, ruiner le catholicisme qui, par ses institutions et sa puissance spirituelle, entretenait l'assujettissement des masses à l'autorité politique. »[75]

« Les révolutionnaire, à défaut d'animer le peuple et de se lier à lui par une foi nouvelle, font l'épreuve d'un vide spirituel. Ils se défendent contre le vertige dans une quête folle des signes de l'unité, dans l'édification d'un pouvoir omnipotent (le Comité de Salut public), ils cherchent fébrilement à se donner les preuves de la légitimité de la Révolution et de leur propre légitimité. »[76].Quinet voit dans ces excès « non pas l'effet du déchaînement de leurs passions, mais celui...de leur « timidité » (le mot est de lui) ». « Les révolutionnaires, dit Quinet, ont eu peur de la Révolution ». »[77]

Comme toute hypothèse unique, celle de Quinet, même si elle a sans doute une grande part de vérité, n'explique pas tout. Sophie Wanish a bien montré, dans *La longue patience du peuple,*, qu'à Paris comme en province, la population, à partir de 1791 et de la fuite à Varennes, attendait l'abolition de la royauté par la Législative et des réformes. En ce sens, le 10 Août ne fut pas un excès, mais la réalisation de ce que ne faisait pas la Législative. Mais les Massacres de Septembre (environ 1 400 morts) ne peuvent trouver leur seule explication dans les menaces extérieures (« la patrie en danger »). Ce furent des prisonniers désarmés qui furent

---

[74]ibid. p. 541.
[75]ibid. p. 543.
[76]ibid. p. 543.
[77]ibid; p.543.

massacrés. Ces massacres eurent principalement pour motif la haine du clergé. Le procès du roi par la Convention - qui cumulait illégalement et illégitimement les pouvoirs législatif, exécutif et judiciaire - était inévitable et, en soi, non excessif. La mort du roi n'était pas nécessaire et fut votée, on le sait, à une voix de majorité. La suite, les 17 000 exécutions qui horrifièrent non seulement une bonne partie de la population, mais des personnes comme Condorcet ou Germaine de Staël (Kant ne s'émut que de l'exécution du roi) semble confirmer - bien que, dans le même temps, la Convention aît voté des lois dont l'esprit dure encore : les Ecoles centrales, etc. - la thèse de Quinet et, au fond, celle de Lefort : le vertige de l'unité pour échapper au vide spirituel. Dans leur première *Histoire de la Révolution française*, François Furet et Marc Richet confirment que Robespierre tenta, par des menées secrètes, la restauration de la monarchie.

La Terreur

La terreur apparaît ensuite comme instrument d'un pouvoir absolu, monarchique ou aristocratique. « La parodie se révèle à nouveau sous les traits de la révolution » écrit Lefort suivant Quinet. « Les chefs n'ont jamais pu respecter l'esprit du système. Ils ont multiplié les erreurs en laissant attendre la fin de la Terreur, en allant tour à tour de la fureur à la modération, en dévorant et sacrifiant les plus zélés des terroristes ».[78] La page de Quinet sur les supplices montre qu'à l'inverse d'un véritable système d'oppression (Venise ou l'Empire romain), ceux-ci s'étalent au grand jour. « Mourir au milieu du peuple, dit Quinet, c'est se sentir vivre jusqu'au bout. »

Marx, Tocqueville, Qiunet partagent, selon Lefort, l'idée d'un vide social dans leur temps, d'une perte de légitimité du pouvoir et de l'ordre social. « Ils partagent l'idée d'un monde désenchanté dans lequel, sous des masques et par des artifices divers, on s'essaye à refaire de l'enchantement et l'on ne parvient qu'au grotesque. »[79]

---

[78] ibid; p. 547.
[79] ibid. p. 549.

Il s'agit bien, nous semble-t-il, de leur temps et non du nôtre où « nous refusons trop souvent d'échapper à l'envoûtement du spectacle et de reconnaître la méchante facture de la tragédie. »[80]

C'est d'abord une oeuvre, *Les Origines du totalitarisme* d'Hannah Arendt, qui mobilise l'interprétation de Lefort. Il crédite notamment Arendt d'avoir su repérer l'idéologie antisémite naissant à la fin du XIX° siècle et dressant, face aux sociétés modernes, le juif comme Autre maléfique. Mais il lui reproche d'avoir quelque peu négligé, dans ce problème, les liens du social avec le politique. Surtout il pense que l'antisémitisme a plus à voir avec la révolution démocratique qu'avec l'impérialisme.

Souvarine, nous montre Lefort, fait renaître les vérités, celles des faits que dissimulent ceux qui ne veulent pas prendre parti contre le totalitarisme stalinien. Ce n'est pas tant d'erreurs et de contradictions qu'il s'agit ici, mais bien du mensonge, ce dernier apparaissant comme une perversion de la vérité.

De la comparaison entre Marx, Tocqueville et Quinet à propos de la Révolution française, Lefort retient le culte du héros mis en évidence par Marx dans *Le 18 Brumaire* et qui accompagne les révolutions y compris la démocratique, les difficultés de l'égalité des conditions lorsque le processus démocratique se met en place (Tocqueville dans le deuxième tome de *La Démocratie en Amérique*), enfin, chez Quinet, dans son livre *La Révolution*, la « timidité » des révolutionnaires de 1793 qui les amène à vouloir faire renaître la tradition religieuse à travers notamment la mythologie de l'Etre suprême.

---

[80] ibid; p. 548.

Chapitre III

INTERPRÉTATION ET IDÉE DÉMOCRATIQUE

C'est l'idée démocratique plus que sa pratique qui est développée dans ce chapitre, d'abord en suivant la pensée de Léo Strauss qu'analyse Lefort, pensée en grande partie anti-démocratique, mais qui fait droit aux distinctions entre légitime et illégitime, bon et mauvais régime, etc. Confrontée à la philosophie, l'idée démocratique relève de l'interrogation sur l'autre. Lefort s'élève contre l'idée d'une société moderne définie dans la positivité. Sur la démocratie moderne, il reprend l'idée qu'il a développée ailleurs d'un lieu du pouvoir inappropriable par personne, lieu produit en réaction contre l'incorporation et l'intrication du corps du peuple dans le corps du souverain sous l'Ancien Régime.

Il revient sur la division du social et la question de la loi et confronte l'idée démocratique et l'économie moderne, en montrant les limites de cette dernière. Posant l'homme comme énigme, il prend parti pour une idée démocratique hors religion, fait droit, tout en la critiquant, à la réflexion de Guizot sur l'opinion, confronte l'idée démocratique au libéralisme économique, s'interroge sur la représentation en démocratie et sur la relation entre démocratie et capitalisme.

Politeia et philosophie de l'histoire

Lefort donne une définition de la *politeia* proche de celle de Léo Strauss: « Au mieux nous pouvons traduire le terme de *politeia* par celui de régime (souligné) en lui rendant le sens fort qu'il avait au XIX° siècle...genre de vie ainsi qu'une forme de gouvernement (souligné). »[81] L'effacement de la *politeia*, dit Lefort, a coïncidé avec l'essor de la philosophie de l'histoire et celui des sciences sociales. La philosophie de l'histoire, ajoute-t-il, se substitue à une philosophie politique qui requérait toujours un jugement du philosophe sur le faux et le vrai et impliquait l'idée d'une norme naturelle.

L'essor des sciences sociales a discrédité la philosophie politique. « Les intentions des auteurs sérieux sont perçues comme l'effet direct ou indirect des rapports sociaux eux-mêmes, rapports traités comme des choses. »[82] Léo Strauss s'en prend à Weber, selon lequel, dès que l'objet est circonscrit, il ne saurait y avoir de jugement de valeur porté sur les phénomènes. Or les valeurs font partie intégrante de l'objet de connaissance. Nous ne pouvons comprendre sans juger. Weber reconnaît lui-même que la démarche des sciences sociales implique une « inéluctable évaluation » (souligné) : distinction entre oeuvre d'art et camelote, prophète et charlatan, amour et prostitution, chose authentique et contrefaçon. Léo Strauss montre bien finalement - et Lefort lui donne raison sur ce point - que, pour la philosophie, il y a de bons et de mauvais régimes (la démocratie, le totalitarisme par exemple). Quand le sociologue accrédite, pour éviter l'ethnocentrisme, un relativisme (souligné) généralisé, il accrédite, dit Léo Strauss, un nihilisme. La critique de l'ethnocentrisme ne peut pas nier tout principe universaliste.

Nous avons résumé avec ses propres termes le point de vue de Lefort sur celui de Léo Strauss.

---

[81] La dissolution des repères et l'enjeu démocratique, p. 552 daté 1986;
[82] ibid. p. 553;

Philosophie de l'histoire et irréversibilité

Mais Lefort rappelle, contre Léo Strauss, qu'au début du XIX° siècle, la lecture philosophique de l'histoire est « l'effet d'une expérience neuve de l'histoire, la découverte de l'irréversible (souligné), notion qui était encore absente de l'univers classique ».[83] « Pour des penseurs aussi différents que Chateaubriand Ballanche, Guizot, Michelet, Quinet, Leroux et Tocqueville, l'expérience de l'irréversible inaugure la modernité ». « Elle va de pair avec un sens neuf de l'avenir ».[84] Il ajoute : « vécu sous le signe du tourment et de l'inconnu ». C'est sur ce terrain (sensibilité largement partagée) que vient germer la philosophie de l'histoire, dit Lefort.

Philosophie et sciences sociales

Autre expérience : celle de l'humanité. Lefort rappelle l'exigence, en sciences sociales, d'objectivité vis à vis des phénomènes sociaux. Néanmoins il nous faut noter que Durkheim n'a jamais cru que les faits sociaux étaient des choses, c'est en les comparant aux faits de la nature qu'on pouvait, selon lui, les traiter comme des choses. Mais cela n'infirme pas l'argumentation de Lefort qui indique, à notre avis fort justement, qu'au-delà, de l'espace d'objectivité, ce qui se découvre c'est « l'autre (souligné) qui en tant que tel est aussi une sorte de semblable. »[85] Et, ajoute-t-il toujours contre Léo Strauss, et pour se démarquer du classicisme, c'est aussi « la sensibilité (souligné) à une variété, à une profondeur des phénomènes qui ne se laissent pas recouvrir une fois pour toutes par l'étiquette de régime. »[86] Sensibilité autant sociologique qu'ethnologique, il y a, dit Lefort, s'(opposant aussi sur ce point à Léo Strauss, dans la pratique du sociologue ou de l'ethnologue, « une espèce de philosophie implicite (souligné) le plus souvent non élaborée, non thématisée,

---

[83] ibid. p.556.
[84] ibid. p. 558.
[85] ibid; p. 556.
[86] ibid. p. 557..

voire déniée. »[87].Compréhension et tolérance signifient, selon lui, « consentir à une interrogation de l'autre qui fasse retour sur soi ». L'anthropologie révèle son sens philosophique dans cette disposition : « à savoir que si je ne peux me quitter moi-même pour émigrer dans l'autre, je dois chercher toutefois à reconnaître la place de l'autre et me laisser interpeller par lui. »[88]

Quel anthropologue ne souscrirait pas à de tels énoncés ? Malheureusement, nombre d'entre eux, dans la jeune génération, tout en reconnaissant la place de l'autre et son interpellation, bornent leurs recherches à des sortes de monographies qui ne laissent guère apparaître cette philosophie implicite dont parle Lefort. Néanmoins certaines - Monique Selim ou Annie Benveniste par exemple, toutes deux philosophes de formation - parviennent à ce double questionnement. Benveniste n'aime pas trop que, dans une recension de ses ouvrages, le chronologique serve de trame, sans doute parce que cette manière de faire barre la route à l'interrogation philosophique.

La société moderne

Pour Léo Strauss, la véritable rupture avec les classiques tient à l' « essor de la technique » (souligné par Lefort), avec une fonction sociale de l'État : celle d'un État gestionnaire. En ce sens, nos sociétés ne sont pas pour lui des sociétés politiques. Ce qui est présenté par Léo Strauss (et d'une autre manière par Heidegger et par Arendt), c'est une « histoire à l'envers » (souligné par Lefort) , « une théorie de l'histoire sous le signe de l'occultation » (souligné par Lefort). Notre époque représente aussi un moment d'ébranlement où l'humanité est prête soit à s'abîmer, soit, en vertu de l'intensité de l'occultation, à retrouver le sens de l'action (Arendt), l'échelon de la nature humaine (Strauss) ou le sens de l'être (Heidegger)[89].

Lefort proteste vivement (et à notre avis fort justement) : « La preuve que notre société ne s'est pas abîmée dans la

---

[87]bid. p. 557..
[88]bid. p. 557.
[89]ibid. p. .359.

positivité - celle de la technique et de la consommation par exemple - peut être trouvée dans le fait qu'elle est tourmentée, constamment en débat (souligné). » « Il y a de nos jours une salutaire effervescence créée par des questions multiples qui mettent en jeu les droits sociaux et culturels... Cette société dont on dit qu'elle est sommeillante, voire indifférente, s'avère tout à coup d'une turbulence étonnante sur des sujets qui pourraient (peuvent) paraître, un moment plus tôt, relever de la gestion des besoins particuliers. »[90]

La démocratie moderne

« La démocratie moderne me paraît être le produit d'un renversement, celui du système monarchique, théologico-politique ». « Dans ce système, ajoute Lefort, le principe même du divin et de la loi est incarné dans le pouvoir lui-même incarné dans la personne du prince ».

« Or la naissance de la démocratie moderne s'est faite sous le signe de l'affirmation d'un droit et d'une loi au-dessus d'un pouvoir qui ne saurait jamais se les approprier. »[91]

Lefort reprend les critiques que Platon faisait de la démocratie antique, particulièrement violentes et ironiques, et note que Léo Strauss ne les cite pas. Platon disait principalement que la démocratie était le régime de la licence. Or la raison pour laquelle Léo Strauss ne reprend pas cet argument, c'est qu'il sait que « la démocratie moderne a surgi sous le signe de la défense du droit et du rejet de l'arbitraire ».[92]

Désincorporation et désintrication du savoir, de la loi et du pouvoir

En démocratie, le pouvoir n'appartient à personne. Dès lors, dit Lefort, qu'il ne coïncide plus avec la personne de celui ou de ceux qui en sont investis, il s'avère « inlocalisable », « infigurable », « indéterminé ». C'est

---

[90] ibid. p. 559-560.
[91] ibid. p. 520.
[92] ibid. p. 360.

donc bien le lieu du pouvoir qui, en démocratie, a ses caractéristiques. Dire que le pouvoir n'appartient à personne, c'est dire que le lieu où il se manifeste est inappropriable. L'Elysée, Matignon n'appartiennent à personne et, en tant que tels, ceux qui les occupent sont dans les lieux d'un pouvoir inappropriable, c'est-à-dire non figurable par exemple dans le poste de Premier ministre ou de président de la République qui n'ont plus rien à voir - quoi qu'on en dise - avec Louis XIV ou Louvois.

Saint-Simon a remarquablement montré dans ses *Mémoires* ce qu'était l'incorporation du corps du peuple au corps royal et comment cet ensemble faisait corps.

La personne-corps du prince - liée, rappelons-le, à celle du Christ - créait, par le biais du catholicisme ou du protestantisme (plus que des Eglises), des repères de certitude : Dieu, la morale, etc. qui étaient tout autant - plus même - politiques que sociaux. La démocratie moderne a suscité une dissolution de ces repères de la certitude incorporés dans la personne-corps du prince.

Lefort se demande si cette démocratie dispose des moyens d'endiguer les passions qui engendrent les totalitarismes. Sa réponse est négative : aucun artifice institutionnel ne peut empêcher, dit-il, la démocratie de succomber à la tentation de l'Un. Mais il ajoute : « (Peut être) affirmé le désir des hommes d'accepter la différence et l'altérité », à condition de se réfléchir dans une conception nouvelle de la communauté, d'animer une éthique de la coexistence, de trouver à se fonder dans une tradition. Cela dit, l'indétermination risque constamment de faire basculer la démocratie dans le relativisme, dans la banalisation de la reconnaissance de l'autre, conséquence de l'égalité des conditions.

Lefort note, par ailleurs, que la bureaucratisation de la politique, liée à des conditions particulières, témoigne d'un affaiblissement de la transcendance (souligné) du politique par rapport au social. « Tant que subsiste une mobilisation pour des buts fondamentaux, c'est-à-dire la volonté renouvelée de conserver des droits..., les effets de la dérive totalitaire sont mis en échec... On ne dira jamais assez que, quelles que soient les tares des partis et la médiocrité des gouvernants, le lieu du pouvoir doit rester vide pour empêcher une pétrification de la vie sociale ».[93]

Il faut dire que Lefort avait longuement traité de la démocratie, de sa désincorporation vis-à-vis du théologique, etc. dans ses *Essais sur le politique*, livre devenu pour certains un livre-culte. Mais il est bon de retrouver, rassemblée et condensée dans ce texte du *Temps présent*, cette « ouverture » de la démocratie à de nouvelles perspectives de réflexion (pour les vieux et, surtout, pour les jeunes).

La division du social

« Une autre caractéristique de la démocratie me paraît en effet essentielle : l'émergence du pouvoir se trouve liée désormais à la division du social ». Lefort préfère ce terme de division à celui de conflit, la division étant toujours source de conflits. « Le pouvoir est indissociable de la division sociale dans la mesure où il suppose une compétition politique entre les partis »[94]. Si les droits de l'opposition sont sauvegardés, il y a « institutionnalisation » (souligné) du conflit. La démocratie - nous paraphrasons librement - légitime tacitement la division sociale et rompt avec l'image d'une communauté substantielle.

Démocratie, légitimité et illégitimité

« La loi s'énonce, mais, en s'énonçant, elle opère simultanément son propre retrait. Si je puis dire « j'ai droit à » c'est que je suis situé dans le mouvement d'une loi première qui m'échappe »[95]. Les hommes ne sont pas plus à l'origine de la loi que de la pensée ou du langage. « Ils sont plutôt constitués par cette ouverture au monde que font la loi, la pensée ou le langage. »[96] Dans le totalitarisme, règne le fantasme d'immanence dans lequel la société s'ouvre elle-même sa propre voie. « Il m'apparaît bien au contraire que

---

[93] ibid. p. 361.
[94] ibid. p. 362.
[95] ibid. p. 362.
[96] bid. p. 363.

toute société est prise dans une ouverture qu'elle ne fait pas ». Cette indétermination (souligné) libère la société de l'attrait de l'Un (mais, rappelons-le, il y faut le désir des hommes) si caractéristique du totalitarisme.

Lefort ne parle pas des dictatures ni de ce qu'il reste de despotismes (le Maroc par exemple). De même ne parle-t-il que du pouvoir politique, alors que son analyse demeure, à notre avis, congruente avec le pouvoir social et culturel (pouvoir de et pouvoir sur), pouvoir qui est toujours également politique (au sens du politique).

Les fondements de la loi et ceux de la société ne sont jamais assurés : « La démocratie affirme de façon irréversible la légitimité du débat portant sur la distinction du légitime et de l'illégitime » (la phrase est soulignée).

C'est dans la société démocratique que les fondements de la loi, du pouvoir et des relations sociales sont l'objet d'une mise en question continue. »La dissolution des repères de la certitude ne signifie pas que les dimensions de l'autorité, de la loi et du savoir s'effacent (comme le croyait Arendt pour l'autorité (sauf, disait-elle, aux États-Unis, LMB), mais que les questions qu'elles impliquent sont comme mises à nu (souligné). Privée de figurants ultimes, la loi se donne à chacun et dans toutes relations comme énigme (souligné) ». Et Lefort ajoute : « C'est donc l'absence d'un fondement repérable, le fait qu'une place symbolique, déclarée vide, ne soit occupée par personne, qui engendrent la vitalité des relations sociales, puisque tous sont appelés à rechercher ce qui doit être. » [97]

Nous pouvons témoigner que cette conception de la loi, on devrait plutôt dire cette mise en perspective, était déjà celle de Lefort en 1968. Daté de 1986, ce texte ne fait que la développer. Si nous n'avons pas voulu créer un chapitre spécial pour la démocratie, c'est que, nous l'avons dit, la question de la société démocratique est selon nous l'une des questions au coeur de la pensée de Lefort et liée à celle de l'interprétation. Nous avons préféré concentrer le thème lorsqu'il s'est posé à nous.

---

[97] ibid. p. 563.

Démocratie

La démocratie peut-elle nourrir un idéal pour l'humanité ? Tensions et dilemmes, dus aux contradictions entre l'idéal et les pratiques des pays occidentaux, entre leurs valeurs et celles des pays dits du Tiers monde ne peuvent être mis à l'écart.

Si le principe de non ingérence est respectable, « il peut avoir des complicités avec les dictatures. L'idée que les peuples ne sont pas mûrs pour la démocratie entraîne à négliger, par relativisme et par faux esprit de tolérance, le soutien aux dissidents...qui, s'éloignant d'une idéologie marxiste, découvrent la valeur des libertés civiles et politiques ».[98] Ces dissidents se sont de plus en plus convaincus que la démocratie a pour point de départ « le droit d'avoir des droits » (souligné). « Remarquable nous paraissent les mouvements en faveur des droits de l'homme (souligné) compris non seulement comme droits des individus (Hannah Arendt), mais comme conditions de l'essor des revendications sociales. »[99]

Démocratie et économie

« Faute de satisfaire aux besoins des populations les plus démunies, on déchaînera des conflits, des aventures de type totalitaire immaîtrisables, aux conséquences imprévisibles sur le sort de l'Occident. »[100]

« Une nouvelle conception des rapports économiques, ajoute Lefort, ne porterait ses fruits que si elle se combinait, dans les pays dits dépendants, avec l'extension des régimes où le pouvoir et les ressources ne soient pas accaparés par un groupe ou des groupes incontrôlés, où s'instaurent des libertés civiles et politiques et les conditions d'un débat public. »[101]

---

[98] bid; p. 564.
[99] ibid. p. 564
[100] ibid. p. 565.
[101] ibid; p. 565.

Démocratie et capitalisme

Eviter à ce propos la thèse simplificatrice, ne pas séparer la réflexion théorique de l'analyse historique, dit Lefort.

Il recense les thèses en présence : la démocratie comme maintien et masque des rapports sociaux où la force de travail se présente librement (souligné) sur le marché ; la société comme résultat d'un contrat tacite entre des individus essentiellement libres et égaux, la même logique étant à l'oeuvre sur le registre économique et politique, les inégalités et dépendances étant traitées comme des accidents dus à la diversité des talents et aux vicissitudes des échanges ; association de la dynamique économique découlant de la technique, de la division du travail et de l'accroissement des besoins, de la dynamique politique qui dépend de la capacité des hommes de décider et d'agir en commun (H. Arendt).

Lefort note que les principes démocratiques se sont affirmés avant le développement de la révolution industrielle. On ne peut, dit-il à peu près, ramener démocratie et capitalisme à la même logique. Cela dit - mais Lefort ne prétend même pas amorcer une réponse tant la question est difficile -, l'idée lui paraît insoutenable d'un clivage entre démocratie et capitalisme. Il donne deux exemples : la liberté d'entreprendre - liberté fondamentale - ne peut être supprimée, à moins d'aller vers le totalitarisme. Le capitalisme s'est transformé sous l'effet des droits sociaux et culturels « étayés sur les droits de l'homme ». Enfin, défendre l'idée d'un développement en soi (souligné) de l'économie c'est négliger « la mutation qui est à l'origine du capitalisme moderne et le nouvel éthos dont il procède. »[102]

Selon nous, démocratie et capitalisme sont d'autant moins clivés que le capitalisme est l'excès de la société démocratique. L'autre excès c'est le totalitarisme qui s'est séparé d'elle et retourné contre elle. La mutation qui est à l'origine du capitalisme ce n'est ni l'or américain affluant en Europe, ni la réussite financière comme gage de Salut. Cette mutation est fondatrice de la société moderne dans sa

---

[102] ibid. p. 366.

dimension économique. La société moderne privilégie l'objet, alors que la société d'avant la modernité privilégie la pulsion (dit Freud). La liberté d'entreprise fait partie comme liberté fondamentale de cette société moderne dans sa dimension économique. Les droits ne sont pas nés du capitalisme, mais du désir de substituer à l'Ancien Régime théologico-politique une démocratie moderne. Tous les excès de cette société démocratique, même ceux à dimension économique, ne sont pas nécessairement capitalistes.

Cette prétendue société capitaliste ne se développe pas en soi, puisque c'est la société démocratique moderne qui produit son propre excès interne - rien à voir avec le totalitarisme qui, lui, est un excès englobant entièrement la société. L'excès capitaliste travaille la société démocratique, nous travaille : excès de profit (mais nécessité du profit sans excès), excès d'instrumentalisation, de technicisation (mais nécessité de l'instrumentalité, de la technique sans excès). En ce sens, le M.A.U.S.S. (Mouvement Anti-utilitariste dans les Sciences Sociales) auquel nous appartenons va parfois trop loin dans la critique de l'instrumentalité et de l'instrumentalisation, oubliant précisément leur nécessité à la base, dans une société moderne.

Notre idée n'est pas non plus une amorce de réponse, elle répond à Lefort, à la fois en abondant dans son sens (le capitalisme n'est pas clivé de la démocratie), mais en refusant la conception de la société que nous proposent Marx et Weber (le capitalisme comme mode de production ou la « cage de fer »). Nous préférons celle de la société que nous propose Lefort, société déjà là, à vivre, mais à réfléchir, travailler constamment en nous (groupes et individus) malgré et contre le capitalisme qui est, pour nous, son excès interne. Ce dernier disparaîtra-t-il ? Nous en doutons tant qu'il y aura la démocratie. Pas plus que ne peut disparaître en nous - qu'il y ait démocratie ou non - la tentation de l'Un à laquelle d'ailleurs il est lié. Mais capitalisme et tentation de l'Un peuvent être jugulés, amoindris, grignotés y compris par des révolutions.

L'énigme de l'homme

« L'homme comme énigme de l'homme » écrit Lefort en soulignant. « La nature de l'homme n'est pas insaisissable, ajoute-t-il, mais il y a quelque chose d'insaisissable dans l'homme, qui se signale à travers les cultures et les individus et que nous nommons énigme »[103]. La grandeur (souligné) de la démocratie c'est qu'il y est tacitement reconnu que chacun est insaisissable par l'autre. C'est aussi l'idée que la liberté individuelle (souligné) instaure une distance entre les hommes, qu'elle demeure irrésorbable dans la communauté. L'homme ne peut oublier la solitude, celle qui sourd dans la société dite capitaliste. Mais il y a une solitude féconde liée à l'institution de la société démocratique. « L'homme peut être noyé dans la foule, mais c'est là qu'il est appelé à se savoir différent. »[104]

Il ne s'agit pas de l'individualisme dont les excès sont connus, mais de l'individualité dont Lefort sait reconnaître la force.

Démocratie et religion

« Les hommes font l'expérience d'un rapport avec ce qui les dépasse ». » « La démocratie court le plus grand risque à se penser comme un système d'institutions qui est en quelque sorte à notre disposition ou en refusant d'assumer l'idée qu'elle a à prendre en charge une interrogation interminable ».[105]

Mais la mystique de l'Un (souligné) et la métaphore du corps, dit Lefort, n'ont certainement pas contribué à l'avènement démocratique (notons que cette métaphore du corps, mais non divinisé, est encore chez Saint-Simon le sociologue). Lefort pense que le sentiment religieux n'a pas favorisé l'essor du totalitarisme. Les liens entre religion et politique (après Durkheim, Weber, Rudolf Otto) n'ont guère été analysés. Lefort conclut néanmoins en disant que « la réflexion sur la démocratie doit tenir en échec toute

---

[103] ibid. p. 567.
[104] ibid. p. 569.
[105] ibid. p. 568.

autorité qui tente de ramener dans l'orbite du religieux le débat humain ».[106]

L'espace dédoublé

Lefort note chez Guizot l'image d'un espace dédoublé « tel que, suivant une direction, le politique s'investit dans le social et, suivant l'autre, le social s'investit dans le politique. »[107]
Critiquant le gouvernement du moment (1821), Guizot a perçu que « autant le pouvoir entretient un rapport avec la société, autant la société est déjà en rapport avec elle-même, le social est sensible à soi, dans la variété de ses manifestations ; ...il est... à la fois générateur du pouvoir et offert à ses prises ».[108]

L'existence d'un milieu

Guizot témoigne de l'existence d'un milieu dans lequel ce qu'on est tenté de saisir comme purement matériel est spiritualisé et ce qu'on est tenté de saisir comme purement spirituel se change en force, « milieu dans lequel la division de l'actif et du passif ne se fixe pas et que la phénoménologie moderne tentera de décrire sous le nom de chair (souligné, avec référence à Merleau-Ponty). »
Guizot a compris que les intérêts nouveaux (en 1821) ne peuvent être dissociés des idées nouvelles. Les opinions font partie intégrante de la réalité, elles sont une force avec laquelle il faut traiter, montre Guizot.

Le pouvoir investigateur

Pour traiter (souligné) les opinions, il faut découvrir les sentiments qu'elles expriment. « Le pouvoir est un organe d'investigation du social ». La société gagne son intelligibilité sur elle-même lorsque le pouvoir réussit à extraire du langage commun « le sens qui l'habite ». L'important pour le pouvoir est de distinguer le contenu latent du contenu manifeste de l'opinion, de saisir sous

---

[106] ibid. p. 568.
[107] Guizot théoricien du pouvoir p. 576 daté 1987.
[108] ibid. p. 576.

l'apparence le devenir de la pensée. Le pouvoir actuel (1821) « blesse » l'opinion actuelle, renforce son obstination.[109]

« Le pouvoir actuel s'obstine à traiter les doctrines nouvelles comme des songes ; les opposants s'obstinent à s'arrimer à la théorie dont leur adversaire confirme la force, en prétendant la détruire »[110]. Le « credo populaire » (expression de Guizot) c'est la souveraineté du peuple, le refus de l'aristocratie, l'image d'un pouvoir humble qui prendra sa charge au rabais.[111]

Ce n'est pas l'idée de Guizot, qui lui, renvoie ce credo à l'idéologie. Mais il distingue idéologie et conscience sociale. La victoire de la bourgeoisie doit lui permettre d'extraire du langage qui lui fut un moment nécessaire (le credo) la vérité de ses pratiques et de ses aspirations, dit Lefort commentant Guizot jusqu'au moment où il ne peut plus le suivre.

Référence de l'être social au pouvoir et à la loi

La souveraineté de droit n'existe pas sur terre, elle ne peut exister ni dans le prince, ni dans le peuple ; le pouvoir n'est pas une invention de l'homme ; Dieu seul est souverain. Commentant ce point de vue de Guizot, Lefort dit que cette affirmation (Dieu seul est souverain) n'est pas nécessaire à sa thèse. Il lui suffit d'établir - ce que fait Lefort - que la société, l'homme comme être social sont inconcevables à défaut d'une référence au pouvoir et à la loi. La métaphore du pouvoir paternel, utilisée par Guizot, lui sert certainement, dans le domaine qui l'occupe, à instaurer une distinction entre ce qu'on appelle aujourd'hui le symbolique et le réel. Elle lui sert aussi, sous semble-t-il, à faire le lien entre l'être social et Dieu (le père).

C'est, dit Lefort, la critique de la croyance à la légitimité absolue d'un pouvoir humain qui commande, chez Guizot, l'intelligence de la société politique.

Guizot, parlant du gouvernement représentatif, y voit une exigence qu'il y ait, en toute occasion, un pouvoir qui

---

[109]ibid. p. 578.
[110]ibid. p. 579.
[111]ibid. p. 578.

décide, « un pouvoir définitif, c'est-à-dire absolu en fait » (citation de Guizot). Mais la légitimité n'est jamais assurée. Il n'y a que l'incessante légitimation du succès d'une « recherche » (celle de la raison, de la vérité, de la justice).

C'est le système (représentatif) qui place ceux qui exercent un pouvoir dans la nécessité de chercher constamment la raison et la justice et, du même coup, qui les place sous la menace de perdre leur force en cas d'échec, dit Lefort commentant ou, sans doute, paraphrasant Guizot. Le gouvernement (représentatif), en revanche, est cet organe qui est soumis au changement. Le système (représentatif) entraîne constitution de la société (qui) implique que la connaissance de la vérité et du droit ne se dissocie pas d'un débat possible, interminable, lui-même indissociable du changement des forces sociales. Fait essentiel de la démarche moderne, dit Lefort. Guizot place au principe de cette société la souveraineté du peuple, mais traite cette dernière par ailleurs de « chimère ». Il ne voit pas, dit Lefort, que, par exemple, la Constitution américaine - à l'inverse de celle française de 1792, dans laquelle la Convention cumulait tous les pouvoirs (exécutif, législatif et judiciaire) - « place le peuple à la source de tous les pouvoirs, mais empêche ceux-ci de se fondre en un seul et les met en demeure à la fois de s'interdire, l'un l'autre, toute transgression de leur compétence et de faire sans cesse la preuve de leur légitimité pour conserver le crédit de leurs mandants. »[112]

Pour être explicite, le jugement de la société requiert le suffrage, dit Lefort. La raison et la justice ne sont la propriété de personne. Dès lors « l'idée de la souveraineté ne saurait se détacher du travail que la société accomplit sur elle-même pour formuler le légitime et l'illégitime, le juste et l'injuste, le vrai et le mensonger. »[113] Si la souveraineté n'appartient à personne, l'attribution de la souveraineté à la raison et à la justice ne doit pas faire oublier que « tous (nous) sont (sommes) parties prenantes dans leur énonciation ». Ce que Guizot néglige, limitant au nombre restreint des « supériorités » la participation aux

---
[112]ibid. p. 586.
[113]ibid. p. 586.

affaires publiques et le débat sur la légitimité. Le pouvoir a la tâche de « fouiller la société » (citation de Guizot) pour y découvrir et en extraire les « supériorités ». Même si chacun court le risque de descendre ou jouit de la chance de s'élever, le dialogue du politique et du social ne s'exerce « qu'au prix de l'exclusion de la masse des sans pouvoir » écrit Lefort.[114]

La philosophie politique

« Elle est certes, pour une part, une réflexion qui prend en charge toute la recherche antérieure, mais elle est aussi, pour une autre part et indissociablement, une interrogation sur le temps dans lequel on vit. »[115]

Elle s'oppose à l'esprit des sciences sociales ou des sciences humaines. « Elle est guidée, depuis son origine, par le souci de comprendre ce que signifie le fait que les hommes vivent en société, par celui de repérer, dans la diversité des établissements humains où règnent l'idée d'une identité commune et la volonté d'indépendance, un petit nombre de formes de société (souligné), par celui de découvrir les critères qui sont au fondement de cette distinction, de déceler ce qu'est - soit relativement, soit absolument - le meilleur type de vie ou le meilleur régime. Sans doute, la question du pouvoir est-elle au centre de l'interrogation du philosophe. »[116]

Nous avons cité longuement, car, s'exprimant ainsi, Lefort définit en somme la tâche principale qu'il s'est donnée : distinguer la démocratie du totalitarisme, des dictatures, des despotismes. Nous ajouterons que ce travail est indispensable pour la sociologie, même si, à proprement parler, ce n'est pas le sien. La tentative de Georges Gurvitch de typologiser les sociétés, parce qu'elle ne relevait plus de la philosophie politique, a été relativement un échec. N'est restée que son idée de sociétés globales.

---

[114]bid. p. 587.
[115]La pensée du politique p. 601 daté 1988.
[116]bid. p. 601.

Genèse de la démocratie

Lefort insiste sur le fait que la mutation démocratique à base d'indétermination, faisant reconnaître la notion d'un pouvoir sans garant transcendantal, permettrait de comprendre « comment advient cette autre mutation que constitue le régime totalitaire..., car c'est l'indétermination qu'il vient abolir, par une révolution qui puise son énergie à la source des révolutions modernes et s'affirme comme la révolution anti-démocratique. »[117]

« Avec la pensée démocratique, poursuit plus loin Lefort, s'affirment tout à la fois l'image de l'individu, l'image du peuple et l'image de l'humanité...Il y a dans la pensée démocratique et dans l'expérience démocratique...une dynamique qui interdit de rabattre la relation sociale sur la relation inter-individuelle et qui fait que le citoyen est habité par une tension entre l'image qu'il a de lui comme individu, l'image du peuple qui n'est ce qu'il est que par les institutions libres, et l'image d'une humanité dont les membres ne sauraient se voir refuser en principe les droits dont on jouit soi-même ».[118]

Là encore, nous avons cité longuement, car Lefort retrouve, en philosophie politique, une vieille idée venant de Durkheim et qu'il exprimait en disant que « le social explique le social », ce qui était pour lui l'un des fondements de la sociologie. Sur ce point, les sciences humaines ne s'opposent pas à la philosophie politique.

Pensée démocratique et pensée libérale

Le libéral est humaniste au sens où l'individu doit accomplir en lui-même son humanité, sa qualité d'homme, tandis que le démocrate est humaniste au sens où l'humaniste existe aussi dans son extension et pas seulement comme un attribut de l'individu. Et Lefort ajoute : « La pensée libérale est toujours tentée de circonscrire à l'intérieur de la société réelle la « vraie société »..., cette société composée des hommes qui ont

---

[117] ibid. p. 603.
[118] ibid.; p. 605.

seuls « droit à » (c'est-à-dire à être des sujets sociaux) ; elle rejette au dehors les hommes démunis, incultes, ceux qui ne sont pas en état et, par là même, ne sont pas en droit (souligné) de participer aux droits publics, de convoiter les honneurs publics. La pensée démocratique ne peut pas mettre de ces freins au changement : elle est nécessairement faite pour accueillir de nouveaux droits, de nouvelles revendications; elle ne peut maintenir une opposition de principe entre les « ayant droit » et les autres. »[119]

Cette idée est aussi celle de Raymond Aron, dans *Les Désillusions du progrès*, mais il ne l'a pas développée. Elle est aussi la nôtre, grâce à Lefort. En effet, nous avions fait apparaître, dans l'un de nos ouvrages sur les SDF, le fait que des droits (sociaux) sont réservés, c'est-à-dire pratiquement interdits aux populations pauvres et aux SDF (misérables) ; ne leur est laissé que l'accès aux droits (fondamentaux) : voter, être présumé innocent, etc.

La démocratie représentative

Après avoir fait un historique de la démocratie représentative aux États-Unis et en Europe, en montrant les divergences, dès le début (1787) aux États-Unis, et en 1792 en France, entre les deux conceptions, Lefort écrit : « La démocratie représentative ne s'établit véritablement qu'une fois tirées les conséquences de la désincorporation du pouvoir (souligné)... La communauté politique est vouée à régler ses conflits grâce à l'établissement d'une scène politique sur laquelle la division soit transposée et transfigurée. »[120]

Le pouvoir, dit Lefort, demeure dans la dépendance de la compétition des partis, cette compétition étroitement définie procure (aux conflits) le « cadre symbolique qui les empêche de dégénérer en guerre civile ». « L'efficacité de la représentation (souligné) se trouve étroitement liée à la reconnaissance des libertés politiques et des libertés civiles » ; ces dernières viendront manifester la diversité du social. Pour Lefort, la souveraineté du peuple demeure « latente » ; lorsqu'elle se fait reconnaître par l'opération

---

[119] ibid p. 606.
[120] Démocratie et représentation p. 613 daté 1989

du suffrage, elle requiert alors une dissociation des liens sociaux et se signifie par le simple dénombrement de choix individuels.[121]

Lefort voit bien que « la démocratie représentative n'est pas seulement ce système dans lequel des représentants (souligné) participent à l'autorité politique à la place (souligné) de citoyens (souligné) qui les ont désignés ». Elle assure à la société une visibilité relative. Il y a souvent distance entre ce qui se produit sur la scène politique et l'état social (au sens de Tocqueville). Des conflits peuvent se trouver sur la scène politique comme expression symbolique, tout en bouleversant l'ordre politique (la grève de 1995, le CPE, dirions-nous). « Mais là où la démocratie est fermement établie, et ses principes intériorisés par les groupes qui s'affrontent, toute action sociale particulière est induite, du fait de la représentation (souligné), à travers son inscription dans la généralité du politique ».[122]

Il nous semble que Lefort, sur ce point, est beaucoup plus proche de Locke que de Rousseau. Locke ménage à la représentation son espace propre, spécifique, à partir du moment où l'on passe de l'état de nature (sans gouvernement) à l'état de gouvernement. Rousseau qui parle plus de volonté générale - concept riche, totalement mythifié après lui - que de souveraineté du peuple, pense au fond que, dans une démocratie directe, en se soumettant à tous, on se soumet à soi-même. Mais si aujourd'hui la démocratie directe fait bien apparaître, à la base, dans les associations et les débats publics, à la fois un rapport à tous et à soi-même, ce n'est pas - ou pas seulement - le grand nombre qui oblige à la représentation - comme on le répète à satiété -, mais ce que dit Lefort : l'obligation d'un espace symbolique où « toute action sociale particulière puisse trouver une inscription dans la généralité du politique. »

---

[121] ibid. p. 613.
Lefort a écrit sur le suffrage un article dans le premier numéro de *Libre*, un article qui, hélas, n'a jamais été republié..
[122] obid. p. 613.

Représentation, espace politique et espace public

La représentation institutionnalisée, dit Lefort, se situe dans un ensemble de formes représentatives, à défaut duquel elle risque d'avoir peu d'efficacité. « La représentation ne peut être féconde si elle ne vient pas s'enraciner dans un certain sol, s'inscrire dans un espace social vivant dans lequel des opinions multiples peuvent s'exprimer, dans lequel enfin il peut y avoir, pour des groupes et des individus différents, une sensibilité à des intérêts et à des aspirations qui ne soient pas les leurs...La représentation requiert l'établissement d'un espace public tel que puisse s'effectuer une modification mutuelle de points de vue et se faire reconnaître la légitimité de nouveaux droits par l'opinion publique »[123]. À poursuivre cette idée aussi loin que possible, la démocratie représentative peut-elle se concevoir sans une certaine dose de démocratie directe ? [124]

La représentation politique :
dissociation du pouvoir d'État et du pouvoir politique

Grâce à la représentation politique, dit Lefort, l'État ne se referme pas sur lui-même. Le pouvoir de l'exécutif c'est celui du gouvernement dépendant de l'adhésion du peuple. Le pouvoir d'État, en vertu de son administration, décide du sort de chacun. Mais ce pouvoir d'État coexiste avec un système mobile qui suppose la reconstitution périodique des organes de délibération et de décision publiques. La tentation du populisme - tentation actuelle, dirons-nous - est de faire en sorte que le gouvernement et l'État deviennent une même chose. Il (le populisme) récuse la dissociation de la société civile et de l'État, mais - l'oeil fixé sur les sondages -, il récuse aussi la dissociation du pouvoir d'État et du pouvoir politique.

Pour notre part, nous préférons dire que la tentation du populisme récuse la dissociation du pouvoir d'État, des

---

[123] ibid. p. 617.
[124] Comme l'avaient écrit Alain Caillé et Jean Pierre Le Gofff dans leur commentaire à la grève de 1995.

institutions d'État (conseils, assemblées) du pouvoir politique qui est pouvoir politique d'État (haute administration) et du pouvoir politique exécutif assigné au gouvernement (et, malheureusement, au président de la République qui devient ainsi un pouvoir politique d'État et non, à proprement parler, un pouvoir d'État et des institutions d'État). La confusion peut effectivement ramener à un système unique un pouvoir où « les formes de la représentation sont perverties ».

Légitimation par l'opinion

« L'opinion publique est appelée à légitimer la revendication avant que l'État n'ait formulé sa sanction, et que ne soit notifiée la législation ». Autrement dit, il peut y avoir aujourd'hui une légitimation par l'opinion, avant que la législation juridique et politique s'exerce.

Démocratie et capitalisme 2

« Nous vivons à l'épreuve de la nécessité capitaliste » écrit Lefort. Nous dirions : à l'épreuve de la nécessité de l'économie moderne. La démocratie n'apporte pas réponse à tous les problèmes que posent l'économie de marché et la conception internationale du capital.

« La démocratie est liée au capitalisme en même temps qu'elle s'en distingue ». Il y a une affinité, selon Lefort, entre l'autonomie relative de la société civile, l'expression des libertés individuelles et la nouvelle organisation économique. Mais « la démocratie, en raison de ses principes, de l'articulation qu'elle établit entre droits politiques et droits sociaux, est affrontée à l'exigence de corriger les effets du capitalisme, l'intérêt public ne peut se laisser dissoudre dans les intérêts privés ».[125] Lefort évoque le capitalisme sauvage au Brésil. On pourrait lui demander ce qu'est un capitalisme civilisé, modéré dont la démocratie corrigerait les effets. Lefort dit lui-même que l'idéologie libérale - il faudrait ajouter économique, même si elle s'est liée au libéralisme politique - « continue à nourrir le mépris de la démocratie de masse ». Lefort reconnaît, dans ce livre

---

[125] ibid. p. 623.

Le Temps présent, son tourment pour réfléchir sur les rapports entre démocratie et capitalisme. C'est aussi le nôtre et celui de beaucoup d'autres.

Mais, pour notre part, nous doutons que l'existence de la société civile et le développement des libertés aient à voir directement avec le capitalisme. C'est plutôt le capitalisme notamment économique qui empêche la société civile d'exister pleinement et les libertés de se développer. L'organisation économique, qui n'est pas en soi capitaliste, mais qui est travaillé par le capitalisme, requiert un certain nombre d'exigences non capitalistes, ne fût-ce que la rentabilité de ses entreprises, c'est-à-dire le profit. Mais cela n'a rien à voir avec le capitalisme qui requiert un profit quasi illimité et aujourd'hui une dérégulation qui plonge dans la misère des populations entières. Nous pensons, nous l'avons dit, que l'affinité entre démocratie et capitalisme est celle d'une norme avec son excès. Le capitalisme financier n'a rien à voir avec la nécessité de financer l'économie. Il en est son excès (cf. Les subprimes).

Avec ce que nous appelons l'idée démocratique - le terme n'est pas dans le livre -, Lefort parvient, à partir de textes de Léo Strauss qui ne retient que l'instrumentalisation et la technicisation de la démocratie, à montrer que la société moderne ne se réduit pas à ses failles (ciblées par Léo Strauss et Heidegger), mais qu'elle porte en elle une effervescence qui, quels que soient le côté terne des partis et celui des gouvernants, lui fait, sur des points relevant des besoins sociaux, manifester sa vitalité et sa dynamique. Mais, plus sûrement, concevant, comme il l'a fait ailleurs, l'idée démocratique, non seulement il la caractérise par le fait que le lieu du pouvoir y est vide, inappropriable, mais aussi par sa différenciation d'avec la religion. L'idée démocratique ne peut se déduire d'une Révélation, d'un « au-dessus » d'elle par rapport à l'humanité, même si l'homme comporte en lui une part d'énigme. Enfin l'idée démocratique se caractérise par sa différenciation d'avec le capitalisme dont Lefort pense à notre avis à juste titre qu'on ne peut le séparer d'elle (l'idée démocratique), mais qu'il distingue en capitalisme sauvage et capitalisme modéré. Nous l'avons dit, nous préférons, sur ce point, faire du capitalisme l'un des excès globaux - le principal - de la société moderne - non équivalent néanmoins aux totalitarismes -, ce qui permet, en reconnaissant la dynamique de la démocratie dans la modernité, d'admettre que peuvent être réduites constamment les possibilités d'expansion et de toute-puissance capitalistes.

Chapitre IV
INTERPRÉTATION ET DÉMOCRATIE

Si nous demeurons dans la question de l'interprétation, c'est très directement, non l'idée démocratique, mais la pratique démocratique qui est visée dans ce thème (apparu après celui d'idée démocratique). Ce n'est pas un hasard s'il s'agit d'abord de la liberté de parole dans l'espace public, liberté de la parole, du dicible et du pensable.

. Revendiquant, en démocratie, un droit au doute, Lefort s'élève contre le relativisme et l'universalisme excessifs, rappelle les distinctions bien/mal, vrai/mensonge. C'est dans l'écriture, celle de l'écrivain, que, prolongeant ce qu'il disait autrefois sur la littérature, il tente de repérer la trace du politique. Après être revenu à l'idéologie totalitaire qu'il définit, il s'interroge sur le sens historique, sur l'oeuvre. La démocratie comme telle, et non pas seulement son idée, apparaît dans la place de l'individu, celle qu'il se donne, dans la relation (celle de la démocratie) avec le libéralisme politique, avec sa mise en perspective dans la globalisation. Lefort en vient au problème que pose le sens de l'orientation chez l'individu, au rapport de celui-ci au corps propre. À propos de la peinture, la liberté d'expression est de nouveau mise en évidence.

Espace public, liberté de parole, espace symbolique

« La relation parler/entendre, penser/lire ne se réduit pas à une relation entre individus. Là où la liberté de parole est instituée, s'effectue une diffusion de la parole ». Du coup, dit Lefort, se produit « une suscitation de la parole », se multiplient « des échanges dont les effets modifient la pensée des individus et la vie sociale. » [126]

L'espace public (de la parole) est un espace symbolique. Les débats qui l'instituent, il en est aussi l'instituteur. Il est consubstantiel à la démocratie. Le concept de régime (souligné) - non confondable avec celui de constitution - désigne un « certain genre de vie ». Ce dernier implique une certaine éthique.

Liberté de parole, du dicible et du pensable

La parole qui devient publique, dit Lefort, est cette parole qui ignore les barrières que dressaient autrefois les différences de classes, d'ordres, de milieux, de races. « La reconnaissance de la liberté de parole recèle une injonction faite à l'individu...de faire droit à ses paroles, du même coup de faire droit à ses pensées ». « La naissance de l'espace public, la libération de la parole coïncident avec l'ouverture du champ du dicible et l'ouverture, par là même, du champ du pensable »[127].

Longtemps, il fut interdit aux individus sociaux de lire la Bible. Sa lecture était réserve aux clercs. Longtemps le pensable dut se masquer, comme le montre Lefort pour la pensée de Machiavel. La liberté de parole c'est celle de dire et de penser, le droit et l'obligation de dire ce qu'on pense.

Liberté de parole, temps du relativisme, émerveillement devant l'infini

« Nous lâchons les rênes devant l'infini, écrit Nietzsche cité par Lefort. Nous ne savourons la félicité extérieure que dans le moment où nous sommes le plus en péril ». Danger du relativisme, commente Lefort, et, en même temps, émerveillement de la démesure qui permet de franchir toutes les limites dans lesquelles se tenait la pensée aristocratique.

« Le mouvement de la parole, dit-il, d'une parole sans entrave, tend de nos jours à empêcher l'illusion d'un tout dicible (souligné). Tout devient objet de discours et, de ce

---

[126]Lla liberté à l'ère du relatibisme p. 632 daté 1989.
[127]ibid. p. 636.

fait, la parole déferle dans toutes les directions. » Lefort note également « la propension de l'intellectuel philosophant...qui se veut transgresseur des limites de toute connaissance particulière et tente de se libérer des préjugés que comporte l'opinion,...mais qui tend à ignorer les ambiguïtés de notre temps et, le plus souvent, celles qui relèvent du développement de la démocratie ».[128]

Relativisme et universalisme excessifs, droit au doute

Lefort critique ceux qui, condamnant l'erreur ou « la faute » que Heidegger a commise en s'engageant dans le nazisme (par « répulsion pour la démocratie »), n'en reprennent pas moins sa thèse sur l'excès de la technique. « Gardons-nous, écrit Lefort, d'une manière de critiquer les usages de la liberté qui nous ferait oublier que nous tenons de l'expérience de la démocratie notre pouvoir de la déchiffrer. Ne versons pas dans un relativisme, ni dans un universalisme qui nous déroberaient le sens de notre situation ; opposons-leur (à ceux qui critiquent la démocratie) une interrogation seule susceptible de déceler le doute qui habite notre temps et de lui faire droit. »[129]

Espace public

« Il faut assumer la démocratie de masse, écrit Lefort, non pas dans un esprit de compassion ou dans un esprit de démission »[130]. « Défendre la démocratie, ce n'est pas être égalitariste, et ne pas croire qu'il y a une élite. Simplement, il n'y a aucun critère objectif, désormais, qui permette de circonscrire cette inégalité. »[131]

Nous sommes encore, nous semble-t-il, dans la question de l'espace public. Lefort s'élève contre un libéralisme élitiste. « L'idée, dit-il, qu'il y ait une juste interrogation de ce qui est à penser, c'est ce qui nous mobilise tous, c'est-à-

---

[128] ibid. p. 640.
[129] ibid. p. 643.
[130] ibid. p. 648.
[131] ibid. P. 648.

dire l'idée qu'il y a quelque chose aujourd'hui qui demande à être pensé et qui transcende nos différences ».[132]

Société politique : distinction bien/mal, vrai/mensonge

À Giovanni Busino (aujourd'hui disparu) qui l'interpelle sur la relativité des sociétés (« comment puis-je, sociologue, dire que ce qui, à Téhéran est dit et fait, n'est pas bon ? ») Lefort répond : « C'est peut-être parce que vous êtes trop sociologue...Chaque société existe en tant que société politique (souligné), c'est-à-dire en tant que société à l'intérieur de laquelle s'impose une discrimination entre ce que l'on juge bien ou mal, vrai ou mensonger, réel ou imaginaire, naturel ou artificiel ».[133]

Ecrivains

Lefort parle de son livre *Ecrire, à l'épreuve du politique*. Il note que les écrivains qu'il a retenus ont pour la plupart fait oeuvre politique. « Mon souci, écrit-il, est de...comprendre la complication de leur travail et d'y trouver le signe de la complication du politique...Je dois tenter d'éclairer la situation qui est faite à chaque penseur, pour m'approprier ses questions et mieux interroger le monde présent. »[134]

Mais Lefort ne se borne pas à cette interrogation. Car les questions de l'écrivain peuvent en partie être informulées. « Un écrivain et tout particulièrement celui qui fait oeuvre politique livre passage à des questions qu'il n'est pas en mesure de formuler. Son écriture est pour une part ingouvernable...Parce qu'il en puise la ressource dans une expérience du monde et dans un dialogue avec ses prédécesseurs dont il ne détient jamais la signification dernière. »[135]

« L'écrivain livre passage à des questions qu'il n'est pas en mesure de formuler ». Cette phrase, à moins d'y voir une contradiction dans les termes, renvoie à la tâche de

---

[132]ibid. p. 650.
[133]ibid. p. 653..
[134]Le relativisme déchaîne l'imbécilité p.. §83 daté 1992..
[135]ibid. p. 684..

l'écrivain qui est précisément de laisser en suspens les questions qu'il ne formule pas explicitement. C'est aussi vrai, à notre avis, pour le grand romancier que pour l'écrivain politique.

Relativisme, nihilisme, tolérance

« Comment se prononcer pour la tolérance, dit Lefort, et néanmoins rejeter le relativisme qui nivelle toutes les opinions ? » Plus loin, il attaque plus brutalement le relativisme. Mais auparavant, il note qu'il faut à l'écrivain politique « une écriture fluide pour passer outre aux obstacles ; un désir toujours renouvelé de faire face aux contraires pour résister à la tentation d'écraser tout le paysage de notre société, d'ignorer ses contrastes, le foisonnement des opinions et des événements, en se perchant sur la plus haute branche du savoir. »[136]

À la fluidité de l'écriture, on peut ajouter le fait que, depuis le XIX° siècle, mais c'est vrai à toute époque, « partout où l'on sent la vie de la pensée dans l'écriture, on découvre le sens d'une pensée sans garant extérieur, le rejet de l'autorité - nous dirions d'une autorité fixe et inaltérable, LMB -, de la tradition - celle des traditionalistes, nous semble-t-il -, la transgression des normes établies, que la démocratie imprimera dans la vie sociale. »[137]

Autrement dit, il n'y a pas de normes (politiques, au sens du politique) établies pour l'écriture, comme le montre l'oeuvre de poètes comme Rimbaud ou Lautréamont, mais même pour des écrivains comme Michelet par exemple. Ce n'est pas la manière de vivre démocratique qui imposera une norme d'écriture, mais c'est elle qui peut rendre possible une écriture libérée des entraves de toute norme liée à la vie sociale.

Vient le texte sur le relativisme : « Si l'on considère que toutes les opinions se valent ou que notre culture n'en est qu'une parmi d'autres, on est conduit contradictoirement à justifier la position de ceux qui prétendent, eux, détenir la vérité et ne se soucient pas du principe de reconnaissance

---

[136] ibid. p. 685.
[137] ibid. p. 686.

réciproque. Le relativisme déchaîne l'imbécilité. Il interdit par exemple de condamner des régimes où le peuple est soumis à une violente oppression, celui de l'Iran par exemple, celui de l'Arabie Saoudite ou celui de la Chine. »[138]

Ce qui est dit vaut pour les écrivains, mais aussi pour chacun d'entre nous.

L'idéologie totalitaire

Nous retrouverons le totalitarisme ailleurs, notamment dans un des thèmes retenus où apparaissent ses pratiques. Ici nous rencontrons une définition de l'idéologie totalitaire qui contredit celle donnée par Hannah Arendt : « L'idéologie totalitaire n'est pas la « logique d'une idée » (expression d'Arendt). Elle consiste en une condensation de thèmes dont chacun a une signification, une origine et un destin éventuel différents...L'idéologie ignore le principe de non-contradiction. C'est ainsi qu'elle gagne sa plus grande efficacité : elle délivre des tensions que procurent l'expérience de la réalité et, très singulièrement, l'expérience de la démocratie qui est celle, par excellence, du multiple. »[139]

Lefort reproche aux socialistes français d'avoir été incapables de penser le phénomène totalitaire en Union soviétique. « Ils forment l'image de la division de la France en deux camps, celui de la droite et celui de la gauche, car ils forment la division du monde en deux blocs : celui de l'impérialisme et celui de l'anti-impérialisme ».[140].À notre avis, ils subissent les conséquences de cette erreur et les subiront encore.

Quant au Front national, auparavant Lefort écrit : « Le Front national cherche et réussit à apparaître comme en dehors (souligné) du champ politique. L'image de sa rupture avec toutes les formations fait entrevoir celle d'une rupture dans l'histoire, celle de la création d'un ordre

---

[138] ibid. p. 686..
[139] La politique est toujours en défaut, sinon en état de crise. Après le succès du Front national p. 691 daté 1992.
[140] p. 692.

nouveau (souligné). »[141] Sans doute la perte actuelle de son influence tient-elle, pensons-nous, de l'atténuation de cette rupture avec toutes les formations politiques, notamment avec celles de droite.

Le sens historique selon Nietzsche

C'est le fait, pour Shakespeare, d'associer parfum et puanteur, tout ce qui excite nos sens, les flatte et leur répugne. Et cette activité débridée de nos organes indique la formation d'un sixième sens nommé (par Nietzsche) le sens historique. « D'un côté, donc, une souveraine ignorance née avec la volonté de la mesure et d'un accomplissement de la civilisation et de l'art, de l'autre une connaissance de toutes choses surgie de l'attrait pour l'infini et la démesure. Entre les deux, Nietzsche ouvre un gouffre qu'il n'emprunte pas. ».[142]

Lefort note un oubli de Nietzsche : « Partout où l'invention ne fut pas strictement subordonnée aux prescriptions d'un petit groupe dominant, l'entente n'excluait pas une différence d'appréciation des oeuvres. Point de perte du bon goût, mais simple perte de ce qui fut l'assurance que procurait au jugement le fait d'être partagé par la communauté ou la majorité des hommes libres d'une communauté ».[143] Cette perte n'induit pas, même si elle le favorise, à l'accueil de toutes choses de toute provenance. Plus loin, Lefort note que Nietzsche met en évidence l'engouement pour tout ce qui excite la curiosité, oeuvres anciennes, oeuvres nouvelles, oeuvres exotiques, « les unes et les autres procurant indistinctement plaisir et intérêt et entretenant la croyance au relativisme. »[144]

La littérature et Michaux

« L'impératif de la littérature se fait reconnaître comme celui de la non-répétition. Il est impératif d'une création-révélation. Pour reprendre le mot de Michaux, la tâche est

---

[141] ibid. p. 690..
[142] Le sens historique. Stendhal et Nietzsche p. 697 daté 1992..
[143] ibid. p. 701.
[144] ibid. p. 698.

toujours de refaire le passage (souligné) et les oeuvres anciennes, pourvu qu'elles méritent leur nom, sont autant d'invitations au passage. Elles n'ont résisté au temps que pour avoir trouvé vie dans le temps. »[145]

Lefort ajoute à ce qu'il disait de la littérature au début de son oeuvre dans les années 1945-50 une préoccupation, sinon nouvelle, au moins explicitement formulée : celle du passage, de l'invitation au passage que sont les oeuvres anciennes.

L'oeuvre : commencement et singularité

« Le lien subsiste, écrit Lefort, entre l'idée de ce qui fut autrefois commencement et l'idée de ce qui, dans le présent, appelle un nouveau commencement, le lien subsiste entre l'idée d'une révélation et celle d'une novation. L'exigence s'impose toujours de rendre pensable et dicible ce qui était autrefois hors du pensable et du dicible ».[146] Ecrire à la suite de personne - comme le disait Tocqueville - ce n'est pas ignorer les autres, mais les connaître pour s'en détacher.

Lefort conclut son propos sur le sens historique en disant : « Nous savons bien que de nouvelles formes d'asservissement sont possibles, mais cela ne nous conduit pas à nous débarrasser de la question de la différence des temps, pas plus d'ailleurs que de l'affirmation d'un irréversible ne nous conduit à trouver, dans notre époque, ou dans l'avenir prochain, le signe d'une fin de l'histoire.[147] Ce que nous appelons irréversible, c'est seulement ce qui porte la marque d'une naissance, d'un commencement, d'une singularité qui met toujours la pensée en mouvement. »[148]

Nous sommes toujours dans la question de l'interprétation et, nous semble-t-il, dans celle de la démocratie.

---

[145] ibid. p. 701.
[146] ibid p. 705-706.
[147] L'incertitude démocratique p. 737 daté &993.
[148] ibid. p. 709..

Démocratie (1)

« Surgit désormais (grâce au mouvement démocratique) une image de l'histoire comme telle - histoire de l'humanité - qui se détache des cadres particuliers de la mémoire collective »

Lefort s'élève contre certaines critiques de la civilisation du bien-être (souligné) qui peuvent porter contre l'idéologie de l'utilitarisme, mais risquent de faire oublier que, là où l'individu ne dépend plus des repères de l'autorité qui lui procurait le sentiment (éventuellement malheureux) d'être quasi naturellement situé dans une communauté, il se fait lui-même une place, trouve à la fois une assise et le ressort d'une énergie en se guidant sur son intérêt. »[149]

Cette phrase dépasse infiniment ce que dit Tocqueville, même si c'est son argumentation qui l'exprime. Lefort disait à peu près par ailleurs que l'économie n'était pas étrangère au développement de l'individualité. Autrement dit, il ne faut pas jeter l'enfant avec l'eau du bain. L'enfant-individu, s'il baigne trop dans l'utilitarisme, devient individualiste. La conscience de son intérêt propre peut néanmoins l'aider, comme dit Lefort, à « trouver sa place ».

Démocratie (2)

« Que signifie la désincorporation du pouvoir ?, demande Lefort. L'autorité politique cesse de jouir d'une légitimité absolue. Ceux qui l'exercent se trouvent désormais assignés à une position qui les met constamment en quête de la légitimation. »[150]

« L'institution du système représentatif dérive de l'impossibilité ou à mieux dire du rejet d'un pouvoir qui ait une fonction d'incarnation ». Les Américains, de 1776 à 1787, nous ont enseigné qu'une société non incarnée se reconnaît comme irréductiblement plurielle. Chez eux, tous les organes du pouvoir, législatif, exécutif, judiciaire, sont des organes représentatifs.

---

[149] ibid. p. 739.
[150] ibid. p. 741.

La désincorporation du pouvoir va, rappelle aussi Lefort, avec la désintrication du pouvoir, de la loi et du savoir. Il y a distinction entre lois positives et loi comme telle. Mais, dès lors que nul n'est censé « être dépositaire de la loi », que « nul n'échappe à l'obligation d'avoir à répondre devant elle de ses actes, elle devient pure transcendance ». Elle s'avère infigurable. Nul ne peut prétendre la rabattre sur un de ses énoncés, dit Lefort.

Démocratie et individu

« Dès lors que s'est effacée l'image d'un grand juge (souligné), une relation entre le sujet et la loi se noue, de telle sorte que l'individu, dans le moment même où il est requis d'obéir, se sent le droit de juger de sa place. S'établit une liaison entre l'opinion et et la loi et entre le sujet et la loi qui ne saurait se défaire ».[151]

Ce passage nous semble essentiel. En effet, Lefort ne dissimule pas l'obligation de l'individu à obéir à la loi, mais insiste sur le fait qu'il peut juger ce à quoi il obéit. Aucune majorité ayant voté la loi n'a pouvoir absolu législativement. La loi (positive) peut être remise en question. La pure transcendance de la loi et l'obligation qu'elle-même crée sont soumises, en démocratie moderne, à une indétermination ; celle-ci la soustrait à l'illusion qu'il y ait un fondement concevable de la légitimité ou de la vérité. Nous dirons, nous, que le pulsionnel aujourd'hui « reconnu » rend possible l'indétermination y compris dans la légitimité. Si le sacré, la prohibition de l'inceste, le don, sont des modes irréductibles de la loi transcendante en toute société, leur légitimité varie avec les conjonctures et les conjectures liées par les êtres humains - et notamment par chaque individu - aux investissements d'objet.

Démocratie et connaissance

Lefort note que « seuls les régimes démocratiques à la fois permettent et suscitent la libre concurrence de modes

---

[151] ibid. p. 742.

de connaissance et d'expression qui ont une incidence directe ou indirecte sur les moeurs et sur la politique. »[152]

Démocratie (3)

« Ne devons-nous pas concevoir que la dissociation du politique et du non-politique dans toute l'étendue du social procède de l'abandon de la croyance en une communauté substantielle ? ». « Dans tout domaine d'activité et de connaissance, des questions nouvelles se posent et des expériences se cherchent dans des directions divergentes. »

« Pour qu'une telle société (démocratique) puisse tenir ensemble (souligné), il faut qu'elle fasse sienne une éthique du doute. »[153]

Ainsi la démocratie, dans son rapport à la connaissance, est à la fois articulée à la liberté (d'expression), donc aux divergences d'opinions, mais elle requiert par le doute (non sceptique) une « incertitude féconde ».

La démocratie libérale

« Si nous nous interrogeons sur (la relation entre démocratie et libéralisme), ne devons-nous pas convenir en tout premier lieu que nous ne pouvons concevoir à présent une démocratie qui ne soit pas libérale, ni la formation d'un régime libéral qui soit anti-démocratique ? »[154] « Si nous veillons à ne pas confondre le libéralisme et la modération, ne devons-nous pas admettre qu'il est désormais ancré dans la démocratie ? « [155]

Lefort affirme donc un lien intrinsèque entre libéralisme et démocratie. Il note que le capitalisme - qu'il ne distingue pas, rappelons-le, de la société moderne - n'a pas pris en Europe un « visage humain », il n'a cessé d'être un capitalisme sauvage que dans le cadre de la démocratie. « Encore est-il vrai qu'avant que celle-ci ne se fut

---

[152] ibid. p. 742..
[153] p. 743.
[154] Démocratie et libéralisme, p. 748, daté 1994.
[155] bid. p. 749.

développée, la notion des droits individuels et civils s'était diffusée dans les sociétés occidentales. »[156]

Nous pensons que le capitalisme est toujours « sauvage », mais que sa sauvagerie a pris d'autres formes. La démocratie a fait prévaloir les notions de droits individuels et civils, même si ceux-ci se sont développés avant elle. Elle ne rend guère le capitalisme meilleur.

Mais elle l'assujettit autant qu'elle le peut aux droits, comme elle y assujettit individus et groupes dans l'étendue de la société.

Comment pourrions-nous lutter contre le capitalisme si nous étions immergés en lui ? Certes il est en nous comme tentation à l'excès. Mais Lefort note lui-même la persistance de l'illusion que la conduite de l'individu est déterminée par le mobile de l'intérêt, « mais que les passions peuvent rendre aveugles aux intérêts », « Le siècle a été le théâtre de guerres, de révolutions et d'aventures totalitaires qui révèlent à quel point les passions rendent les hommes aveugles à leurs intérêts. »[157] Cela dit, ni dans le totalitarisme ni encore moins dans le capitalisme les êtres humains ne sont totalement immergés dans l'excès (de leurs passions).

Libéralisme

« La pensée libérale qui, suivant son inspiration philosophique et politique, est attentive au jeu des passions, qui récuse les dogmes, qui inaugure la conception d'une société où les hommes acceptent de vivre à l'épreuve du doute, cette pensée nous donne la ressource de comprendre la peur et la haine qu'inspire un monde sans repères ultimes de certitude (souligné), un monde où la division est tenue pour légitime. »[158]

Pour nous, elle donne la ressource de comprendre « le mélange qui s'est fait entre le retour à un communautarisme archaïque, l'édification d'un homme nouveau et le capitalisme. » À être en nous et dans les sociétés où nous vivons, ce dernier (le capitalisme) ne se

---

[156] ibid. p. 750.
[157] p.751.
[158] ibid. p. 752.

confond certes pas avec l'édification d'un homme nouveau, ni avec le communautarisme archaïque, mais il ne se confond pas non plus avec le libéralisme politique d'un Tocqueville, d'un Constant ou, aujourd'hui avec toutes les différences, avec celui d'un Lefort ou avec le nôtre.

Constant conteste la valeur d'un concept comme celui de souveraineté populaire et son pouvoir illimité. « Constant donne à penser qu'il faut que les hommes intériorisent l'idée de la limite, qu'ils aient le sens de la limite (souligné), laquelle ne fait qu'un avec le sens du droit (souligné). L'abandon du sens de la limite s'accompagne soit de la précipitation dans l'image d'un seul (souligné) investi de la toute-puissance, soit dans la quête fébrile des signes de la volonté collective et de l'unité du social. »[159]

« À considérer de près, les arguments de Constant sont assimilables par la démocratie libérale. Ils relèvent de principes qui ont d'ailleurs été pleinement reconnus en Amérique. »[160]

Lefort montre, en revanche, l'anti-démocratisme de Guizot. Il reproche à Tocqueville d'avoir largement ignoré la question sociale - ce qui est discutable : Tocqueville s'est intéressé de très près au problème de la pauvreté en Grande-Bretagne et en Irlande -.« La société démocratique appelle de nos jours de nouvelles réflexions » conclut-il.

Globalisation : Dante et Kant

« Dans (la) perspective humaniste (de Kant), écrit Lefort, l'unification du genre humain ne requiert pas un souverain universel (perspective de Dante dans *Le Traité de la Monarchie*), mais la diffusion du modèle de l'État de droit sur toute l'étendue du globe. Cet État de droit faisant dépendre toute déclaration de guerre du consentement des peuples, les ambitions des princes seront mises en échec et le désir de sécurité garantira le bonheur de tous. »[161]

---

[159] ibid. p. 755.
[160] ibid. p. 755.
[161] Démocratie et globalisation, p. 790, daté 1995.

Paul Valéry

Lefort rappelle les questions angoissées de Chateaubriand dans *Les Mémoires d'Outre-tombe* sur ce que nous appelons aujourd'hui globalisation. Plus encore, il insiste sur les textes d'un auteur plus proche de nous, Paul Valéry, qui donne le tableau d'un monde où l'homme déboussolé est pris « dans le tourbillon de questions que nul ne s'était jamais posé auparavant ». Valéry observe « l'attrait qu'exerce la dictature sur des peuples lassés par la démocratie ». Il s'agit de la dictature de Salazar au Portugal, à laquelle Valéry semblait favorable plus qu'il ne l'était à la démocratie. Les observations de Valéry s'appliquent encore au moins en partie à notre monde actuel. Mais, dit Lefort, il était aveugle aux idéologies à prétention universelle que le processus de mondialisation devait seul rendre possibles. Et Lefort ajoute : « Sa description de la décrépitude de la démocratie, du déchaînement de l'individualisme et de la corruption des moeurs héritée du passé ne laisse aucunement présager la résistance des régimes fondés sur ces libertés qu'il jugeait illusoires, la capacité dont ont fait preuve ces individus qu'il jugeait déboussolés, de se mobiliser pour défendre une cause commune. »[162]

Tout en reconnaissant la part de vérité que contient la description de Valéry, Lefort y met fort justement des limites, celles que l'avenir s'est chargé de forger. Mais s'agit-il d'une résistance des régimes fondés sur la liberté ?

Nous dirions plutôt que c'est le mouvement démocratique qui continue, malgré le fascisme, le nazisme, le stalinisme et le post-stalinisme, autrement dit malgré les totalitarismes. Parler de résistance est ambigu : c'est, comme pour le capitalisme chez Marx, croire que le pire est toujours dominant. Or la société moderne, dans sa dimension économique et dans son maintien démocratique, continue de se faire. Malgré le pire et ses effets de domination.

---

[162] ibid>; p. 792-793.

Philosophie : le sensible

« Le sensible, dit Merleau-Ponty cité par Lefort, est « comme la voix, trésor plein de choses à dire pour celui qui est philosophe (c'est-à-dire écrivain) ». L'adhérence charnelle de ce qu'on sent à ce qui est senti, Merleau-Ponty l'éprouve dans le lien de la parole à cela dont elle parle et qui la guide sans pouvoir être détaché de son mouvement. ».[163]

Et il ajoute plus loin en complément : « Capter le sous-entendu atteste le pouvoir d'une pensée disposée à accueillir ce qui la mobilise »[164]

Merleau-Ponty et Husserl

Sur le sens de l'orientation - titre de l'article -, après avoir repris un cas cité par Merleau-Ponty, dans lequel un malade ne peut plus « se porter vers ce qui n'est pas essentiel », Lefort rappelle que Merleau-Ponty affirme que la motricité doit être comprise comme « intentionnalité originale » (l'expression est de Merleau-Ponty lui-même). Vient alors une phrase que Lefort a retrouvée chez Husserl, mais que Merleau-Ponty fait sienne. « La conscience est originairement non pas un je pense, mais un je peux » (pense et peux sont soulignés). « L'essentiel, dit Lefort, est que la perception et le mouvement lui-même supposent un premier pouvoir de donner une direction à toutes choses, de situer tout être en un lieu actuel ou virtuel et cela de telle manière que les sens puissent s'accorder dans une prise de possession. ».[165]

« Renverser un objet, écrit Merleau-Ponty, c'est lui ôter sa signification ». C'est également, pensons-nous, lui ôter son sens (au double sens du terme). Mais plus encore faut-il ajouter avec Merleau-Ponty que l'orientation n'est pas une composante de la perception. »Comme tout être ensemble se rapporte directement ou indirectement au monde perçu,

---

[163]Le sens de l'orientation, p. 810-811, daté 1995;
[164]ibid; p. 811;
[165]ibid. p. 893.

et comme le monde perçu n'est rien que par l'orientation, nous ne pouvons dissocier l'être de l'être orienté./ »[166]

Le visible et le tangible

Après s'être interrogé, avec Merleau-Ponty, sur le regard, Lefort en vient à la palpation tactile « qui nous enseigne plus sûrement que la palpation du regard ». Mais le spectacle visible appartient au toucher ni plus ni moins que les qualités tactiles, dit Lefort. « Les mouvements que recèlent la vision et le toucher et qui nous démontrent que le tangible est taillé dans le visible, le visible dans le tangible - ces mouvements dont est tissu le corps propre - sont l'indice d'une mobilité générale. »[167]

Nous sommes ici dans le processus, dans le mouvement par lequel le visible et le tangible deviennent possibles. C'est une nouvelle manière de concevoir la perception, au-delà de la conception mécaniste de la psychologie scientifique. Ce mouvement-processus nous fait penser à la pulsion freudienne investissant les objets.

Le langage et la pensée

Le langage est lié au penser comme le mouvement au percevoir et ce mouvement est charnel. Lefort rapporte ce que dit Merleau-Ponty. Celui qui voit est en mouvement tant qu'il voit, dit Lefort, et « par le mouvement évoluant dans le monde, il lui faut s'y retrouver, s'y reconnaître, s'y orienter ».

La peinture

« Pour trouver le moyen de donner son sens d'être (souligné) au monde, écrit Lefort commentant librement Merleau-Ponty, il faut s'écarter de la norme qui, instituée, fait perdre à la peinture cette espèce de sauvagerie que restitue le surgissement du visible, faire un bond de côté, pour sentir ce qui, ici et maintenant, permet d'aller plus loin ».

---

[166] ibid. p. 895.
[167] ibid. p. 898.

« Le sens de la peinture est énigmatique, ajoute Lefort, comme le sens de la musique, de la danse, de la littérature » La créativité du peintre est à la mesure de sa réceptivité. En conclusion, Lefort se demande si et dans quelle limite Merleau-Ponty a réussi a conserver le sens de l'histoire, le sens historique, et non l'idée d'une marche de l'humanité vers son but.

Rappelons que Lefort, dans son livre *Sur une colonne absente*, a longuement parlé de la peinture et notamment du peintre Bitterand.

C'est la démocratie en acte qui se révèle à travers l'interprétation de Lefort. Une démocratie liée à la liberté de parole, d'expression - comme l'avaient comprise autrefois Germaine de Staël, Benjamin Constant et Guizot -, cette liberté de parole et d'expression qui ouvre un espace public et un espace symbolique, qui entraîne la liberté du dicible et du pensable, qui permet une sorte de démesure évitant les dangers du relativisme. En découle aussi le droit au doute qui n'annule pas la distinction vrai/mensonge, bien/mal. L'écriture de l'écrivain prend place dans cette liberté démocratique de s'exprimer. L'écriture est ingouvernable : dans le domaine du politique, elle ouvre passage à des questions que l'écrivain n'est pas en mesure de formuler.

Trop de relativisme, dit Lefort, déchaîne l'imbécillité. Trop de dogmatisme aussi, pourrait-on dire, comme le montre Lefort à propos de l'idéologie totalitaire. Le sens historique, associant parfum et puanteur dit Nietzsche, repose sur une « souveraine ignorance » et une connaissance surgie de l'attrait pour l'infini et la démesure. L'irréversible est dans l'oeuvre qui commence, qui naît.

L'individu démocratique trouve sa place, son assise et le ressort de son énergie en se guidant sur son intérêt. L'économie n'est pas étrangère au développement de l'individualité.

Nul n'est dépositaire de la loi. Il n'y a plus de grand juge. Il y a lien entre l'opinion et la loi, entre le sujet et la loi. La connaissance s'articule à la liberté d'expression, mais elle requiert un désordre, une « instabilité féconde ».

Le débat entre libéralisme politique et démocratie est amorcé. Impossible de penser la démocratie sans le libéralisme politique. C'est le libéralisme économique qui, en prétendant s'étayer sur le libéralisme politique, met en oeuvre l'excès capitaliste.

Plus de monarque - celui que souhaitait Dante - pour assurer la globalisation, mais aujourd'hui, pour Valéry, anti-démocrate, un attrait pour la dictature quand on est lassé du désordre, c'est-à-dire, pour lui, de la démocratie. La « décrépitude » (expression de Valéry) de la démocratie ne s'est pas manifestée, remarque Lefort, pendant la guerre, ni contre le totalitarisme. C'est bien plutôt une « résistance » qu'ont su faire surgir des individus soi-disant « déboussolés ».

Le sensible, le tangible, le perceptif (le visible) sont au coeur de la pensée philosophique en démocratie. « La conscience n'est pas originairement un je pense, mais un je peux » dit Husserl. L'orientation guide l'individu, notamment le peintre. « La sensibilité du peintre est à la mesure de sa réceptivité. »

Chapitre V
INTERPRÉTATION ET TOTALITARISME

Il faut d'abord noter que, dans *Le Temps présent*, le repérage des termes que nous avons retenus fait apparaître l'interprétation et l'idée démocratique, puis l'interprétation et la démocratie (en somme l'interprétation de sa pratique) tandis que ce qui apparaît ensuite, ce sont d'abord l'interprétation et le totalitarisme, puis l'interprétation et l'idée totalitaire. On pourrait dire que cet ordre et cette inversion de l'ordre d'apparition des thèmes ne sont pas de Lefort, ce qui est vrai, puisque c'est nous (LMB) qui nommons les thèmes. Nous y voyons, de notre point de vue, parce que nous avons strictement respecté l'ordre des thèmes, une possibilité d'explication. Lefort connaît la démocratie, puisque, comme nous, il y vit, même si elle demeure imparfaite. En revanche, il découvre le totalitarisme. C'est donc l'idée démocratique (ce que nous appelons ainsi) qui le mobilise d'abord, puis la démocratie elle-même comme pratique. En revanche, découvrant peu à peu le totalitarisme, il se mobilise sur sa connaissance concrète et parvient à s'en forger l'idée (ce que nous appelons l'idée totalitaire) notamment grâce à Soljenitsyne. Les choses ne sont certainement pas aussi tranchées, mais Miguel Abensour avait fort bien remarqué, dans son hommage à Lefort en 1994, que sa conception du totalitarisme s'était modifiée.

Abordant le totalitarisme comme un fait et s'efforçant de nouveau de le définir, Lefort se trouve confronté, dans les mêmes temps, à ce qu'on pourrait appeler la théorie politique, d'abord dans sa rencontre avec l'histoire, mais aussi avec l'ethnologie qui l'éloigne de toute fixation de type évolutionniste (la phénoménologie l'en avait déjà, à notre avis, protégé). Il aborde ainsi le totalitarisme comme fait social et politique. Il met en doute, contre Gurvitch, l'idée d'une société effervescente opposée à une société totalitaire. L'idéologie totalitaire apparaît comme contraire à l'idéologie dans la société démocratique. Le détour par Machiavel, sa distinction entre dominants et dominés, son statut du Prince, et la reprise du thème démocratie et capitalisme, les réflexions sur la liberté ramènent au totalitarisme pratiqué comme révolution anti-démocratique et comme révolution totalitaire, avec son emportement dans la croyance et sa servitude volontaire.

L'Histoire

À propos de son engagement dans un groupe trotskiste à la fin de la guerre Lefort écrit (en 1996) : « Je cherchais une voie pour penser l'histoire depuis notre temps, dans les horizons de notre temps. » Et il note qu'il se tourne vers l'ethnologie, sans avoir l'intention de devenir ethnologue (c'était en 1950-51 et il avait vingt-six ans). « Le problème qui m'intéressait, ajoute-t-il, était celui de ces sociétés dont la théorie de Marx ne rendait pas compte, celles qui ne semblent pas être entrées encore dans l'histoire comprise comme devenir articulé, orienté par l'idée de la Raison. »[168] Les sociétés qu'on exclut de la « véritable » histoire, c'est-à-dire d'une histoire cumulative régie par le développement de la technique; de l'économie et du savoir, ne (sont) pas en dehors de l'histoire, mais s'agencent de manière à neutraliser les effets du changement en vue de leur conservation, elles s'agencent en quelque sorte contre l'histoire ». « J'ai retrouvé une intention parallèle dans les travaux de Pierre Clastres, longtemps plus tard. »[169]

Cette conception de l'histoire chez Lefort montre, nous semble-t-il, déjà un éloignement par rapport au totalitarisme avec son histoire évolutionniste figée.

---

[168] Pensée politique et histoire, Entretien avec Pierre Pachet, Claude Mouchard, Claude Habib et Pierre Manent, p. 841 daté 1996.
[169] ibid. p. 841.

Le totalitarisme

Une deuxième définition du totalitarisme, complémentaire de la première qui est chronologiquement au début du *Temps présent*, apparaît, se caractérisant par le refus de celle d'Arendt : « la logique d'une idée », « La domination totalitaire... ne s'exerce pas seulement de l'extérieur, elle est une domination de l'intérieur. Le projet de domination a pour ressort une forme négative de la division du social sous toutes ses formes, y compris la division des sphères d'activité et de concurrence et, plus généralement, de la pluralité reconnue dans la société démocratique. Cette dénégation se traduit dans une entreprise d'organisation totale - manifeste tant dans le nazisme que dans le communisme. À (cette) tentative d'organisation totale se joint celle d'une incorporation des individus dans le peuple-Un, à mieux dire, dans le peuple que le Parti fait advenir à l'unité. »[170]

« Simultanément, ajoute Lefort, l'idéal de l'incorporation porte, à l'opposé, la marque d'un substantialisme ou d'un naturalisme »,« La négation incessante de la division s'accompagne de l'affirmation incessante que la société est vouée à faire corps avec elle-même ; s'affirme la croyance que l'essence du social se révèle dans la collectivité unie, purifiée..., que, dans tout ce qui se fait, prime ce qui était déjà en gestation dans la réalité. »[171]

Cette définition du totalitarisme ne marque pas de changement par rapport à celle que Lefort avait donnée antérieurement, mais ajoute un développement qui élargit le concept.

La société effervescente

« L'illusion à laquelle j'ai cédé (à partir de Marx) c'est celle d'une société toute effervescente » que Lefort oppose déjà à l'époque à la société totalitaire. Notons que l'idée de société effervescente est aussi celle de Gurvitch, à la même époque, idée qu'il avait trouvée chez Marcel Mauss.

---

[170] ibid. p. 843.
[171] p. 843-844.

L'idéologie totalitaire

« Le système totalitaire nous met en présence d'un nouveau régime de l'idéologie...L'idéologie est un phénomène déjà discernable dans la société bourgeoise. Dans le totalitarisme, l'idéologie devient soudée au parti et, de ce fait, devient, selon l'heureuse expression de Soljenitsyne, une « idéologie de granit ». La certitude s'attache...au fait d'être ensemble, chacun en communion avec les autres, détenteurs d'un savoir dernier. »[172]

Dans la suite de cette définition de l'idéologie totalitaire, Lefort nous donne une définition de l'idéologie dans la société démocratique (dont il dit qu'elle n'est plus à proprement parler bourgeoise). « Celle-ci, écrit-il, parlant de cette idéologie, est toujours fragmentée, s'adapte aux conditions nouvelles créées par le changement social. On ne peut la réduire à un thème générateur de tous les autres ; elle a de multiples foyers, elle est dans la dépendance d'une société divisée, plurielle. En revanche - et Lefort revient à l'idéologie totalitaire pour l'opposer à l'idéologie dans la société démocratique -, l'appartenance à un corps collectif va de pair avec la production d'un nouveau genre d'idéologie. Le pouvoir du discours se confond avec le discours du pouvoir. »[173]

On peut s'apercevoir aujourd'hui, même si les sondages sont plus ou moins fiables, qu'en France le pouvoir du discours ne se confond pas avec le discours du pouvoir. Autrement dit, que l'opinion demeure tant soit peu démocratique.

Machiavel

Lefort note l'importance que Machiavel donne aux républiques. « Les républiques ont le plus de vie », « Les républiques ne perdent jamais la mémoire des libertés dont elles ont joui ». « Son appréciation de la supériorité des républiques, écrit Lefort après avoir cité de Machiavel les deux textes précédents, ne fait pas de doute. »[174]

---

[172] ibid; p. 848.
[173] ibid. p. 848.
[174] ibid. p. 854.

Autre remarque de Lefort à propos de Machiavel : « Chez Machiavel précisément, il n'y a pas séparation entre ce qui serait l'objet noble de la pensée, le politique, et ce qui serait l'objet trivial, la politique. » Et Lefort ajoute aussitôt : « D'emblée, si la politique m'importe, c'est qu'elle implique le rapport à l'événement. »[175]

Il en vient aux désirs d'un peuple et cite Machiavel : « Les désirs d'un peuple sont souvent pernicieux à la liberté. » Mais ce qui importe à Lefort c'est de mettre en évidence l'un des grands thèmes de son livre *Le Travail de l'oeuvre, Machiavel*, thème tiré des *Discours* de Machiavel : « Les tumultes, les dissensions, la démesure n'ont pas précipité la chute de Rome - ce que disait déjà Montesquieu dans Grandeur et décadence des Romains, LMB - , mais lui avaient assuré sa grandeur ». Machiavel ne croit pas à la bonté du peuple, ni que la loi réside dans le peuple. Mais, pour lui, la supériorité du petit nombre, bien qu'il ait la richesse, n'incline pas à la modération, « car ceux qui possèdent veulent toujours acquérir davantage. »[176]

Une revue s'est créée à Paris VII, au Centre des Représentations et des Pratiques politiques, qui, à l'instigation de Miguel Abensour, a pris comme titre *Tumultes*, faisant référence à cette thèse de Machiavel que Lefort a su faire voir.

Ensuite Lefort met en lumière l'un des ressorts principaux de l'argumentation de Machiavel. Ce dernier a l'idée que la société est toujours divisée « entre ceux qui veulent dominer et ceux qui veulent ne pas l'être ». Machiavel ne pense pas la domination en terme d'exploitation, bien qu'il analyse finement les rapports de propriété en France et à Venise. Mais la société n'est pas donnée de fait par accident. Lefort note qu'elle se rapporte à elle-même dans sa division. Elle est, selon Machiavel, le lieu de deux « humeurs » (ou désirs) dont l'une porte à commander, à opprimer et l'autre à ne pas être commandé, opprimé. La cité forme un tout, a représentation d'elle-même en vertu d'un clivage premier.

---

[175] ibid; p. 855.
[176] ibid. p. 856.

« Là où le peuple est fort, revendicatif, là seulement le désir des Grands est tenu en bride...cela du moins en république » dit Lefort commentant Machiavel. « Là où les Grands dominent absolument, la loi devient comme leur propriété, la société entière est assujettie ». « La résistance du peuple, davantage ses revendications sont la condition d'un rapport fécond à la loi qui se manifeste par la modification des lois établies. » Quant à la liberté, elle est liée à la négativité, au sens où elle implique la négation de l'oppression.

La question du prince, Lefort le dit en toutes lettres toujours commentant Machiavel, est liée à celle de la république : « Ce qui doit guider le prince, c'est le modèle de la république ». Lefort a dit d'abord - et c'était déjà une indication essentielle - que, quand la loi est défaillante, quand il n'y a pas possibilité de vivre en république, il faut que le Prince restitue une transcendance à la Cité. Et il dit ensuite : « Quand les hommes ne sentent pas quelque chose au dessus d'eux, la loi - cette loi qui, dans la république, est mise en jeu dans le conflit, sans en être le produit - , il faut un prince qui s'inspire du modèle de la république, jusqu'à la limite du possible, c'est-à-dire sans donner la liberté au peuple. Ce peuple il faut qu'il se l'attache. »[177]

« Le Prince, dit Lefort, risque la ruine s'il choisit d'être bon, il doit entrer dans le mal, si nécessaire, et simultanément il doit se garder de donner une mauvaise image, craindre d'être haï du peuple et par-dessus tout méprisé par lui ».[178]

La fameuse cruauté du Prince - souvent incontestable du temps de Machiavel (et encore maintenant...) - et que ce dernier condamne chez les princes du moment - n'est donc pas nécessaire en soi. « Il doit entrer dans le mal, si nécessaire. ». Mais jusqu'à quelle limite ? C'est bien la question que semble poser Machiavel, puisque, si l'on se reporte au *Travail de l'oeuvre, Machiavel* et au *Prince*, il « décrit » la cruauté d'un prince faisant couper en deux son lieutenant de police, pour complaire au peuple - et cela il le

---

[177] ibid. p. 858. Les textes précédents sont p. 856, 857.
[178] p. 857.

« décrit » sans jugement de valeur -, mais il parvient par ailleurs à disqualifier - malgré la censure - un prince d'Aragon qui s'est montré trop cruel. De même, nulle part il n'approuve les Grands d'opprimer le peuple.

Lefort balaye donc les stéréotypes autour du Prince seulement cruel, devenu plus tard machiavélique. Mais c'est sur le rapport dominant/dominé que l'on peut revenir, en ce sens que, nous semble-t-il, Lefort prend à son compte cette division, ce « clivage » de la société entre dominants et dominés. Bien entendu, cette division n'est pas douteuse. Mais c'est son statut qui nous importe. D'abord parce que toute domination n'est pas celle entre les Grands et le peuple qui, même si elle entretient un conflit fécond, demeure illégitime en regard des droits. La domination des parents, des supérieurs hiérarchiques dans les administrations et dans les entreprises ne l'est pas. Elle est reconnue comme légale et légitime. Là encore - et nous retrouvons la question que nous posions pour le capitalisme - c'est l'excès de domination - comme c'est l'excès (le capitalisme) de la société moderne économique - qui est illégal et illégitime (même si la loi positive peut lui donner une apparence de légalité). Que cet excès de domination soit difficilement résorbable dans une société qui ne pratiquerait plus que la modération, convenons-en. Mais c'est quand même à partir d'elle - la république pour Machiavel, la société démocratique pour nous - qu'on peut penser l'excès de domination et le conflit qui, politiquement, en résulte. Que ce conflit soit fécond, qui peut en douter ? Mais, encore une fois, est-il une résistance ou bien est-il tout simplement la manifestation vitale, sociale, politique (au sens du politique), politique (au sens de la politique) de ceux qui ne veulent pas être opprimés, c'est-à-dire subir l'excès de domination des Grands ? N'est-ce pas eux qui, dans la société démocratique d'aujourd'hui, font valoir ce qu'ils sont, ce qu'ils ont, ce qu'ils font contre les « quelques-uns » qui les oppriment (surtout économiquement de nos jours)?

Démocratie et capitalisme (3)

Lefort revient sur ce thème en disant que « la démocratie et le capitalisme, du moins sous la forme de l'économie de marché, entretiennent un lien si étroit qu'on n'imagine pas que la démocratie résiste à l'abolition du marché. »[179]

Selon nous, elle y résisterait d'autant moins que le marché, l'économie de marché n'est pas en soi capitaliste. C'est une création de la société moderne dès ses débuts, voulue notamment par des cartographes anglais du XV° siècle qui, dès la découverte de l'Amérique, et au moment où cette découverte se poursuivait sur tout le continent, dressèrent, comme l'a montré Annie Jacob dans sa thèse, des cartes, pour que le commerce anglais puisse se répandre sur les littoraux. Qui peut voir là une entreprise capitaliste ? Marx et Weber sûrement. Lefort en serait-il si sûr ? C'est indubitablement le commencement d'un marché mondial (avec déjà des excès : le massacre des Indiens pour se procurer de l'or). Mais ce qui semble créer le capitalisme comme tel, c'est-à-dire, selon nous, comme excès global, ce sont les « *enclosures* » dont A. Smith dit que les lords anglais les ont faites pour se procurer l'argent qui allait leur servir pour acheter des bijoux et des colifichets. Priver brutalement les paysans du centre de l'Angleterre de leurs terres, les employer sur place, avec un salaire de subsistance, à tisser la laine dans les anciens bâtiments de ferme, ou les envoyer vers les villes, pour les accueillir, toujours avec un salaire de subsistance, dans des usines-couvents, voilà qui caractérise le capitalisme en train de naître comme excès. On peut penser, en suivant Weber, que les marchands anglais qui achetaient aux lords la laine et faisaient tisser les étoffes par les paysans, considéraient la réussite financière comme un possible gage de Salut. ce qui, en soi, n'est pas capitaliste, mais qu'ils transgressaient ainsi les limites (chrétiennes) de leur entreprise, en réduisant une population de paysans quasiment à la mendicité, ce qui est déjà capitaliste.

---

[179]ibid. p. 859.

Mais le rapport entre capitalisme et démocratie n'est pas l'essentiel du propos de Lefort qui n'aborde ce point qu'ici ou là, et non, dit-il, sans un certain « tourment ».

Michaux (2)

Revenant à la littérature, mais cette fois dans ses rapports à la démocratie, Lefort écrit : « L'expérience démocratique suscite une sensibilité nouvelle à ce qui se donne à nous sans contours, sans inscription dans un espace pré-établi ». Et il ajoute : « Je pense en effet à Michaux, à ses poèmes, à ses récits aussi, jamais circonscrits. Je ne sais nommer ce qu'il écrit, non pas seulement parce qu'il efface - le mot efface n'est pas bon, dit Lefort - la distinction de la poésie et de la prose, mais parce qu'il entremêle ce qu'on croit relever de l'imagination et relever de l'observation, cela dans le moment où il fixe le « détail ». Des frontières disparaissent et un trajet irrécusable se trace...ce brouillage des frontières convenues, il me semble qu'il est le propre de notre temps. ».[180]

N'est-ce pas une autre manière de dire qu'il y a là encore « brouillage des repères de la certitude ?

La liberté d'être soi-même

« Merleau-Ponty m'a donné la liberté d'être moi-même...cette liberté je n'ai pas craint d'en user parfois à ses dépens. Il y a une part d'initiation que je ne songe pas un instant à récuser. Ma dépendance ? Que dire ? Je ne peux pas évaluer ma dette envers Merleau-Ponty. Mais, à coup sûr, « initiation » est le mot qui convient...et cette initiation n'est pas toute derrière moi, celle d'un garçon de 17, 18 ans, elle est continuée presque chaque fois que je relis ses livres. J'ai le sentiment d'avoir quelque chose de neuf à dire à partir de lui. Mais je ne vois pas pourquoi l'égalité démocratique exclut une relation de ce genre. »[181]

Il n'est pas fréquent que Lefort fasse référence à Merleau-Ponty, bien que les allusions à cet auteur et à son oeuvre soient nombreuses, sans compter un ouvrage écrit

---

[180] ibid. p. 864.
[181] ibid. p. 866.

en quelque sorte en hommage à lui : *Sur une colonne absente*. Ici Lefort s'explique sur sa relation à Merleau-Ponty - Lefort était aussi ami et le demeura avec sa famille. Ce qui est intéressant, c'est l'invocation de l'égalité démocratique qui, comme chez Tocqueville, n'exclut ni la dépendance, ni la contestation.

La vie contemplative

Nous citons longuement : « Faut-il parler de vie contemplative ? Ne pourrait-on chercher d'autres termes pour rendre compte de cette disposition singulière qui fait que nous nous détournions des événements, de nos proches, nous évadons du monde de la quotidienneté... Merleau-Ponty m'a introduit à la vie contemplative. Il m'ouvre à une expérience différente de celle des choses qui m'apparaissent dans l'espace-temps où je me trouve situé...Un écrivain, un artiste peut pareillement se détourner de ce qui constitue pour d'autres la vie dans la cité, se vouer seulement à ce qu'il fait, voire se vouloir étranger à l'homme commun...Cette exigence, et le détachement qu'elle implique peut être commandée par l'attrait de l'oeuvre. Un tel détachement ne signifie pas ce qu'il a pu signifier dans l'Antiquité, une rupture avec le sensible, un accès à un au-delà du sensible. Du sensible je ne peux pas me défaire, et si l'on considère cette dépendance comme une servitude, je réponds que l'idée de s'en affranchir me paraît ne faire qu'un avec l'illusion d'une vie au delà de la vie. »[182]

Ce texte est le dernier de l'entretien intitulé *Pensée politique et histoire*. Lefort n'évoque pas, à propos de la vie contemplative, les références à Hannah Arendt et à *La Condition de l'homme moderne*. Il parle de lui-même. Il ne répond pas à un contradicteur, mais à quelqu'un qu'il essaie de comprendre. Ce texte nous paraît définir, dans la démocratie, le statut du penseur et de l'écrivain, comme statut reconnu, même s'il peut apparaître, hors la démocratie, mais non ou moins reconnu. Ce n'est pas le statut de l'intellectuel, mais de celui, l'écrivain par exemple

---

[182]ibid; p. 867.

écrivant un roman, qui se met hors de la contingence quotidienne. Cela dit, Lefort insiste à titre personnel sur le lien qu'il maintient, même dans la vie contemplative, avec le sensible, lien de dépendance qui le protège de l'illusion « d'une vie au-delà de la vie. »

Totalitarismes

Lefort critique Hannah Arendt et son idée d'une phase pré-totalitaire dans le nazisme, à la fois pré- et post-totalitaire dans le communisme (soviétique). « Autant paraît-il justifié, écrit-il, de déceler les transformations du nazisme et du communisme, autant doit-on se garder de confondre le projet totalitaire et la réalité dans laquelle il ne s'est jamais entièrement imprimé...Cependant les réponses données (aux) événements ne sont pas l'effet du hasard, elles s'enchaînent, composent une suite. »[183]

Lefort montre la différence des transformations et surtout de leurs conséquences dans le nazisme et dans ce qu'il appelle le communisme. Les purges staliniennes engendrent par exemple une désorganisation que l'Allemagne nazie n'a pas connue.

La révolution antidémocratique

« Je pense...depuis longtemps que nazisme et communisme constituent deux courants d'une révolution antidémocratique, qu'on ne peut interpréter leur entreprise que sur le fond de ce que Tocqueville appelait...la révolution démocratique. Les événements qui en résultent signalent « un bouleversement du sol de la société moderne ».

Lefort s'élève contre l'idée de considérer le concept de totalitarisme comme un type idéal au sens de Weber. Il s'impose comme catégorie politique autant que celle de démocratie ou de société aristocratique. C'est un système, mieux un régime qui est désigné par un certain nombre de caractéristiques. Notons que cette définition de la catégorie ou du système ou du régime est très proche de celle que

---

[183] Le concept de totalitarisme p. 873 daté 1996.

Weber donne du type idéal, simple concept méthodologique.

Totalitarisme

Dans l'idéal totalitaire, les rapports sociaux dérivent d'un même principe ; cet idéal « masque, alors même qu'il en porte la trace, l'ouvrage de la domination ». « Le pouvoir, tandis qu'il s'exhibe dans la personne du chef, cesse d'apparaître comme un pouvoir social. »
L'organisation dans son idéal implique « la destruction de tous les liens qui attestent un mode de socialisation spontanée ». Un dernier ressort du communisme et du fascisme, c'est celui de « l'incorporation des individus dans un être collectif, celui de la résorbation du multiple et de l'Un ». La société totalitaire n'est pas atomisée comme le croit Arendt.

L'esthétique totalitaire

« La beauté, la vigueur, la santé sont les attributs de l'« homme nouveau », par contraste avec l'homme décrépit et malade du monde démocratique ». Mais « l'attraction du bon corps social ne fait qu'un avec la répulsion à l'endroit des éléments étrangers. » « À l'appui de (cette) fantasmagorie totalitaire, comment négliger la vision du corps du Fuhrer ou du Guide suprême ? En l'un comme en l'autre se rencontrent la force vitale, la jeunesse, l'invulnérabilité. Dans la personne visible de l'Egocrate (souligné), se projette l'image du corps de la communauté. »[184]

La révolution totalitaire

Les deux entreprises « révolutionnaires » ont pour objectif, « à partir de points de vue opposés », l'une d'abolir les principes constitutifs de la démocratie moderne, c'est-à-dire non seulement le système représentatif, mais une forme de vie sociale fondée sur la légitimité de différences, « cela tout en participant à une même

---

[184]ibid. p. 858-859.

expérience du monde », l'autre d'établir les principes du système bureaucratique.[185]

« Cette espèce de soudure que (le totalitarisme) tente de réaliser à la fois entre les détenteurs du pouvoir et le peuple et entre le savoir, le droit et la connaissance, a même signification que la soudure entre les classes ou, pour mieux dire, la dénégation de toute opposition sociale interne..., une dénégation qui s'accompagne d'un retour de la division brute entre le peuple et ses ennemis...Il faudrait parler d'une destruction du symbolique, d'une logique commandée par la dénégation des articulations du social qui procurent à chacun, sur les divers registres de son existence, la possibilité d'appréhender la société dans la limite. »[186]

C'est d'un tout autre excès qu'il s'agit pour le capitalisme. Ce dernier déborde les limites insidieusement, en les pervertissant. Le totalitarisme, même s'il ne peut imprégner l'ensemble de la société, la constitue, dit Lefort, comme un régime, on pourrait dire un régime d'excès, qui gangrène et détruit les rapports sociaux.

L'emportement dans la croyance

Lefort raconte un épisode de *L'Archipel du Goulag* de Soljenitsyne (aujourd'hui décédé), dans lequel des militants communistes condamnés aux camps gardent une foi inébranlable dans la société communiste et continuent de révérer Staline. « Peu d'exemples, commente Lefort, qui montrent pareillement jusqu'où peut conduire l'emportement dans la croyance en l'infaillibilité du Guide suprême et de la théorie. »[187]

Dans les anciennes monarchies catholiques, souvent le peuple victime d'exactions en disculpait le roi et ne voyait aucun rapport entre ces exactions et la dogmatique chrétienne. Le totalitarisme stalinien et post-stalinien retrouve cette para-religion du chef et de la théorie.

---

[185] ibid. p. 889.
[186] ibid. p. 891.
[187] La croyance en politique, la question de la servitude volontaire p. 893 daté 1996.

La foi communiste

Mais « la foi communiste est d'un autre caractère que la foi religieuse... C'est une foi qui se nourrit de l'idée d'une intelligibilité entière de l'homme, vérifiable à l'observation des faits pensés et présents, de leur enchaînement. Ainsi la foi communiste, à la différence de la foi religieuse, requiert de l'individu la constante démonstration que ce qui arrive porte les marques d'une nécessité et illustre le combat entre les forces de progrès et les forces contraires. Cependant c'est une foi inébranlable...(car) il n'y a pas à douter des principes de la connaissance et de l'action. »

Il y a donc une dogmatique commandant la marche de la société..., un individu qui met sa foi dans le progrès... Ainsi, « dans la dépendance du pouvoir social au sens de Tocqueville...ne cesse de s'entretenir en chacun l'illusion de son indépendance. »[188]

Il s'agit, au fond, d'un effet de l'individualisme qui dispense d'avoir une pensée libre.

Croyance et aveuglement

« Vouloir ne pas penser » et «vouloir ne pas voir », dirions-nous, sont sans doute des marques de notre temps. Mais ce n'est pas tant un maître (à penser) ou une théorie souveraine qui se substituent à ce qui aurait pu être nos propres pensées ou à ce que nous aurions pu voir ; c'est nous-même (moi-même) qui nous fions au n'importe quoi des médias, des parlottes, mais aussi à la soi-disant toute-puissance des instrumentalistes techniques. Au point que certains en arrivent à croire que leur ordinateur « pensera » un jour pour eux.

La servitude volontaire

« La question que pose la servitude n'a de sens que pour qui a l'expérience de la liberté » dit Lefort. « La Boétie l'affirme avant Rousseau », ajoute-t-il, montrant que chez lui il n'y a pas, comme chez Rousseau, l'état de nature dans lequel l'homme aurait été libre.

---

[188] ibid p. 898.

« La question de la liberté et de la servitude touche...au coeur du politique ». C'est celle, pour La Boétie, de la république et de la monarchie. Or « l'homme est le seul animal dont le désir lui fait oublier la conservation de soi ». « La Boétie suggère que, si les hommes ne voient plus ce qu'ils perdent, ce qui leur appartient, si tout ce qui fait leur malheur, leur servitude ils ne le pensent pas, c'est parce qu'ils ne peuvent pas le nommer, tant ils sont captés par le nom d'Un et par tous les signes qui attestent son éclat ».[189] « La Boétie nous fait entendre que le lien qui nous lie les uns aux autres peut s'emporter et, en quelque sorte, se pétrifier sous l'attrait d'un autre absolu qui donne figure à « tous unis » ».[190] « Le pouvoir fantastique du prince vient dans la réalité et se retourne contre ceux dont il est la créature. Les sujets sont punis (souligné). Les regards qui s'élèvent vers le prince se changent en un regard qui les foudroie. » « La Boétie ébauche une analyse du fantasme qui nous évoque celle de Freud (notamment, à notre avis, dans *L'Homme aux loups*, LMB). Mais il fournit aussi une anticipation de la description par Georges Orwell de l'univers totalitaire et de son maître qui tient chacun sous son regard. »[191]

Enfin « La Boétie montre que, sitôt le maître imposé, innombrables sont, du haut en bas de l'échelle sociale, les tyranneaux qui le servent et l'imitent ». « Quel génie l'inspire, dit Lefort de La Boétie, qui lui donne vue sur le passé le plus lointain et sur notre siècle peuplé par des égocrates (souligné)...et la cohorte de leurs serviteurs ».[192]

En conclusion, si l'on peut dire, « La Boétie dévoile deux phénomènes, d'une part l'enchantement que procure le nom d'Un et qui implique la soumission, d'autre part l'identification de proche en proche que représente ce nom et la volonté d'imprimer sa volonté aux autres.[193]

---

[189] ibid. p. 902.
[190] ibid; p. 902.
[191] p.903.
[192] ibid. p. 904.
[193] p. 904.

Benjamin Constant, dit Lefort, saisit l'émergence et la limite de l'autorité politique, notamment dans la souveraineté du peuple. « Chacun se donnant à tous ne se donne à personne » dit Rousseau. Constant répond qu'en fait on se donne à ceux qui agissent au nom de tous. Guizot, parlant de son temps, discerne le danger de l'idolâtrie (aussi bien dans le monarque que dans le peuple souverain) . »Nulle réforme des idées, note Guizot, qui n'ait mis en quelque lieu le dépôt de l'infaillibilité ». Quant à Michelet, il s'attaque à l'idée de monarchie universelle de Dante et voit le signe d'une idolâtrie dans l'attachement des Français à leur roi pendant des siècles, dit Lefort. Pour chacun de ces auteurs, « la domination se fait invisible. »

Lefort note par ailleurs le règne des autorités là où sévit l'intégrisme religieux. On peut le retrouver aussi (le règne des autorités) hors intégrisme religieux (au moins dans la politique) en Algérie (où l'État lutte contre l'intégrisme), en Tunisie et au Maroc. Par la dictature civile en Tunisie, militaire en Algérie, par le despotisme au Maroc.

Rappelons qu'à propos de la servitude volontaire de La Boétie, Lefort a écrit l'un des chapitres du livre consacré à La Boétie et à la réédition de son ouvrage. C'est Miguel Abensour, lui-même co-auteur, qui a accueilli ce livre dans sa collection chez Payot intitulée *Critique du politique.*

Lefort se trouve affronté par sa propre vie, ses choix, sa recherche de la vérité, à l'interprétation du totalitarisme en tant que tel. Répétons-le et nous pensons commencer à le montrer, ce qui le mobilise principalement ce n'est pas le totalitarisme, mais la démocratie. D'où, à notre sens, un va et vient entre les deux thèmes. Se donnant des références, par l'ethnologie et l'histoire, pour comprendre l'un et l'autre (démocratie et totalitarisme) et leur apparition, il aborde de front le totalitarisme (dont il a déjà parlé auparavant), le cerne comme une organisation totale, comme une société faisant corps avec elle-même, rivée à son fantasme de l'Un, de l'unité comme ciment.

L'idéologie totalitaire porte en elle la croyance en un savoir dernier. Le détour par Machiavel fait apercevoir ce que ce dernier met en évidence : le désir des dominants d'opprimer, le désir des opprimés de ne pas être opprimés, clivage qui commande, semble-t-il, l'ordre des sociétés, puisque soit elles tentent de l'éviter sans jamais y parvenir complètement, soit elles sombrent en elles-mêmes et l'effacent ou essaient de l'effacer (le clivage). Le stéréotype du prince qui doit être cruel ne tient pas la route, puisque Machiavel le dément lui-même. La confrontation de la démocratie au capitalisme (déjà apparue précédemment) montre les différences du capitalisme d'avec la démocratie. Insistant sur la liberté de l'individu, notamment de l'écrivain, Lefort montre d'une part que le projet totalitaire n'est pas la réalité du totalitarisme, d'autre part que ce dernier est à la fois une révolution anti-démocratique et une révolution en soi totalitaire, avec son système bureaucratique. Il y faut un emportement dans la croyance avec vénération (du)et identification (au) chef suprême, un aveuglement et la servitude volontaire.

Chapitre VI

INTERPRÉTATION ET IDÉE DU TOTALITARISME

C'est l'idée de totalitarisme qui, nous semble-t-il, va préoccuper Lefort, après qu'il a interprété le totalitarisme lui-même. Mais nous verrons plus loin que cette interprétation du totalitarisme lui-même, il la poursuit en même temps que celle de l'idée.

Partant d'une mise en cause du passage du terrorisme au conservatisme, mise en cause peu explicite, Lefort développe, à partir d'Arendt, le concept de crise, puis, à partir d'Aron, celui d'État-nation et de nationalisme. Le nationalisme a à voir avec le renoncement à penser dans le totalitarisme. Mais plus profondément, c'est le totalitarisme lui-même qui n'est pas, notamment dans la gauche française, objet de pensée (ce qui est vrai encore aujourd'hui). Pourtant un travail comme celui de Soljenitsyne (rangé le plus souvent sans plus de précautions dans le camp réactionnaire) permet précisément de définir le totalitarisme comme une idée (à distinguer de l'idée totalitaire elle-même). Aron distingue les sociétés à parti unique des sociétés à partis constitutionnels pluralistes, mais ne va guère plus loin. Or les effets du totalitarisme (sous ses différentes formes) et sa renaissance possible dans d'autres formes, compte tenu de la peur de l'universalité et de l'attrait pour l'Un, ne peuvent être exclus.

L'imbécillité de la raison humaine

Rencontrant un ancien conventionnel devenu, aux États-Unis, conservateur libéral, Tocqueville montre la transformation qui s'est effectuée en cet homme qui désormais défend le droit de propriété, la religion, etc. Cela parce que l'advenue du bien-être dans sa vie lui aurait donné une raison de changer. Tocqueville voit dans son attitude « l'imbécillité de la raison humaine. »

Lefort approuve Tocqueville dans son analyse. « Le tableau est digne de Flaubert. » Flaubert fustigeait la bêtise, mais s'épargnait parfois lui-même. « La critique de la conversion de l'intérêt en vertu universelle porte en germe celle que Marx fera de l'idéologie bourgeoise. »[194] dit Lefort. Mais c'est à notre avis cette conversion de l'intérêt en vertu universelle qu'on peut qualifier d'imbécillité de la raison humaine, non le fait qu'« un révolutionnaire terroriste » devienne conservateur libéral. La seconde solution est, nous semble-t-il, meilleure que la première.

Le temps présent

Faisant référence à Arendt, Lefort écrit : « Nous sommes dans une situation sans précédent (souligné). Le temps présent se détache non seulement du passé proche, mais de tout le passé dont nous ne pouvons plus tirer la ressource d'une orientation. Ainsi nous sommes exposés à un avenir imprévisible. La crise telle qu'Arendt la conçoit comporte en effet une alternative dont les termes ne sont pas déchiffrables à partir de catégories dont on disposait autrefois...C'est une alternative radicale. Ou bien la crise annonce un commencement (souligné), ou bien une perte définitive des critères du bien et du mal, du juste et de l'injuste, du réel et du possible; elle ouvre en abîme. »[195] « Cette crise (toujours selon Arendt) ne signifie pas la fin d'une tradition, mais la fin de toute tradition. C'est en ce sens qu'elle devient (souligné) crise de l'humanité et porte

---

[194] La menace qui pèse sur la pensée p. 913 daté 1997.
[195] L'imaginaire de la crise p. 916 daté 1997.

la chance - si mince soit-elle - d'un changement sans précédent... »[196]

« Ce qui me frappe, écrit Lefort, c'est que la notion de sans précédent (souligné) n'est pas sans précédent, voire qu'il y a une tradition du sans précédent ».[197] Et il cite Constant, Chateaubriand, Stendhal, Tocqueville, Peguy, Husserl, Valéry, Heidegger, Kossellek dont il montre quelle est leur conception de la crise de notre temps et du leur.

L'incertitude

« Il me semble, conclut-il, que (la dramatisation de la crise) dérive aussi de la répugnance qu'inspire...une forme de société dans laquelle les hommes tolèrent de vivre à l'épreuve d'une incertitude dernière. Il leur paraît inconcevable qu'on renonce à l'idée que les fondements de l'ordre social doivent être à l'abri de la critique, inconcevable que l'incertitude puisse être autre chose qu'une maladie de la civilisation, qu'elle entretienne le désir de liberté au milieu des orages ».[198]

Nous entendons qu'il y a bien une crise du temps présent, de notre temps, que cette crise, si elle est sans précédent, ne peut faire l'économie d'une histoire du sans précédent qui remonte au moins jusqu'au début du XIX° siècle. Mais Lefort redoute une sorte de despotisme du commentateur (l'expression est de nous) qui se voudrait dans l'avenir le « survivant » à la crise. Enfin, il note la répugnance à vivre l'incertitude, ce qui nous ramène à la démocratie.

Aron et l'État national

Lefort rappelle des propos de Raymond Aron sur la nation : « La nation, dit Aron, a pour principe et pour finalité la participation de tous les gouvernés à l'État ». Aron fait également remarquer que »la Première guerre mondiale éclata dans un monde où les États-nations étaient largement minoritaires et que la Deuxième guerre mondiale

---

[196]ibid. p. 917.
[197]ibid. P. 92O.
[198]ibid; P. 936.

ainsi que la période qui s'en est suivie portent moins la marque de rivalités nationales que celle de la formation de nouveaux types d'États dont la politique est guidée par l'idéologie. »[199]

La conjoncture actuelle, dit Lefort, se caractérise d'une part par « un dépérissement de la nation, de sa fonction, de l'idée qu'elle incarnait », d'autre part par le réveil des nationalismes.

Renan, Michelet et la nation

« L'oubli, écrit Renan, et je dirai même l'erreur historique sont un facteur essentiel de la création d'une nation. », « Une nation, dit encore Renan, est un principe spirituel résultant des complications profondes de l'histoire, une famille spirituelle, non un groupe déterminé par la configuration du sol. » Le principe spirituel se compose de la possession en commun « d'un riche legs de souvenirs »; un autre principe est le consentement actuel, le désir de vivre ensemble. Le principe de la nationalité, en rupture avec le principe dynastique, se diffusera en Europe à partir de 1848.

Michelet semble voir l'oeuvre de la nation dans « le sentiment de la généralité du social. »[200]

Nation et souveraineté

« La nation est un produit de l'histoire, dit Lefort. Qu'on juge que la nation ne mérite son nom qu'à partir du moment où elle s'affirme comme souvenir, ou qu'elle a déjà pris forme dans le cadre du régime médiéval, on doit reconnaître qu'elle coïncide avec l'existence d'une communauté délimitée par des frontières sur laquelle s'exerce une autorité souveraine...L'idée de souveraineté et celle de nation paraissent ainsi liées. »[201]

Mais Lefort note qu'au début du XIV° siècle, la souveraineté s'inscrit sur un territoire déterminé ; il note également « la formation d'un État, la concentration des

---

[199] Nation et souveraineté p. 948 daté 1999.
[200] ibid. p. 952.
[201] ibid. p. 953.

moyens de la puissance entre les mains d'un monarque et, simultanément, la conversion d'un territoire en terre sainte, l'élection d'un peuple en détenteur d'un destin universel et l'investissement dans un roi, devenu « très chrétien, d'un droit divin. »[202]

Lefort note que l'humanisme florentin restitue l'idée de cité et celle de citoyen venue de l'Antiquité. Par ailleurs il remarque que l'influence de Dante, celui du Traité de la Monarchie qui propose un empereur universel, a influencé Charles-Quint et Elizabeth d'Angleterre.

Mais c'est la Révolution française - moment inaugural - qui proclame la souveraineté de la nation et « stipule que la loi est l'expression de la volonté générale, que tous les citoyens ont le droit de concourir à sa formation. »[203]

« L'idée que la souveraineté réside dans la nation, dit Lefort, recèle une ambiguïté. En effet, quand il y a transfert explicite de la souveraineté d'un ancien à un nouveau dépositaire, la représentation de l'Un risque de se maintenir. » Abordant la distinction souveraineté du peuple/ souveraineté de la nation, Lefort pense que « peuple » est un concept politique, tandis que « nation » est un concept pré-politique ou métapolitique. Pré-politique en ce sens que la définition du peuple suppose le fait de la nation; métapolitique en ce sens que la communauté politique (les citoyens) s'institue sous un nom propre qui confère identité commune à des individus indépendamment de leur sexe, de leur âge et de leur statut.[204]

Lefort s'étonne du terme « dépérissement de la nation », en un temps où le nombre des États-nations a considérablement augmenté. L'ONU reconnaît la valeur des « nations petites et grandes » (souligné), mais les États membres de l'ONU peuvent être « à leur convenance totalitaires, dictatoriaux, despotiques ou soumis à des fanatismes religieux, bien qu'ils soient tous invités à respecter les droits de l'homme ».[205]

---

[202] ibid. p. 953.
[203] ibid. p. 981.
[204] ibid. p. 962.
[205] ibid. p. 966.

« Les États deviennent des acteurs de premier plan dans la compétition internationale, dit Lefort. La raison en est que c'est dans le cadre de la nation que se posent le problème de la gestion des ressources, celui de l'emploi, celui du droit du travail, celui de la protection sociale, celui de l'intégration de différentes couches de populations. Autant de problèmes qui ont une portée politique. »[206]

Nationalisme

Lefort donne une définition de la nation : « La nation ne s'efface pas, mais elle en est venue à désigner quelque chose d'indéfinissable, d'inlocalisable et d'intemporel qui tient sa force de faire sentir que la société ne tient pas ensemble par la seule vertu de son organisation fonctionnelle, ou même de sa constitution juridico-politique. »[207]

« En revanche, dans les pays auxquels fait défaut la continuité d'une histoire commune ou qui ont longtemps subi une domination étrangère et qui opposent une furieuse résistance non à la modernité, mais à la démocratie, la tentation naît d'exploiter les anciens slogans nationalistes en les combinant avec les méthodes qu'ont introduites les États totalitaires. »[208]

Tel est le nouveau nationalisme. « Ne voit-on pas, conclut Lefort, que le nationalisme, comme le communisme, risque de précipiter la pensée dans un gouffre. »[209]

Penser le totalitarisme

Lefort se demande s'il n'y a pas un refus persistant de penser le totalitarisme. « Par penser, j'entends, dit-il, affirmer ce qui, comme l'a dit Hannah Arendt, est sans précédent et ouvre une question qui, à la différence d'un problème susceptible d'une solution, s'impose désormais dans notre espace du monde. »[210]

---

[206] ibid. p. 967.
[207] ibid. p. 96.7
[208] p. 968.
[209] ibid. p. 968.
[210] p. 869..

Lefort le dit ailleurs - dans *La Complication* - : « La question du communisme reste au coeur de notre temps. »[211] Lefort ne rappelle pas ici que ce refus de penser le totalitarisme date en quelque sorte de ses débuts, sauf à indiquer que Blum, Rauschnig et quelques dissidents avaient su percevoir le totalitarisme comme forme de société. Peut-être, ce rappel, ne le fait-il pas, parce que c'est précisément la question du totalitarisme (ou du communisme sous la forme qu'il a prise) qui se pose aujourd'hui, plutôt que de penser seulement l'histoire du toalitarisme.

Le renoncement à penser

Lefort fait remarquer que le devoir de mémoire - cher à Pierre Nora - risque fort d'être inefficace en l'absence du droit à penser.[212] Plus précisément, plutôt que de rappeler le refus de penser le totalitarisme, Lefort dit : « Cela qu'il nous faut penser, c'est le renoncement à penser (souligné par nous) qui fut l'une des conditions de l'établissement du totalitarisme, l'une des caractéristiques majeures tant du communisme que du nazisme et du fascisme. »[213]

Or ce renoncement à penser ne concerne pas que le totalitarisme. Il est, depuis le relatif effacement des grandes religions - qui servaient et servent encore souvent de substitut à la pensée - , une caractéristique de notre manière de vivre. Comme si l'idéologie - elle-même abâtardie - , ou les stéréotypes, le conformisme et le langage technique suffisaient à notre compréhension et à notre explication du monde et des choses.

La règle de la confession et l'artifice du raisonnement

Dans le totalitarisme, la terreur s'est exercée, pour une large part, sur une masse de gens ordinaires obéissant aux ordres reçus et « les victimes se sont pliées à la règle de la confession, elles ont allées jusqu'à l'idée de renoncer à leur

---

[211] ibid. p. 970.
[212] p. 970.
[213] ibid. p. 970.

innocence, extrême exemple de la servitude volontaire. »[214]
On pense ici au *Zéro et l'infini* de Koestler.

« Cette servitude s'est accompagnée, chez les militants communistes, d'une mobilisation de l'intelligence, d'une extraordinaire prolifération d'arguments sophistiqués. Le militant était un intellectuel qui n'avait pas besoin de penser : intellectuel en ce sens qu'il se montrait capable de raisonnements artificieux pour expliquer et justifier, en toute occurrence, la ligne du parti. »[215]

Lefort ajoute que l'idéologie n'est efficace que grâce à la création d'un parti d'un nouveau genre, un parti qui rompt avec toutes les autres formations politiques, « s'affranchit du cadre de la légalité et se donne pour objectif la conquête de l'État. »[216]

On peut ici montrer à partir des *Réflexions sur l'Archipel du Goulag*, comment le parti parvient à persuader chaque individu (pas tous) que, lorsque l'Egocrate s'exprime, c'est lui individu qui s'exprime, que ce que dit l'Egocrate ne peut que correspondre à ce que lui individu aurait à exprimer s'il s'exprimait, que penser le contraire c'est faire le jeu d'un « ennemi intérieur » qui met en question le système, cet ennemi intérieur devant être combattu par soi-même ; c'est aussi faire le jeu d'un « ennemi extérieur » (les puissances étrangères) toujours prêt à abattre le nouvel ordre.

On comprend mieux, à partir de ces remarques de Lefort ailleurs, la nécessité de la confession, le renoncement à sa propre innocence. La mécanique se déploie dans l'immanence, mais prend un caractère para-religieux qui lui donne une incontestable solidité.

Le refus de penser

« Dans toute l'étendue de la société totalitaire, on voit naître une myriade de collectifs (souligné) qui ont chacun la propriété de figurer une espèce de corps dont les membres sont régis par une même fin. On mesure l'attrait que procure le fait d'appartenir à une communauté qui forme

---

[214]ibid. p. 974.
[215]ibid. p. 975.
[216]ibid p. 975.

un seul bloc, qui offre l'image de l'Un. »[217] « La grande communauté du peuple se reflète dans le corps visible du dirigeant suprême...C'est l'image du corps qui soutient la foi dans l'Un...L'image du corps s'annonce dans l'inconscient, son efficacité n'en est que plus forte. Elle persiste quand l'organisation s'est détraquée. » « Penser dans ce système, ajoute Lefort, consisterait à accepter le risque de se sentir exclu de la communauté. Assurément la peur suscite le renoncement à penser. Mais il est une autre peur qu'il faut prendre en compte, celle de perdre la sécurité psychique que procure l'appartenance à un collectif. »[218]

Lefort oppose ensuite la dissidence comme résistance indestructible de la pensée au « désastre » que provoque la longue éducation du plus grand nombre à ne pas penser. Le nationalisme est une forme de ce désastre.

On ne peut s'empêcher de penser que ce que dit Lefort nous concerne tous, même hors totalitarisme. Ne pas penser c'est le plus souvent se réfugier dans un « collectif » qui pense pour soi. Il ne s'agit plus nécessairement d'un parti, d'une secte ou de tout autre groupement ; mais renoncer à penser par soi-même, refuser de penser vous rive aux conformismes ambiants les plus proches et à l'idéologie du moment (par exemple l'individualisme, à ne pas confondre avec l'individualité).

La société totalitaire a porté à son maximum un risque qui existe aussi dans la société démocratique. À fortiori ce risque existe-t-il à des degrés divers dans des sociétés despotiques, dictatoriales ou fondamentalistes.

À la fin de l'article, Lefort reprend la thèse de son livre *La Complication* et ses reproches à Martin Mala et à François Furet de considérer le totalitarisme comme une chimère et comme une illusion appartenant au passé. La mort récente de Soljenitsyne (2008) n'a guère soulevé de commentaires et de réflexions sur son oeuvre. On s'est contenté de fustiger son côté réactionnaire, comme si, lisant Balzac, il suffisait de stigmatiser son traditionalisme.

---

[217] ibid. 974.
[218] ibid. p. 977.

Lefort conclut d'une manière un peu pessimiste : « Circonscrire le communisme dans l'espace et dans le temps, c'est vouloir se croire à l'abri d'événements susceptibles de bouleverser les fondements de nos sociétés. Le fait que de tels événements se soient produits devraient pourtant nous rendre sensible à l'imprévisible. Il devrait nous mettre en garde contre l'idée que la démocratie n'a plus d'ennemis et qu'elle n'est pas elle-même le foyer de nouveaux asservissements de la pensée, de nouveaux modes de servitude volontaire dont nous ignorons les conséquences. »[219]

L'un de ces modes d'asservissement n'est pas nouveau ; c'est ce que Lefort appelle le « capitalisme sauvage » et que, contrairement à Marx et à Weber, nous appelons le capitalisme c'est-à-dire une perversion de la démocratie.

Aron : démocratie et totalitarisme

Aron condamne le régime soviétique comme un « absolutisme bureaucratique » et constate l'apparition d'une nouvelle classe, dit Lefort.

Primauté du politique chez Aron : « L'on ne peut, écrit-il, éliminer la compétition et la participation des citoyens sans violer les principes de notre civilisation. »[220]

Aron et le totalitarisme

Chez Aron, « ni le communisme, ni le nazisme, encore moins le fascisme - qu'il en vient à exclure du cadre des régimes totalitaires - ne témoignent de caractères spécifiques, ni absolument nouveaux ». Pour Aron, « vouloir traiter du régime totalitaire comme d'un tout, c'est rejoindre le point de vue de ses idéologues..., faire preuve à son tour d'une sorte de pensée totalitaire ». Aron juge que l'idée de liberté est ici et là la même... « Aucun doctrinaire du Parti communiste n'a jamais considéré que la sécurité des citoyens, la liberté de pensée et la participation au souverain ne soient pas des formes de

---

[219]ibid. p. 980.
[220]Raymond Aron et le phénomène totalitaire, p. 995, daté 2000.

liberté valables. »[221] Aron ira jusqu'à dire ou à peu près qu'en certaines circonstances, le totalitarisme peut être préférable à la démocratie. Autrement dit, pour reprendre ses mots, « en des circonstances données, le régime essentiellement imparfait (le totalitarisme) peut être préférable au régime effectivement imparfait (la démocratie) ».[222]

Aron et la définition du totalitarisme

« Le totalitarisme désigne moins un régime politique défini (souligné par Lefort) que des traits plus ou moins marqués de divers régimes ».[223]

Pour Aron, « l'exploitation de la terreur, soit en Russie, soit en Allemagne exige qu'on relie chacun de ses arguments aux circonstances dans lesquelles la nécessité s'imposa d'user de moyens extrêmes pour atteindre un but particulier. »[224]

Lefort commente : « Puisque seule la relation moyen-fin est « rationnelle », que la fin ne l'est pas, l'explication n'entraîne aucune justification des crimes. Il faut seulement se demander qui pose la fin et sous l'effet de quelle passion. »[225]

Lefort note, à propos du système nazi, le souci d'Aron de ne s'étonner de rien (souligné). Lefort dit qu'il entend par « sens de l'histoire » (terme que Aron récuse depuis son *Introduction à la philosophie de l'histoire*) le sens de « ce qui advient et bouleverse notre expérience de la condition humaine ». Et il lui reproche, comme à Giovanni Busino, de n'être pas assez philosophe et trop sociologue.

Pour notre part, nous reconnaissons à Aron, dans *Démocratie et totalitarisme*, d'avoir su montrer qu'il s'agissait de deux sociétés incompatibles telles quelles : l'une fondée sur un régime constitutionnel-pluraliste, l'autre sur un régime de parti unique. À l'époque, c'était un apport précieux que de clarifier au moins ce point. Pour le

---

[221] Iibid p. 996..
[222] ibid; p. 997.
[223] ibid. p. 998.
[224] bid. p. 998.
[225] ibid. p.998.

reste, il nous semble que Aron reste fidèle à lui-même ; appartenant à la France libre, il ne supportait guère, par exemple, que les gaullistes dénigrent à outrance le pétainisme. C'était sa manière de penser, ce qui ne l'empêchait pas de prendre parti. Reste, comme le dit Lefort, que « parce que seule la relation moyen-fin est « rationnelle », que la fin de l'est pas, l'explication n'entraîne pas la justification des crimes » .

L'analyse du fait totalitaire comme idée se trouve en quelque sorte annoncée, dans ce chapitre, par la critique, peu explicitée, d'un balancement entre terrorisme et conservatisme, mais surtout à la fois par les pages sur la crise dont la puissance de mise en cause a été perçue, comme le montre Lefort, dès le début du XIX° siècle, et jusqu'au XX° siècle, par différents auteurs (de Chateaubriand à Heidegger et à Arendt) et par celles sur la constitution des États-nations et sur le développement du nationalisme. Lefort rappelle à ce propos que le peuple est un concept politique alors que la nation est un concept pré-politique et métapolitique. En effet, il faut l'idée et la pratique de la nation pour qu'apparaissent celles de peuple. Le lien avec le totalitarisme se fait dans la mesure où l'idéologie totalitaire enferme le peuple dans la nation. Mais le totalitarisme dépasse infiniment le nationalisme. Nous l'avons dit avec Lefort, il est un type de société nouveau, rendu possible au moins dans sa durée par les défaillances de la démocratie dont il s'est extrait comme autre absolu, par essence anti-démocratique. À partir des travaux de Soljenitsyne, il est possible de le définir non plus seulement concrètement, mais conceptuellement. L'Egocrate - parti et individu (Staline, Brejnev, etc.) - comme substitut de la société, du collectif, parle et agit comme s'il était la société, le collectif. L'intériorisation de ce substitut représentatif total (mais qui ne prétend pas, comme dans le fascisme et le nazisme, incarner la société) se fait dans la conscience sociale et dans la conscience individuelle. Elle se manifeste, dans la conscience individuelle, par une lutte contre soi-même (l'ennemi intérieur) pour se conformer à ce que dit et commande l'Egocrate qui exprime notre vérité vraie, et par une lutte contre l'étranger (l'ennemi extérieur) qui fait cause commune avec l'ennemi intérieur. Il va de soi que tous et chacun n'entrent pas dans cette fantasmagorie, mais le nombre de ceux qui y adhèrent (par conviction, peur, servitude volontaire) est suffisamment grand pour que le totalitarisme dure (en Chine, au Laos, au Vietnam, à Cuba, etc.).

Face à cette réflexion, les propos d'Aron dans *Démocratie et totalitarisme* ne pèsent guère lourd. Aron a su distinguer les deux types de régime (parti unique, partis constitutionnels-pluralistes), mais, poussant ce balancement réflexif qui est pour lui une garantie d'objectivité, de lucidité et de clairvoyance - pour d'autres objets de recherche, il eut souvent raison de se méfier des extrêmes -, il loupe quelque peu le totalitarisme tel qu'il se révèle, c'est-à-dire foncièrement anti-démocratique (bien qu'il soit conscient de cet anti-démocratisme totalitaire). Dieu sait pourtant s'il méprisait les totalitaires, manifestant à la télévision un dégoût visible vis-à-vis d'un bureaucrate soviétique qui, à la mort d'Andropov, se réjouissait d'avoir eu l'honneur de voir, devant son bureau, la voiture du secrétaire général !

Chapitre VII
INTERPRÉTATION ET DROITS

Posant la question de l'éthique humaniste, Lefort voit dans les villes des foyers de novation ; il prend l'exemple des villes flamandes et de Florence. L'humanisme civique naît à Florence et Machiavel, le républicain, lui donne comme modèle la cité antique. Dans le contemporain, aucune similitude entre cité antique et ville moderne, entre société antique (esclavagiste) et société moderne.

Lefort reprend l'idée de Mauss que la guerre « primitive » est le contraire de l'échange. Aujourd'hui le droit international tente de substituer aux rapports de force des rapports réguliers entre partis contestataires, il fait respecter le droit des minorités notamment par la Charte universelle des droits de l'homme votée par l'ONU en 1948. Lefort montre l'efficience de cette charte (Bosnie, Kossovo), mais aussi ses limites. Elle permet de définir le crime contre l'humanité, et, plus récemment, a permis la création d'une Cour Pénale Internationale. Les accords d'Helsinki (notamment ce qu'on a appelé la troisième corbeille) ont bien montré l'efficacité de la proclamation des droits (reconnus par l'URSS) face au totalitarisme post-stalinien.

D'un livre de Claude Mouchard, Lefort tire l'idée d'une « méthode » et celle d'une argumentation qui ne veut pas ignorer la question de la démocratie, de l'histoire et, sans aucun doute, celle des droits.

Valeurs

« Comment se sont noués (en Europe) des rapports entre les hommes, comment s'est formée une expérience du vivre ensemble (souligné), qui ont donné naissance à une éthique humaniste ? « [226] Les villes européennes ont été, à ce titre, selon Lefort, des foyers de novation.

Ville et liberté

Les bourgeois (concevaient) une exaspération à l'égard de toutes les réglementations imposées ; les seigneurs et leurs bandes qui menaçaient la liberté de mouvement essentielle au commerce leur inspiraient de la haine. Le serment qui attachait de bas en haut un sujet à son supérieur eut comme originalité dans le serment communal d'« unir des égaux » (Marc Bloch).

La vocation de la commune est de devenir un « ferment de dissolution de l'ordre hiérarchique ». Même s'il y a dans les villes des inégalités de fait, une domination plus cruelle que celle des nobles, des riches sur les pauvres, un accaparement des décisions politiques par une élite restreinte de bourgeois, on peut dire que l'air de la ville rend libre. « La liberté accomplit la dissolution des liens de dépendance personnelle, mais aussi la possibilité, pour chacun, de changer sa condition, à la faveur du travail, de sa capacité d'initiative, de l'éducation ou de la chance »

Le rapport de tous avec tous

« La ville inaugure (aussi) une expérience singulière en ce sens qu'elle a suscité une mise en rapport de tous avec tous et une confrontation de chacun avec le premier venu. »[227]

Lefort insiste également sur la circulation des étudiants entre les villes d'Europe, sur la création de nouvelles universités dans des villes différentes. Il note « l'extraordinaire précocité d'une culture européenne. » « Un petit nombre de villes se révèlent des foyers de

---

[226] L'Europe civilisation urbaine p. 1001 daté 2003.
[227] ibid. p. 1005-1006.

socialisation qui portent la même marque de l'ouverture au monde ».[228]

Villes flamandes

Dans les villes flamandes, persiste l'esprit républicain. Il s'agit, pour le gouvernement municipal, d'administrer ses propres affaires et de rendre la justice à ses propres bourgeois, sans reconnaître un réel contenu au contrôle des autorités supérieures.

« Tout en étant divisés entre riches et pauvres, écrit Lefort, les bourgeois flamands se sentent membres d'un corps politique dont la cohérence réside dans une constitution, ils sont étrangers à la croyance en un corps mystique dont le roi, simple mortel, serait la manifestation en même temps qu'il en figurerait la tête. »[229]

Florence

Lefort note « l'avènement d'un civisme de la république et d'une nouvelle conception du civisme à Florence à la fin du XII° siècle et dans le premier tiers du XIII° siècle. »[230]

« La république (à Florence) est définie comme un régime mixte, ni démocratique, ni aristocratique qui échappe à l'appropriation du pouvoir par la minorité des détenteurs de grandes fortunes et à la menace que fait peser sur le gouvernement l'infima plebs. »[231]

L'humanisme civique

« L'éthique politique, l'éthique du commerce et l'éthique de la science se confrontent, tandis que s'impose l'idée soit de la supériorité de la vita activa sur la vita contemplativa, soit d'une égale dignité entre l'une et l'autre. »,« La noblesse, ajoute Lefort à propos de l'humanisme civique, réside dans le travail, non dans la naissance, la jouissance des libertés réside dans l'exercice des droits et l'accomplissement des devoirs de citoyens. La défense de la

---

[228] ibid; p. 1007.
[229] ibid. p. 1008.
[230] ibid. p. 1001-1002.
[231] ibid p. 1O11.

cité devient l'affaire des citoyens et en l'exerçant ils défendent une cause universelle. C'est la république romaine qui, pour la première fois, se trouve érigée en modèle. Brutus devient le héros de la liberté. »[232]

Enfin, Lefort évoque Leonardo Bruni qui, en contraste avec la mythologie des monarques revendiquant une tradition impériale, décrit Florence et sa constitution comme correspondant l'une aux lois de la perspective, l'autre à la forme accomplie de la balance des pouvoirs. « .Le citoyen-soldat est requis et mobilisé pour la cause de la liberté, même s'il semble que l'infima plebs soit exclue de l'armée. »

Dans l'humanisme civique, « la notion d'institution est modifiée... La famille cesse de paraître une donnée naturelle, l'autorité du père tient à sa capacité d'être un éducateur, le guide de ses enfants, grâce à la convenance des aptitudes particulières à chacun ».[233]

Machiavel

« Ferme est le jugement de Machiavel : qu'est-ce qui fait la force des républiques ?, demande-t-il. Il répond : elles ne supportent pas qu'aucun citoyen vive en gentilhomme ou le soit, elles sont attachées à la plus complète égalité ».[234]

Villes différentes de celles de l'Antiquité

« S'est forgée vers la fin du Moyen-Age une civilisation essentiellement différente de celle de l'Antiquité ». Les villes d'aujourd'hui sont les héritières de celles du Moyen-Age, non des cités antiques. L'économie antique était un système agraire-marchand fondé sur l'esclavage ; l'agriculture, les esclaves et la circulation des marchandises dépendaient d'une politique impérialiste. Le modèle de la richesse antique est la rente foncière et les marchands ne se détachent pas d'un champ d'attraction exercé par l'aristocratie (autonomie citoyenne, esprit guerrier et héroïque du patricien primitif).

---

[232]bid. p. 1013.
[233]bid. p. 1014.

La société romaine, à la différence de la société européenne, est une société esclavagiste (cent mille personnes deviennent esclaves après la première guerre punique, le tiers de la population de l'Italie est esclave sous le principat d'Auguste). L'esclavage y est un fait social total, c'est-à-dire l'indicateur des rapports que les hommes entretiennent avec la nature et qu'ils entretiennent entre eux. Lefort montre comment l'expérience d'un citoyen romain est quasiment sans rapport avec celle d'un homme de l'Occident contemporain.

« C'est dans les villes proprement européennes, dit-il, que se noue une toute nouvelle relation entre la liberté et le travail et que s'efface l'image d'une clôture de la société, celle d'une frontière entre qui a droit à la qualité d'être humain et qui n'y a pas droit. » S'efface l'image d'un ordre matériel guidé par la raison, l'image d'une histoire qu'on pourrait appeler celle des régimes. « Sous l'effet de changements immaîtrisables et d'une nouvelle notion de l'irréversible, s'instaure aujourd'hui un débat incessant sur la distinction du légitime et de l'illégitime. »[235]

Pour notre part, nous ne pensons pas qu'il y ait eu une économie antique, mais un commerce avec usage de la monnaie. Il ne s'agissait pas à proprement parler du Marché, mais de marchés. Sur ce point, il nous semble que Marx nous induit en erreur avec le terme économie appliqué à l'Antiquité, alors qu'il reconnaît lui-même que « les marchands se logeaient dans les pores (et non les ports, LMB) du monde antique. » Ce n'est pas pour l'Antiquité l'intelligence d'une économie qui relève d'une anthropologie, mais celle d'un commerce entre individus, comme le montre, à notre avis, Lefort. Cela dit, son propos demeure efficient, de nos jours, pour réfléchir sur l'économie.

---

[235] ibid. p. 1018.

Droit international, droit des États

« La guerre, montre Mauss dans son Essai sur le don, est en quelque sorte l'autre face de l'échange : au don que fait un groupe à un autre groupe, doit répondre un contre-don, lequel ouvre à l'échange, sinon il y a motif de guerre. »[236]

Clastres a démontré que la guerre n'était pas l' « autre face » de l'échange. Certes la guerre arrête l'échange sous sa forme pacifique, mais elle n'est pas son contraire. La guerre est, selon Clastres, dans les sociétés dites primitives, la lutte entre des autarcies. C'est un combat pour que personne ne puisse s'arroger un pouvoir coercitif durable sur l'autre, cela entre sociétés. Cela dit, Lefort rappelle fort opportunément que « le social ne se conçoit qu'avec l' »inter-social ». »

« Le droit international est l'ouvrage des États », il est élaboré par leurs représentants. Un tel droit est-il pour autant purement relationnel (souligné) ? On ne peut en juger qu'en prenant en considération ses objectifs : maintien de la paix, de la sécurité collective, coopération internationale, respect des droits de l'homme. » « Le droit international est de droit au sens où le droit définit et cherche à établir des rapports réguliers entre les parties contractantes, qui se substituent aux rapports de force. »[237]

En résumé, Lefort pose le problème du droit international à partir de celui du droit des États, comme le fait d'ailleurs la Charte de l'ONU.

Le « droit de » et le « droit à »

« (La) légitimité interne s'associe à la nécessité d'accréditer la légitimité de l'État sur la scène internationale. En particulier, la guerre... requiert une justification, si hypocrite puisse-t-elle être, à la fois sur la scène nationale et sur la scène internationale. »[238]

---

[236]Droit international, droits de l'homme et politique, p. 10021, daté 2005.
[237]ibid. p. 1021.
[238]ibid. p. 1024.

« Le droit international ne (s'impose) qu'en s'appuyant sur un usage ancien du « droit de » et du « droit à ». La tâche des Nations Unies est de dégager la notion de droit de la diversité et de l'incompatibilité des revendications qui ont provoqué le déchaînement de la violence. »[239]

L'accréditation de la légitimité interne des États sur la scène internationale, notamment en cas de guerre, et la tâche des Nations Unies qui, dans le « droit de » et le « droit à », cherche à dégager le droit de l'incompatibilité des revendications contribuent, nous semble-t-il, à réduire la jungle qu'est la lutte entre les États, et cela, comme le dit Lefort, depuis 1815.

Droit relationnel, droit des minorités

Lefort se demande si le droit international est purement conventionnel, relationnel et conditionnel. Par conditionnel, il entend que son application dépendrait de sa compatibilité avec le droit interne des États. Le droit n'est défini comme conventionnel qu'en contestant qu'il est le droit. Relationnel ne peut plus vouloir dire qu'il est interétatique. Mais « certains objectifs qui relèvent de la souveraineté des États deviennent condamnables suivant la juridiction internationale ». Par exemple, la violation du droit des minorités. Les Nations Unies proscrivent toute discrimination à l'égard des minorités, qu'elle soit faite sur le sexe, la race (c'est le terme qu'emploient les Nations Unies ainsi que la Constitution française, LMB), la religion ou la langue.

Principe de souveraineté, principe de non ingérence, droit des minorités

« Le principe de la souveraineté de l'État semble commander celui de non ingérence dans sa politique et dans son droit interne. Mais s'en tenir là serait oublier que le sort des minorités relève de la conjecture internationale ».[240] Et Lefort rappelle comment l'ONU intervient en Bosnie et au Kossovo pour garantir le droit

---

[239] ibid. p. 1024.
[240] ibid. p. 1026.

des minorités bosniaque et albanaise persécutées par la Serbie.

Peuple, État, espace commun

« En deçà des États séparés, auxquels la Charte reconnaît l'égalité souveraine - et divisés puisqu'ils ont chacun leurs objectifs propres -, se dessine la pluralité des peuples qui trouve son expression dans des nations, lesquelles ne sont pas par essence hostiles les unes aux autres. »[241]

C'est le premier temps de l'argumentation de Lefort. Qui, à notre avis, donne sens au second temps. « Le droit international, dès lors que les États se décident à en faire l'objet d'une délibération, les met à l'épreuve d'une exigence de logique avec laquelle leurs intérêts doivent composer...L'élaboration en commun de principes auxquels doivent obéir l'ensemble des États conduit ceux-ci à découvrir le commun comme tel (souligné), (c'est-à-dire) l'espace dans lequel ils sont englobés et l'héritage d'un passé à partir duquel ils ont pris place et se sont différenciés ».[242]

Ainsi l'ONU, ce « machin » comme disait improprement de Gaulle, où le droit international trouve, à notre avis, tout son sens, permet aux États qui y participent (la plupart et quelle que soit leur nature : despotique, dictatoriale, fondamentaliste, totalitaire, démocratique) de faire l'expérience d'un espace commun (le globe) et de l'héritage d'un passé à partir duquel ils se situent.

Patrimoine de l'humanité

Lefort relève que la tâche de l'ONU est de tenter de maintenir la paix, condition de la diffusion du droit international et du droit des États. Cela permet de définir le patrimoine de l'humanité dans la condition humaine. Mais « ce n'est pas seulement l'espace qui ne se laisse plus partager entre les États, comme le confirme un droit à un environnement sain, lequel atteste l'insertion des États dans

---

[241] ibid. p. 1028.
[242] ibid. p. 1028.

un même milieu de vie, c'est aussi un temps commun qui se voit reconnu; l'obligation faite à chaque État de préserver sur son territoire les sites, les monuments et les oeuvres qui, en tant que témoignages de la diversité des créations humaines, ne lui appartiennent pas ».[243]

« Ces nouveaux droits...naissent en réponse à des questions concrètes, inédites, surgies au lendemain d'une guerre dévastatrice qui, en s'étendant au monde entier, a paradoxalement donné consistance à la représentation d'une humanité en partage. Ainsi patrimoine de l'humanité (souligné), faute de mieux, permet de qualifier ce qui est inviolable dans la condition humaine. »[244]

Le crime contre l'humanité

« Sous l'effet d'événements sans précédent, les juristes inventent des droits d'un nouveau genre et, simultanément, ces droits dévoilent l'intentionnalité de l'ouvrage entier du droit international. » Auparavant Lefort avait dit que « c'est négativement que la condition humaine se fait reconnaître. ». À la notion de patrimoine commun se rattache désormais le crime contre l'humanité. Lefort note qu'avaient été oubliées dans la définition de ce crime les persécutions exercées en temps de paix. Les juristes indiquent ainsi « à partir de l'inhumain ce qui est essentiellement humain. »[245]

On peut relever que l' « essentiellement humain » à partir de l'inhumain a été indiqué bien avant les juristes contemporains, notamment, pour s'en tenir à une période peu éloignée, par Madame de Staël et par Benjamin Constant (notamment dans des textes sur la Terreur). Ce qui est peut-être nouveau, c'est la considération de l'a-humain à partir de la Shoah, c'est-à-dire de l'instrumentalisation systématique du meurtre. Lefort est proche, à notre avis, de cette prise en compte de l'a-humain lorsque, s'adressant à Pierre Manent, il le crédite de désigner le nazisme comme un « universalisme négatif ».

---

[243] bid. p. 1029.
[244] ibid. 1029.
[245] ibid; p. 1030.

« Le crime contre l'humanité ne s'appuie pas sur la croyance à une humanité une, il est motivé par l'idée d'une atteinte au fondement de toutes les formes de sociétés existant, au fondement de la sociabilité et, permettez-moi ce néologisme, de la socialité humaine. »[246]

Telle est bien, à notre avis, l'a-humanité. Quant au néologisme « socialité humaine », Lefort oublie que Gurvitch distingue socialité et sociabilité et qu'Alain Caillé, plus récemment, a repris le terme de socialité, en distinguant la socialité primaire de la socialité secondaire.

Les Déclarations des droits

Lefort rappelle les principes des droits de l'homme et du citoyen énoncés dans la Déclaration de 1789, relevant qu'elle associe libertés politiques, libertés civiles et libertés individuelles (j'insiste sur le pluriel, dit-il) qui ne se laissent pas détacher les unes des autres.[247]

Quant à la Déclaration de l'Assemblée des Nations Unies de 1948, Lefort pense que « le projet démocratique, se manifestant à l'origine de la Déclaration, ne se formule qu'au prix de concessions qui affaiblissent sa portée »[248]. Les droits de l'homme sont présentés comme un « idéal à atteindre »; du coup ils n'inquiètent guère les gouvernements aristocratiques et totalitaires. Les droits sont présentés également comme ceux d'un sujet défini arbitrairement : la personne humaine, « *every one* » en anglais, masquant ainsi leur signification politique. Ajoutons que la Déclaration des droits des États-Unis est fondée sur les droits des individus exclusivement. Enfin, « la conjonction des droits économiques et sociaux tels qu'ils sont formulés et des droits politiques et civils a pour effet d'effacer la distinction entre droits fondamentaux et droits conditionnés ».[249] Un compromis interviendra en 1966 sous la forme de deux Pactes, l'un relatif aux droits politiques, civils et individuels, l'autre aux droits économiques et sociaux.

---

[246] ibid. p. 1030.
[247] ibid. p. 1031..
[248] bid. p. 1031
[249] ibid. p. 1032;

Les accords d'Helsinki

« S'arrêter au constat que l'énoncé (des) droits n'a pas permis de procurer un cadre à une justice internationale, ce serait oublier la fonction qu'ils ont eue dans l'opposition au totalitarisme ». Lefort raconte comment, pour limiter ou arrêter la course aux armements, les Soviétiques avaient accepté - sans en mesurer les conséquences, dit Lefort, ce qui est peu dire, en réalité ils s'en moquaient et la gauche française n'y voyait d'ailleurs que « l'expression d'une protestation morale » - une référence commune avec les autres nations aux droits de l'homme (dans ce qu'on avait appelé la troisième corbeille). Les dissidents ne se sont pas fait faute, eux, de révéler les contradictions entre cette acceptation apparemment sans portée pour les Soviétiques et « l'ampleur du contrôle que le Parti exerçait en Union soviétique sur le détail de la vie sociale et l'entier assujettissement de la justice au pouvoir politique ».[250]

S'ajoutent à cette fonction des droits de l'homme exercée par la dissidence vis-à-vis du totalitarisme post-stalinien celle qu'ils ont eue en Amérique latine, également dans la guerre d'Irak, et aussi sur le conflit israélo-palestinien, sans compter celle en Bosnie et au Kosovo.

La Cour Pénale Internationale

Lefort en rappelle l'origine (Cour permanente de justice internationale avant la guerre) et l'historique : tribunal pénal international pour la Yougoslavie et le Rwanda. Dès 1948, l'Union soviétique s'était opposée à l'existence d'une Cour criminelle pour prévenir et réprimer le crime de génocide. La Cour Pénale Internationale a été créée en 1998 et a vu le jour en 2002. Ce sont surtout les États-Unis qui ont marqué la plus grande réticence à sa création, a dit, dans une conférence, l'administrateur civil français délégué à la Commission.

Certes la CPI ne juge que des personnes, y compris des dirigeants, non des États. Mais « la signification juridique et la signification politique de la souveraineté ne sont pas

---

[250] ibid. p. 1033;

entièrement dissociables. »[251].En outre, un juge, quelle que soit sa nationalité, est habilité à poursuivre les auteurs de crimes majeurs, quel que soit le territoire sur lequel ceux-ci ont été commis.[252].On l'a vu dans le cas de Pinochet, malgré l'échec de la tentative du juge espagnol qui l'avait inculpé lors de sa présence en Grande Bretagne. Il s'agit de « crimes majeurs », ce qui rend peu probable, à notre avis, l'argument selon lequel, en ce cas, le droit international pourrait devenir exorbitant.

Le droit international

« Il se développe en réponse à des événements dont il tente d'intégrer les effets, mais il est apparu lui-même, au lendemain de la Première guerre mondiale, comme un événement...un événement du genre de ceux qui portent la marque de l'institution, qui ouvrent la voie à une nouvelle expérience de la vie sociale ou intersociale. Son interprétation relève d'une phénoménologie qui saisisse les signes de sa fonction instituante, de son historicité et de son irréversibilité. »[253]

On retrouve ici le souci de Lefort de prendre en compte faits et événements, pour comprendre - sans indication ou recherches empiriques soi-disant significatives - l'apparition et le développement de ce qui constitue en l'occurrence un événement que nous qualifierons à la fois, comme Lefort, d'instituant, d'historique et d'irréversible : le droit international.

S'insinuer entre les textes

Lefort parle d'un livre de Claude Mouchard *Un grand désert d'hommes* où l'auteur dit : « nous nous insinuons entre les textes ». « Que désigne « entre » ?, écrit Lefort. Rien qui soit déterminable, qui ait le caractère des choses dites, mais l'écart en vertu duquel des oeuvres sont ouvertes

---

[251]ibid. p. 1035.
[252]ibid. p. 1035.
[253]ibid. p. 1036.

les unes aux autres et tiennent ensemble, si distantes qu'elles soient, dans un même espace ».[254]

Lefort fait suivre cette interprétation d'une sorte de « méthodologie » qu'il pense à l'oeuvre dans le livre de Mouchard : « Ainsi la méthode consiste-t-elle à se saisir de faits d'ordre différent dont on a la présomption qu'ils peuvent se raccorder (la réalité est le « pur divers », l'informe, disait Weber), puis à forger une hypothèse sans oublier qu'elle porte la marque des valeurs propres du savant et de son temps ; la pertinence éventuelle de l'hypothèse se vérifiant au pouvoir qu'elle offre de construire un objet intelligible dont la validité ne peut être contestée. »[255] Bien sûr, note Lefort, l'idée de méthode au sens empirique pur du terme est étrangère à Mouchard, comme la distinction entre réalité et idéalité qui se prêtent l'une et l'autre à l'objectivisme (c'est-à-dire à l'empirisme pur).

« *Contre Blanchot* »

« Pour Blanchot, l'oeuvre est étrangère au temps...Elle ignore la notion de vérité et de justice, celle d'histoire. L'essence de l'oeuvre ne se laisse interroger qu'au regard du mouvement qui s'est dessiné au XIX° siècle et dont Hegel a tôt annoncé le sens...Si aiguë soit sa (celle de Blanchot) pensée de l'oeuvre comme commencement, comme ce qui se dérobe à toute détermination, si intense soit son souci de se vouer à une interrogation interminable, Blanchot, en fait, s'appuie sur une théorie censée prouver un savoir dernier sur l'histoire...Nul équivoque de la modernité, à ses yeux, nulle énigme de la démocratie...Mouchard, pour sa part, cherche à déchiffrer ce qui advient, sans séparer le « dire » du « faire » et sans les confondre. Ne peut-on lire son livre comme un « contre Blanchot » ? »[256]

Le livre de Lefort se conclut sur ce texte. Il nous semble qu'un peu par hasard il y condense des thèmes qu'il n'a cessé de reprendre tout au long de son oeuvre: le refus d'une solidification de la pensée, le désir d'indétermination,

---

[254] Un grand désert d'hommes » » p. 1039,daté 2000.
[255] ibid. p. 1039.
[256] ibid. p. 1042

la démocratie posée comme énigme. En filigrane, la question des droits s'y devine.

Qu'est-ce qui fait tenir ensemble les êtres humains ? La question de l'éthique est ainsi posée et Lefort y répond en nous entraînant du côté des villes du Moyen-Age dont il montre qu'elles furent non seulement des « foyers de novation », mais des lieux où s'affirmaient, malgré les inégalités et les injustices, malgré l'arrogance des riches et des puissants qui les gouvernaient, des lieux d'affranchissement, de franchise (« villes franches ») par rapport aux seigneuries, au droit seigneurial et par rapport au corps mystique du roi. Florence (celle de la fin du XV° siècle et celle du XVI° siècle) apparaît à Lefort non seulement comme le lieu où naît l'humanisme civique et l'oeuvre de Machiavel, mais comme une république forgée sur le modèle de la cité antique républicaine (romaine). Mais il n'oublie pas l'esclavage dans la société antique.

De la guerre, il fait le contraire de l'échange, alors qu'elle est, selon Clastres, du moins dans sa forme dite primitive, la lutte entre des autarcies pour qu'aucune ne parvienne à établir un pouvoir coercitif sur les autres. Mais c'est de ce point de l'échange « contre la guerre » qu'on peut partir pour mieux comprendre ce qui nous est dit du droit international, droit qui est l'ouvrage des États, qui régente leurs rapports de force. Lefort montre l'efficience de la Charte universelle des droits de l'homme dans les problèmes des minorités (Bosnie, Kossovo) et dans la lutte contre les discriminations (sexe, âge, race, religion, langue). Il montre aussi comment, grâce aux accords d'Helsinki, les Soviétiques furent piégés par les dissidents, après avoir reconnu les droits de l'homme (sans, bien sûr, en tenir le moindre compte dans la pratique). Mais, plus encore, la notion de crime contre l'humanité et la Cour Pénale Internationale sont des actualisations de l'ensemble de ces droits. Le droit international est instituant, historique et irréversible. Il se profile à l'horizon des oeuvres (par exemple, dans un livre de Claude Mouchard que Lefort commente) qui donnent leur place à la démocratie, à l'histoire, à la justice.

Chapitre VIII
INDIVIDU ET SUJET

Le mot interprétation n'apparaît pas dans l'énoncé du thème ; on pourrait croire que Lefort n'interprète plus. Or c'est ce qu'il fait tout au long de son livre. Tout au plus pouvons-nous dire qu'à partir du thème « Individu et sujet », la question de l'interprétation est moins directement posée, moins visible.

Or le thème « Individu et sujet » apparaît dès 1946, néanmoins après ceux que nous avons déjà présentés. Et, dans ceux qui suivent, l'interprétation fait corps avec les thèmes, ce qui ne veut pas dire qu'elle ne s'en distancie pas.

Dans ce bref chapitre que nous intitulons « Individu et sujet » bien qu'il y soit peu question du sujet, nous rassemblons ce que nous avons retenu des propos de Lefort sur les individus, le je, le on, entre le début de son oeuvre et les années 80. C'est en polémiquant contre Pierre Naville que, déjà, il fait apparaître sa conception de l'individu à l'époque (1946), mais il la précise un peu plus tard dans un très beau texte sur Dos Passos. À notre avis, il n'y revient pas dans ce livre, aussi explicitement, que quarante ans plus tard avec des commentaires sur Tocqueville où apparaissent le « je » et le « on ».

Psychologie et matérialisme

Pour Naville, le mécanisme comme théorisation se définit par des termes agissant réciproquement les uns sur les autres. Mais, dit Lefort, l'action réciproque est un

« terme magique » qui n'explique rien, car il s'agit de comprendre comment la connaissance demeure possible.

« Si l'homme est un fragment de la matière (selon Naville), s'il est un objet déterminé mécaniquement de part en part comme tous les autres objets, sur le mode de l'antériorité, si la conscience n'existe pas, nous ne comprenons pas comment Naville peut se permettre de prendre le point de vue du tout, déclarer l'univers rationnel et régi par des lois mécaniques. »[257]

Lefort insiste sur le fait que le mécanisme soi-disant matérialiste aboutit à une sorte de théisme, où, semble-t-il, la nature remplace Dieu.

L'individualité

Ici c'est Lefort qui parle et donne son point de vue contre le behaviourisme. « Pour nous, l'homme n'a pas la nature en dehors de lui ; il est déterminé comme une structure qui intègre son milieu sous un certain rapport. L'organisme « appartient » au milieu et le milieu n'a de sens que par lui...Je suis un corps, une somme de processus physico-chimiques, accordons-le à Naville, mais je suis un corps vivant, j'exprime la matière et je la produis...Dire que la matière est dialectique, c'est dire...qu'elle porte à l'existence, par son mouvement, des structures qui sont des individualités matérielles et des expressions naturelles. ».[258]

Il nous semble que les structures portées à l'existence ne sont pas seulement des individualités matérielles et des expressions naturelles. Elles comportent le collectif, le groupe, même si cela passe par l'individualité et elles sont selon nous des expressions réelles plus que naturelles. Ou du moins elles le sont devenues. Mais le texte de Lefort est ancien et, si nous souscrivons en partie à son argumentation du moment, nous ne pensons pas qu'il la reprendrait telle quelle aujourd'hui.

---

[257] La déformation de la psychologie du marxisme et du matérialisme ou les *Essais* de M. Naville, p. 41-42 daté 1946. Le livre de Naville s'intitule *Psychologie, mécanisme, matérialisme, Paris, Marcel Rivière, 1946.*
[258] ibid. p. 45.

La lutte individuelle

L'expression est de nous, mais il nous apparaît qu'on en retrouve le sens dans des phrases comme : « Les choses sont là qui s'accordent, qui se nouent et prennent sens. Tous les objets sont des absurdes et des miracles. »[259] ou « La psychanalyse permet au révolutionnaire (et peut-être à tout être humain, LMB) de comprendre à un niveau individuel et psychologique les fondements de son projet social ». Lefort va jusqu'à dire à l'époque : « La lutte révolutionnaire contre l'État, la religion, la famille apparaît profondément comme une lutte individuelle. »[260] Sans doute préciserait-il aujourd'hui, comme il l'a fait dans toute son oeuvre, qu'il s'agit d'un certain État (anti-démocratique par exemple), d'une certaine religion (dogmatique, Lefort tolérerait probablement les autres) et d'une certaine famille (« les foyers clos, les portes refermées » de Gide). Ce qui, pour nous, manque à son argumentation de l'époque, c'est que la psychanalyse ne permet pas seulement à l'individu de comprendre son projet social, elle doit aider à comprendre les projets sociaux, elle est un complément nécessaire dans l'analyse des faits sociaux, pour comprendre leur sens y compris idéologique.

L'individu

Lefort revient brièvement à la question de l'individu, à propos des romans de Dos Passos, dans un texte déjà cité intitulé La littérature moderne comme expression de l'homme, qui date de 1954. Il note le malaise que procure la lecture de Dos Passos : « Ce malaise, dit-il, tient à la prise de conscience que nous ne sommes pas le centre du monde, qu'il n'y a pas de centre du monde... ». Il ne s'agit pas, dit Lefort, d'une image d'une réalité sociale qui dissoudrait les individus. « L'auteur se borne à attirer notre regard sur des événements et des hommes qui ne façonnent pas seulement l'expérience d'un individu, mais qui dominent toutes les expériences...(Le lecteur) est rendu

---

[259] ibid. p. 46.
[260] .ibid. p. 47.

sensible à une histoire anonyme qui est en marge et au coeur des individus. »[261]

Il nous semble que ce texte précise le statut que Lefort donnait à l'individu dans son texte sur Naville précédemment cité. Le projet social dans l'individu est conforté par une histoire anonyme qui est à la fois en marge de lui et en son coeur. C'est cette « histoire » que, selon nous, il faudrait aussi analyser dans son sens, notamment en sociologie et en anthropologie.

La place de l'individu

Commentant Tocqueville en 1993 - quarante ans après le texte précédent -, Lefort écrit : « Mais il importe d'observer que Tocqueville ne fait pas que condamner le mouvement qui porte l'individu à se rabattre sur son intérêt. Ce mouvement naît nécessairement de sa désinsertion des milieux qui lui procurent les repères de sa condition. Sa place, il est désormais, non moins nécessairement, obligé de la trouver lui-même ».[262]

On ne peut attribuer à Lefort ce qui revient à Tocqueville, mais l'écho de ce qu'il disait sur les personnages de Dos Passos nous semble se répercuter dans son commentaire plus tardif sur Tocqueville.

L'indépendance de l'individu

« La volonté d'indépendance que l'individu manifeste ne saurait se dénouer de la passion du bien-être, car celle-ci vient de la nécessité où il se trouve d'inscrire sa puissance propre dans le monde, de s'en donner la preuve, dès lors qu'il ne se voit plus assigné à une condition par nature (souligné dans le texte). » C'est toujours Tocqueville que Lefort commente, mais, là encore, ne nous fait-il pas entendre, à travers ce que dit cet auteur, ce qu'il disait lui-même il y a quarante ans ?

Dans un texte postérieur d'un an au précédent (1994), Lefort revient, toujours en commentant Tocqueville, sur le

---

[261]bid. p. 121.
[262]Réflexions sur le projet politique du M.A.U.S.S. p. 727-728 daté 1993.

thème de l'indépendance de l'individu : « L'indépendance de l'individu procède, à ses yeux (ceux de Tocqueville), de l'égalité des conditions. (Tocqueville) perçoit à son envers l'isolement de l'individu qui l'incite à se replier dans sa sphère privée. » Cette idée, Tocqueville la trouve chez Benjamin Constant qu'il ne cite pas. « À présent, son isolement et sa petitesse ne lui font plus voir en dehors de lui, au-dessus de lui, que le pouvoir social. ».Ajoutons une phrase qui est au début du paragraphe suivant, où Lefort cite Tocqueville : « La chance de la démocratie est « de faire descendre l'idée de droits jusqu'au moindre citoyen ». »[263]

On voit comment, par Tocqueville, Lefort nous oblige, en le commentant, à élargir une conception de l'individu - l'individu se faisant sa propre place - à celle de citoyen à qui la démocratie peut donner l'idée de droits.

Permanence du fantôme du sujet

On le sait, ce que Tocqueville redoute, c'est la formation d'un despotisme à la faveur de l'uniformité, comme le rappelle Lefort. « Et celui-ci, dit Lefort, il le voit poindre dans le règne de l'opinion. » Le phénomène fascine Tocqueville et Lefort : « une dissolution - mieux vaudrait parler d'un engloutissement du je dans le on (je et on soulignés dans le texte) ». Mais, si l'on peut dire, le sujet persiste comme fantôme, ce que Lefort souligne. Et il ajoute - nous citons longuement - : « Désormais la tyrannie de l'opinion se livre à travers un individu raisonneur, un individu qui prétend donner les raisons de son jugement, un individu qui sait (souligné), ne doute pas que tout soit explicable, ne se laisse pas prendre aux apparences, évoque à tout propos les lois qui commandent la marche de la société..., un individu enfin tout acquis aux choses nouvelles qui sont sa foi dans le progrès. Ainsi, dans la dépendance du pouvoir social, ne cesse de s'entretenir en chacun l'illusion de son indépendance. »[264]

---

[263]Libéralisme et démocratie p. 758 daté 1984.
[264]La croyance en politique p. 898 daté 1976.

Certes, on est toujours dans le commentaire de Tocqueville, mais il est difficile ici de le séparer de ce que veut nous dire lui-même Lefort.

Le je et le on

On en trouve la confirmation dans un texte de 1997, où Lefort écrit : « ... parler de haut de toutes choses, des affaires publiques et du cours de l'histoire; ce n'est pas signe d'une prétention à la science, c'est signe de bêtise. Cependant cette critique ne peut s'exercer dans une confiance en soi que procurerait la distance assurée de l'élite à la masse. L'opinion fait peser une menace sur chacun. Menace si fortement sentie qu'elle donne à quelques-uns (Flaubert tout particulièrement) un vertige, mais aussi la force d'inventer un nouvel usage du je et du on (souligné) qui sauve de l'enlisement dans le social. »[265]

Ce n'est que par une forme de courage - de force, dit Lefort - que le je ne s'engloutit pas dans le on. Autrement dit, dans notre langage, que le politique ne s'engloutit dans le social. Car il ne s'agit ici qu'indirectement du je singulier. C'est beaucoup plus le je de la pensée et du politique qui risque l'enlisement dans le social.

Lefort ne ménage pas le matérialisme mécaniste de Pierre Naville. L'individu n'y subsiste que comme objet matériel et on ne parvient plus à comprendre ce qui fait sa spécificité. Lefort note que, dans ce matérialisme, la nature paraît remplacer Dieu. Mais c'est dans son texte sur Dos Passos qu'il nous semble le plus innovant en ce qui concerne l'individu. Il fait état du malaise qu'on éprouve en lisant Dos Passos (notamment *Manhattan Transfer*, L.M.B.). L'individu n'y est plus, comme chez Joyce dans *Ulysses*, le centre du monde. « Il n'y a pas de centre du monde ». C'est l'histoire, une histoire anonyme, qui est « en marge et au coeur » des individus.

Auparavant, Lefort avait noté, dans un autre texte, que la psychanalyse aidait l'individu à mieux connaître son

---

[265] i bid. p. 912.

projet social. N'est-ce pas dans une histoire anonyme que s'énonce ce projet social ?

Le risque c'est le règne de l'opinion, « l'engloutissement du je dans le on ». Le sujet, dès lors, ne subsiste que comme fantôme, dans l'illusion de son indépendance. Seul le courage - la « force » individuelle - peut sauver le je de l'enlisement dans le social.

N'est-ce pas encore, dans ce thème « Individu et sujet », la démocratie - comme mode de vie - que Lefort recherche ?

Chapitre IX
FAITS ET EVENEMENTS

Ces faits et événements ne concernent pas toute la période 1945-2005 qui est celle dans laquelle les textes du livre se situent. On peut noter d'ailleurs qu'à partir des années 70 Lefort parle moins directement de l'actualité politique notamment française. Nous avons relevé plus particulièrement la période 1945-1958, Lefort revenant plus tardivement sur sa rupture avec Socialisme ou barbarie qui va marquer pour lui un tournant. Il est intéressant de noter qu'au lendemain de la guerre, en 1945 (il a vingt et un ans), Lefort s'attache, en critiquant le livre de Daniel Guérin *Fascisme et grand capital*, à définir le fascisme. Il s'intéresse aussi, non plus seulement au passé immédiat, mais à l'avenir, en traitant des rapports entre la révolution (telle qu'il la conçoit à cette époque) et l'impérialisme colonial. Cela nous vaut des pages, certes un peu décalées par rapport à notre temps d'après 1989, mais témoignant d'une analyse qui n'a pas perdu de sa pertinence (au moins historique) sur l'Indochine et sa bourgeoisie coloniale. Il note qu'une défaite révolutionnaire peut être une expérience utile pour la révolution (ce qui est, à notre avis, toujours vrai). Il montre les conditions pour que le fascisme apparaisse. Dans un texte très riche intitulé *La Méditerranée et le monde méditerranéen à l'époque de Philippe II* de Fernand Braudel, il fait voir qu'un tel phénomène historique peut être saisi comme structure. Les luttes révolutionnaires dans les pays de l'Est requièrent son attention, ainsi que les conseils ouvriers en Pologne - deux ans après la révolution hongroise -. Puis c'est le soi-disant rapport entre gaullisme et fascisme qu'il va tenter de démythifier, avec des analyses sur de Gaulle et le gaullisme tout aussi démythifiantes. De belles pages aussi sur ce que nous appelons la naissance de la technocratie en France dans les années 6O. Enfin, en 1975, il montre que sa rupture avec Socialisme ou barbarie vient de son renoncement à l'illusion d'une maîtrise possible du social.

Le fascisme

« Sur tous les plans (souligné), le fascisme est une révolution manquée. La mystique fasciste est un phénomène aussi objectif que les autres mystiques, sans quoi elle n'existerait pas. Son authenticité, c'est d'être l'apparence absolue. »[266]

Ce texte fait partie d'une critique adressée au livre de Daniel Guérin *Fascisme et grand capital*, publié en 1938 et réédité en 1945. Lefort poursuit : « Le fascisme se présente comme une totalité, mais c'est une fausse totalité...La masse fasciste n'est qu'une foule anonyme qui essaie de se projeter en un fantôme d'absolu - s'émerveillant de se ressembler quand elle se regarde dans la glace ; il (le fascisme) se dit anti-bourgeois, mais ce qu'il attaque, c'est la bourgeoisie du père, conformiste et mesquine ; il est lui-même un enfant de vieux, qui tente de s'affranchir en brutalisant sa mère (la petite bourgeoisie). Le fascisme est le contraire d'une totalité : c'est le négatif par l'absolu pur, la destruction. (Il) ne laisse subsister que les individualités qui cherchent désespérément le social, mais qui s'ignorent. »[267]

Lefort dirait aujourd'hui sans doute que, s'il n'est pas une totalité, le fascisme est un totalitarisme. Mais il était bon, nous semble-t-il, de rappeler, dès 1945, le désordre ou plutôt le faux ordre propre au totalitarisme, désordre fait de bric et de broc qu'on peut retrouver dans le stalinisme et le post-stalinisme.

---

[266]L'analyse marxiste et le fascisme p. 33, daté 1965.
[267]ibid. p. 33.

Révolution et impérialisme colonial

À propos de l'Indochine, Lefort écrit : « Il n'y a pas de critère absolu...La victoire d'un impérialisme (dans le cas d'une guerre)...est possible. La domination d'un nouvel impérialisme étranger, pour un peuple colonial engagé dans une lutte d'indépendance, est également possible. La lutte qu'il mène...aura des résonances, elle est susceptible de se généraliser, en tout cas de modifier le rapport de forces dans le monde. »[268]

Nous avons supprimé ici et là des expressions comme « sens de l'histoire », « luttes révolutionnaires », qui aujourd'hui paraissent décalées. Mais la réflexion sur l'impérialisme demeure, à notre avis, pertinente. Lefort avait, à cette époque, vingt-trois ans.

Bourgeoisie indochinoise et usure

Dans une description de l'usure pratiquée par les propriétaires en Indochine, Lefort montre que le propriétaire oblige ses fermiers à lui emprunter un certain nombre de piastres (la monnaie en Indochine). « Ce prêt doit être remboursé à la récolte en mesures de riz ; le bénéfice du prêteur est à peu près de 250 à 300 %. »[269].Lefort conclut : « La bourgeoisie (indochinoise) est si étroitement liée aux propriétaires fonciers qu'elle est condamnée... à l'impuissance. Accomplir une révolution démocratique, procéder à une réforme agraire qui en constitue l'élément premier et décisif serait pour elle un suicide ».[270]

Ce que Lefort montre, c'est que cette bourgeoisie indochinoise, consciente de l'impérialisme colonial, même si elle était « démocrate », ne pouvait se délier, sans disparaître elle-même, des petits et moyens propriétaires. Une belle analyse, marxiste si l'on veut, des effets du pouvoir colonial.

---

[268] Les pays coloniaux, analyse structurelle et stratégie révolutionnaire p. 53, daté 1947.
[269] ibid. p. 61.
[270] ibid. p. 61.

Prolétariat et paysannerie en Indochine

« En Indochine, le prolétariat ne constitue pas 2% de la population...Ce serait procéder d'une manière simpliste que de croire que le nombre du prolétariat est absolument déterminant...Le prolétariat industriel le plus concentré a la mission (?) d'entraîner à sa suite l'ensemble des ouvriers, des paysans et des petits bourgeois exploités...Le cours concret de la lutte de classes, la combativité des exploités, le niveau de conscience de l'avant-garde sont des facteurs également décisifs ».[271]

À part la « mission » du prolétariat, le texte concerne encore aujourd'hui les exploités en tout genre.

Défaite révolutionnaire comme expérience

Relevons au passage un texte sur la défaite révolutionnaire, texte qui nous paraît valable, même quand la défaite n'est pas à proprement parler révolutionnaire. : « La révolution peut être défaite de toute façon. Ce qui importe c'est que, dans un cas, la défaite est absolue, les masses des ouvriers désertent les rangs du parti et abandonnent la lutte politique. Dans l'autre, la défaite peut être une expérience ; si la direction a continuellement éclairé le sens de la lutte, elle peut servir à la constitution d'une avant-garde plus large et plus consciente ».[272]

Le vocabulaire a vieilli : « avant-garde », « direction ». Mais l'esprit du texte demeure, à notre avis, significatif : une expérience révolutionnaire, même suivie d'une défaite, peut ne pas être inutile. Comme l'ont montré les révolutions hongroise et polonaise.

Le matérialisme vulgaire

Citons longuement un texte qui marque, à notre avis, l'éloignement de Lefort vis-à-vis d'un certain marxisme-léninisme. « L'histoire est conçue comme ayant une réalité en soi, un cours indépendant de l'action des hommes, qu'il leur est seulement permis de « suivre ». L'histoire a des

---

[271] bid. p. 66.
[272] ibid. p. 73.

étapes que les peuples franchissent chacun à leur tour selon un rythme uniforme. C'est cela que l'on peut nommer matérialisme vulgaire. À cela s'ajoute nécessairement le mécanisme...Le niveau des forces productives détermine automatiquement la forme politique du régime... En outre, on considère une nation en soi, que l'on abstrait de la totalité mondiale. Enfin, cette nation elle-même, on la découpe en classes auxquelles on fixe d'avance une fonction traditionnelle. »[273]

Marxisme, histoire, action

Lefort est encore marxiste en 1947, même si, à notre avis, il prend ses distances avec le marxisme-léninisme courant; « Le marxiste sait, dit-il, qu'il faut partir de mots d'ordre et d'objectifs immédiats compréhensibles par les masses, mais qu'il faut être prêt à les dépasser aussi rapidement que les masses progressent ». Et il cite le mot d'ordre d'»assemblée constituante » pour l'Inde et l'Algérie, alors que « les soviets » serait incompréhensible. Mais « demain, si les masses se sont constituées en comités, « assemblée constituante » n'aura peut-être plus qu'un sens réformiste. »[274]

Enfin il insiste sur le fait que l'histoire est faite certes par des groupes, mais aussi par des individus. « L'histoire ne conquiert son historicité que pour celui qui s'unit organiquement à elle et ne lui trace pas un avenir indépendant de son action. »[275]

Les conditions du fascisme

« Le fascisme, dit Lefort,...suppose une mobilisation des classes moyennes autour d'un idéal de grandeur nationale, une politique étrangère impérialiste, une démagogie socialiste susceptible de trouver un écho dans les masses. »[276]

---

[273] ibid. p. 74.
[274] ibid; p. 75.
[275] ibid. p. 75.
[276] La situation sociale en France p. 87 daté 1952.

Lefort revient ainsi sur le thème du fascisme qu'il avait déjà abordé dans sa critique d'un livre de Daniel Guérin en 1945. Mais, contre l'abus de l'emploi du terme et de son placage sur des situations qui ne l'annoncent pas, il veut désormais montrer ses conditions si l'on peut dire minimales. Il y reviendra lors du retour de de Gaulle.

Un phénomène historique comme structure

L'histoire n'est pas seulement celle que font les individus, comme le disait précédemment Lefort, mais elle est liée à la sociologie et se rapporte donc à une « action qui dépasse » ses épisodes. Lefort le montre à propos du livre de Fernand Braudel, *La Méditerranée et le moode méditeranéen à l'époque de Philippe II*. « Dans sa recherche d'une histoire productive de son propre cours, écrit-il, l'auteur a dû substituer à son monarque un personnage d'une autre ampleur : le monde méditerranéen. Ce monde est une histoire...parce qu'il est une structure, c'est-à-dire un complexe de relations économiques, sociales et culturelles tel que toute modification locale, une hausse des prix à Séville, un nouvel itinéraire commercial Barcelone-Gênes, entraîne une série de répercussions qui s'intègrent dans une expérience unique. »[277]

Il ne s'agit plus seulement de l'histoire actuelle des opprimés, mais de l'histoire-monde, comme le dira plus tard Wallerstein.

L'or

En suivant de près Braudel, Lefort montre qu'aux XIV° et XV° siècles, « l'or soudanais fit la fortune de l'Afrique du Nord et de l'Espagne musulmane ». Mais cet or soudanais fut confisqué, à la fin du XV° siècle, par la Turquie. C'est l'Amérique qui a relayé, en Méditerranée, les ressources d'or africain. Il y a là une indication précieuse sur la circulation de l'or en Europe au Moyen-Age.

---

[277] Histoire et sociologie dans l'oeuvre de Fernand Braudel p. 97, daté 1952.

Le banditisme

Autre phénomène peu relevé d'ordinaire dans les ouvrages des historiens, le banditisme naît, selon Braudel, d'une crise économique au XVI° siècle. Lefort commente : « La crise économique et l'accroissement de la population ont précipité dans la misère une grande partie du peuple...Les couches intermédiaires (entre l'aristocratie et la plèbe paysanne) tendent à disparaître. Il en résulte un conflit social permanent qui ne parvient pas à se développer en lutte concrète et organisée, mais qui s'exprime incontestablement dans une lutte de classe larvée : le banditisme. Banditisme, course (piraterie) qui seront, selon Braudel, l'une des « formes de la guerre. » « Leur histoire nous fait comprendre l'incapacité du monde méditerranéen (au XVI° siècle) à organiser son espace et à établir fermement sa structure. »[278] Espace et structure : l'histoire, pour Lefort, n'est pas seulement mémoire, mais aussi réflexion.

Les luttes révolutionnaires dans les pays de l'Est

Lefort note la prééminence économique et militaire de l'URSS qui « tend à empêcher toute sécession ». Il note aussi le développement de la Chine, nouvelle « puissance bureaucratique », qui met en question l'autorité de l'URSS. Il met en évidence « l'instabilité des rapports inter-bureaucratiques ». « Cette instabilité n'est pas conjoncturelle, elle tient à la structure des bureaucraties qui, une fois qu'elles s'affirment en classes régnantes,...voient leur intérêt diverger partiellement de celui de l'URSS. Il demeure qu'il est impossible de percevoir jusqu'à quel point cette instabilité peut se manifester...Les nouvelles méthodes de Moscou qui répondent à la crise du bloc (bureaucratique) peuvent en quelque sorte l'aggraver. »[279].Lefort pense que l'assouplissement de l'URSS vis-à-vis de Tito peut à son tour favoriser « l'essor des oppositions bulgares, hongroises et tchèques. » La

---

[278] ibid. p. 107.
[279] La nouvelle diplomatie russe p. 135 daté 1955

Bulgarie n'a pas bougé, mais, dès l'année suivante (1956), la Hongrie s'est réveillée, et plus tard la Tchécoslovaquie(en 1968).

Les conseils ouvriers en Pologne (1958)

« Les conseils ouvriers - alors même qu'ils sont privés de toute fonction politique, alors même que leurs droits, dans le cadre des entreprises, sont strictement limités et leurs possibilités d'action réduites au point de les transformer en simples témoins (souligné) de la direction - constituent une menace pour le pouvoir... Ils tendent à incarner, aux yeux des travailleurs,...un nouveau pouvoir. »[280]

Les conseils ouvriers apparaissent à Lefort comme l'un des événements essentiels dans la révolte polonaise de 1958. Tout comme dans celle de la Hongrie deux ans plus tôt.

Gaullisme et fascisme (1)

« ...Il paraît évident, dit Lefort, aux yeux de l'extrême-gauche, d'identifier gaullisme et fascisme. »

Lefort revient, en 1958, en des termes très proches de ceux qu'il avait utilisés en 1945, sur la définition du fascisme. « Parler de fascisme, comme le font certains, sans s'attacher à considérer les rapports entre le patronat et les travailleurs dans la métropole est une aberration. Or ces rapports ne comportent pas du tout une situation pré-fasciste...Le fascisme implique une dictature soutenue par un mouvement de masse, l'écrasement de la classe ouvrière et son exploitation forcenée, un accroissement rapide de la production lié à une politique de guerre...L'objectif du patronat français est de poursuivre une politique d'expansion et de maintien de la paix sociale. L'installation d'un dictateur fasciste est à l'opposé de ses intérêts, et, ce qui est aussi important, de sa conduite effective. »[281]

On le voit, Lefort ne s'intéresse pas qu'au totalitarisme stalinien et post-stalinien. Il revient à la question du fascisme chaque fois que l'occasion lui en est donnée. Pour

---

[280] Pologne : la kadarisation froide p. 148 daté 1958..
[281] Le gaullisme et la crise du régime p. 15 daté 1958.

préciser sa définition et éviter ainsi toute confusion avec des situations autoritaristes ou populistes.

Fabulation, spéculation, machiavélisme

Reprenant par un biais son propos sur le fascisme et le gaullisme, Lefort analyse la position de la bourgeoisie par rapport à de Gaulle. « L'occasion n'est pas celle du fascisme, répète-t-il, l'expansion économique, la richesse des couches bourgeoisies, la paix sociale, la fonction internationale de la France tracent des limites à la croyance politique... Il appartient à l'essence même de la bourgeoisie de n'accéder à la représentation de ses propres limites qu'en s'inventant dans l'imaginaire un pouvoir au-dessus des classes, délié du poids des intérêts particuliers. La fabulation mythique et les tours de sorcier sont le complément d'une spéculation machiavélienne : rétablir l'autorité de l'État, adapter les institutions politiques aux exigences d'une société et d'une économie modernes, aménager les relations de la métropole et des pays colonisés en fonction des rapports de force nouveaux qui règnent dans le monde. » « Entre le prophétisme gaulliste et le visionnarisme fasciste, on mesure la distance en écoutant Malraux. Parlant de la mission de la France et de la possibilité qui lui est donnée de « signifier quelque chose », Malraux ne peut mieux faire que d'évoquer l'exemple de la Suisse et de la Hollande. »[282]

Sans doute pourrait-on dire aujourd'hui - et c'est, nous semble-t-il, ce que Lefort suggère - que de Gaulle jouait des fantasmes de la bourgeoisie (et, ajouterions-nous, des classes moyennes) pour imposer sa politique. Et que Malraux ne fut pas aussi dupe qu'il le fit croire en 1968 et après, du mythe de la grandeur de la France.

Singularité du gaullisme

« L'homme (de Gaulle), dit Lefort, par son passé, par ses déclarations antérieures, n'est jamais apparu comme un héros fasciste, pas même comme un champion de l'anti-communisme ». « De Gaulle se présente comme seul

---

[282] La magie et l'histoire p. 163 daté 1958.

capable de promouvoir une réforme sociale du type de celle que préconisait le mendésisme ; car seuls des moyens autoritaires et le soutien de la droite la rendent aujourd'hui possible ». « La fonction du gaullisme ne saurait excéder les possibilités qui lui sont tracées dans la réalité. Appelé à masquer temporairement les antagonismes qui ont fait éclater le régime parlementaire, le gaullisme est destiné à assurer une réforme de l'État, une réorganisation du pouvoir bourgeois qui le rende conforme aux intérêts généraux des couches dirigeantes. »

Lefort est lucide sur les suites du gaullisme qu'il ne réduit pas à la solution de la guerre d'Algérie. Comme on le sait, la révolte, au bout de dix ans, n'est pas venue des ouvriers, mais des étudiants, c'est-à-dire de jeunes exaspérés non pas seulement par le gaullisme, mais par le poids de traditions périmées.

Rationalité industrielle et pouvoir étatique

Lefort montre comment les rapports entre l'industrie et l'État se sont transformés, d'abord sous l'effet de la prise en mains par l'État d'une partie du contrôle économique, mais aussi sous l'effet de la rationalisation des secteurs de production et de distribution ». « L'extension des activités de l'État, la multiplication de son intervention provoquent une organisation parallèle de groupes d'intérêt dont le sort dépend à quelques degrés de ses décisions. Formidable réseau qui comprend des centaines d'associations, tend à couvrir tous les domaines de l'activité économique et sociale et se modèle spontanément sur le réseau étatique. À chaque département d'un ministère, à chaque commission du Parlement, répondent un ou plusieurs groupements qui possèdent leur appareil, leur bureau d'études, leur office de propagande, leur presse, et des ressources financières importantes, parfois considérables. »[283]

On assiste à la naissance de ce qui deviendra, dans les années qui suivent, la technocratie. À ses débuts elle n'était donc qu'une manière, pour l'État, de contrôler l'économie et, surtout pour les entreprises, d'être liées à l'État (notamment par les nationalisations). En 1968, elle n'était

---

[283] ibid. p. 169 et 170.

pas encore affermie. Aujourd'hui (2008), la crise économique en a assuré la puissance et les risques.

Groupes de pression et État

Lefort note que la distance entre groupes de pression et État n'existe pas. « (Ils) ont leurs représentants dans toutes les formations politiques, ils contrôlent souvent les députés, dont l'élection dépend de leur soutien, notamment de l'attitude de leur presse. Par le canal des partis et, en particulier, des commissions parlementaires, ils disposent d'informations constantes sur toutes les activités et les projets de l'État. C'est l'étendue de cette information qui donne la mesure exacte de leur participation au pouvoir. »[284]

Il ne s'agit plus, dit Lefort, de groupes de pression à l'ancienne, mais d'un réseau qui permet à l'économie de participer quasi directement au pouvoir politique.

Gaullisme et fascisme (2)

Lefort revient sur ce faux problème : « L'expansion économique signifie le plein emploi ; la paix sociale signifie des salaires « acceptables », et de fait la baisse du niveau de vie a été jusqu'à maintenant assez réduite pour empêcher des conflits sociaux. Comment mieux dire que les facteurs de troubles (le chômage, la paupérisation de larges couches de travailleurs), qui sont à l'origine de tout mouvement fasciste, font, dans le présent, absolument défaut ? »[285]

Le problème de la réforme de l'État

« Le gaullisme est destiné à assurer la réforme de l'État, une réorganisation du pouvoir bourgeois qui la rende conforme aux intérêts généraux des couches dirigeantes. »[286]

Ce fut effectivement le programme, plus ou moins réussi, du gaullisme.

---

[284] bid. p. 171.
[285] iibid. p. 176..
[286] ibid. p. 178..

Le bonapartisme

Lefort renforce son argumentation par une hypothèse qui, elle-même, se révélera fondée : « De Gaulle se trouve dans une situation qu'on a traditionnellement nommée, dans le mouvement marxiste...le bonapartisme (souligné)...Apparemment au-dessus des classes, en fait représentant les intérêts de la fraction la plus éclairée du capital,...de Gaulle est en mesure de manoeuvrer efficacement en opposant l'une à l'autre les diverses forces politiques et en les rendant conscientes tour à tour de leurs propres limites. »[287]

Histoire, comédie, hasard politicien

En 1960, après l'émeute de Janvier et la révolte des généraux, Lefort commente cette émeute, mais surtout il tente d'en extraire la signification. « L'histoire se fait...sous l'apparence de la comédie. Se laisser fasciner par la farce, c'est oublier qu'elle exprime d'une certaine manière la réalité des groupes sociaux en conflit les uns avec les autres et eux-mêmes travaillés par des conflits dont l'évolution n'est pas rigoureusement déterminée, mais tient à des événements, imprévisibles points de rencontre d'entreprises qui courent sur plusieurs registres à la fois. »[288]

Et il ajoute : « ...rarement voit-on l'histoire se développer selon une logique qui annule la portée des événements et son sens apparaître immédiatement dans la conduite des protagonistes...Mais le hasard même est plein de sens...Ce qui paraît accidentel rejoint le plus profond. Car ce qui est en cause et ce qui se présente sous les traits d'une alternative radicale, c'est la nature même du rapport social ; ce qui fait l'enjeu de la lutte dans le présent, c'est ce qui détermine la vie sociale jour après jour. »[289]

Dans les paragraphes suivants, Lefort montre que, lorsque la lutte de classes ne peut plus se manifester, « il en va tout autrement » : « Il en va tout autrement dans les périodes, si agitées soient-elles, où l'histoire est désertée par

---

[287] ibid. p. 176..
[288] Après l'émeute de Janvier, le sens d'une crise p. 181 daté 1960.
[289] ibid. p. 182.

la classe exploitée. Les événements les plus importants s'improvisent, un concours de circonstances fortuites crée des situations (souligné) riches de conséquences, mais dont l'enchaînement s'effectue comme une suite de gags. »[290]

Lefort perçoit ainsi la rivalité des généraux où l'on ne sait plus qui est qui et qui fait quoi. Scène de comédie quelque peu dramatique pourtant, en l'absence des véritables acteurs : les classes sociales (ou les groupes sociaux, LMB) en lutte.

Capitalisme, nationalismes, lutte de classes

Lefort tente, toujours en 1960, de définir la position du prolétariat par rapport au pouvoir d'État « Tout projet qui tend à une subordination plus grande du capital privé au capital de l'État, toute velléité de limiter de quelque manière le droit du patronat à gérer ses affaires comme il l'entend sont perçus comme un danger ». « À ces motifs d'opposition s'ajoute ce que suscite la politique « nationale » du Général. »[291] Le patronat ne peut que s'inquiéter de toute mesure qui distendrait les liens de la France et des États-Unis. « Bref, de Gaulle est un bien relatif (souligné), il est surtout un moindre mal en ce sens qu'il garantit maintenant la paix sociale. »[292]

Enfin, Lefort note que l'autorité des partis n'a pas complètement disparu et qu'une opposition « timide » se manifeste du côté de la gauche. Il ne s'agit pas, à proprement parler, de lutte de classes, mais d'un signe que toute revendication n'a pas disparu.

Lutte de classes, maîtrise du social,
lutte contre la domination

Quinze ans plus tard, dans un texte déjà cité *Entretien avec l'Anti-mythes*, Lefort revient sur le rôle du parti et de l'organisation. Sa pensée s'est quelque peu radicalisée, bien que l'idée demeure la même. Il fait allusion à son débat avec Castoriadis, lorsque lui Lefort quitte Socialisme ou

---

[290] ibid. p. 182.
[291] ibid. p. 193.
[292] ibid. p. 193.

barbarie : « En réalité c'était le cadre logique qu'il fallait briser, c'était le postulat sous-jacent de la maîtrise du social qu'il fallait récuser...En bref, c'est la croyance en une solution, en une formule générale d'organisation de la société que je devais dénoncer comme illusoire, en montrant ...que sur cette illusion s'était édifié, s'édifiait le pouvoir de la bureaucratie et que rompre avec elle (tenter de rompre, car il s'agit d'une rupture toujours à refaire) était en revanche la condition fondamentale d'une lutte sur tous les terrains, contre les formes actuelles et potentielles de domination. »[293]

On ne peut oublier que Lefort a, dès le début de sa réflexion (1945), parlé du fascisme au sens courant donné à ce terme englobant fascisme et nazisme. Sa critique de D. Guérin qui y voyait un surgeon du capitalisme - alors qu'il est, semble-t-il, beaucoup plus né d'un certain échec des démocraties - lui permet de le définir comme lié à un mouvement de masse, ce qui rendra clairvoyante son analyse du gaullisme. Pourquoi le gaullisme n'est-il pas fasciste ? Parce que de Gaulle ne s'écarte pas des intérêts de la classe bourgeoise qui veut la productivité économique dans la paix sociale. La révolte de 1968 ne viendra pas des ouvriers (dans un temps de plein emploi), mais des étudiants.

Dans quelques pages sur l'Indochine, Lefort perçoit l'impossibilité d'une lutte réelle de la bourgeoisie (démocrate) contre l'impérialisme colonial. En effet, les propriétaires fonciers sont coincés dans leur propre désir de pratiquer une usure gigantesque - 300% d'intérêts - , en prêtant aux petits paysans les piastres nécessaires pour l'ensemencement du riz et en se faisant rembourser en nature au moment de la récolte.

Des remarques au passage sur l'idée que ce qui peut paraître réformiste (une assemblée constituante en 1947 en Algérie) peut devenir révolutionnaire si la révolution réussit (on ne parle plus d'assemblée constituante, mais par exemple de conseils ouvriers). Ces remarques nous alertent

---

[293]Entretien avec l'Anti-mythes p. 239 daté 1975.

sur les luttes révolutionnaires de 1958 en Pologne. Une défaite révolutionnaire peut être éventuellement utile.

Mais l'événement historique mobilise également la réflexion de Lefort. Quand il aborde ce phénomène historique qu'est le monde méditerranéen au temps de Philippe II (en commentant Braudel), le fait que cet événement peut se saisir comme structure permet à notre avis, même s'il se déploie dans une expérience unique, de le rattacher à l'histoire-monde (celle, plus tard, de Wallerstein). Les phénomènes, historiques eux aussi, qui marquent la crise économique dans cette structure sont souvent oubliés : le banditisme, la course (piraterie) et la confiscation de l'or soudanais par la Turquie, or soudanais relayé par l'or américain.

À l'avènement du gaullisme, Lefort est sensible à l'effacement de la lutte de classes, à l'erreur de la gauche qui croit voir dans le gaullisme l'annonce d'un fascisme, d'où, avant les événements de 1958, une seconde définition du fascisme et de ses conditions d'apparition, assez proche de celle marquant, sur ce point, la différence entre Lefort et Daniel Guérin, et, en 1958, une troisième définition plus fouillée. Enfin, Lefort perçoit la comédie-farce des généraux en rébellion - même si elle comporte une part de drame -, puisque la rébellion ne s'appuie et ne prend sens sur aucune référence aux luttes sociales. Lefort note néanmoins, en 1960, que, du côté de la gauche, toute revendication n'a pas disparu.

À relever aussi l'importance qu'il attache au développement des groupes de pression, courroie de transmission entre l'État et le patronat et qui annonce la naissance de la technocratie.

En 1975, il explique son départ de Socialisme ou barbarie par sa déprise de toute illusion d'une maîtrise du social (maîtrise illusoire sur laquelle s'édifie le pouvoir bureaucratique). Cette déprise est, dit Lefort, la condition fondamentale d' « une lutte sur tous les terrains, contre les formes actuelles et potentielles de la domination ».

Nous noterons ici que, fondant Socialisme ou barbarie pour échapper au carcan hiérarchique du petit parti trotskyste auquel il appartenait, Lefort avait aussitôt quitté ce dernier (avant Castoriadis), qu'en 1958, c'est de nouveau sur la question de l'organisation qu'il rompt avec Socialisme ou barbarie. Il ne croit pas (plus) en une solution et en une formule générale d'organisation de la société.

Ne peut-on voir, dans le premier (1947) et le second (1958) choix, les traces d'une recherche de ce que peut être la démocratie ?

Chapitre X
RÉVOLUTION ET POLITIQUE

Des événements de 1968 à un retour vers la révolution hongroise, Lefort trace le chemin d'une réflexion sur la révolte et la révolution. Tout autant nous incite-t-il à réfléchir sur la signification de Solidarnosc et sur la toute-puissance de l'État totalitaire polonais. Il rappelle la tâche de réinventer la démocratie, montre, à notre avis d'une manière incomplète, ce qu'est le capitalisme - dont il ne dissimule pas, comme on le fait trop aujourd'hui, le caractère négatif. S'interrogeant sur la chute de l'URSS, puis sur les suites de cette chute dans les pays de l'Est, il montre l'importance qu'eut la dimension du politique et de la politique dans cette chute et l'effet durable des mafias déjà en place sous le régime communiste. Lorsqu'il aborde le « non » de Delors (en 1995, au début de la campagne présidentielle), il ne s'agit pas de la révolution, mais de la signification d'un désir de pouvoir politique (au sens de la politique). En revanche, il montre l'ambiguïté de la position et du discours de Juppé lors des grèves à la fin de 1995. À un populisme de gauche, il semble opposer les revendications politiques, les décisions et la prise de conscience. La dénégation du politique (représentation d'une société d'individus), le refus d'élargir mondialisation et globalisation au delà de l'économique, la déstructuration de l'idéologie bourgeoise sont, pour nous, des signes positifs ou négatifs dans la lutte pour réinventer non seulement la démocratie, mais une meilleure société moderne (quelque peu délestée de son hyper-, sur- et postmodernisme), de la réinventer pareillement dans sa dimension économique et dans sa lutte contre le capitalisme. Ce que des jeunes tentent aujourd'hui de faire.

La brèche

En 1975, Lefort parle de 1968 et tente de circonscrire ce moment de révolte. « Pour reprendre l'image de notre petit livre, une brèche a été ouverte. Je crois qu'elle reste dans la mémoire de tous : les comportements se sont modifiés ; un style anti-autoritaire (nous dirions anti-autoritariste, LMB) s'est fait reconnaître. Impossible de mesurer plus précisément les conséquences de Mai. »[294]

Lefort précise néanmoins sa pensée quelques lignes plus loin : « La contestation, certes diffuse, portait contre tous les appareils, ceux qui font l'armature du pouvoir actuel, comme ceux qui forment celle d'un pouvoir virtuel, appareils politiques et syndicaux à prétention révolutionnaire. Et elle portait contre une type d'organisation industrielle au sens le plus large, qui, sous le couvert de la rationalisation du travail, mine, pour la masse des exécutants, toute chance d'initiative individuelle ou collective d'information, de communication - et cela quel que soit le régime de propriété. »[295]

Le développement de l'informatique a quelque peu atténué les manques d'information et de communication, mais n'a guère augmenté « les chances d'initiative individuelle et collective » au niveau de la rationalisation du travail.

La révolution (1)

En 1976, Lefort revient sur la révolution hongroise - dont il a parlé antérieurement. Il rappelle d'abord ce qu'est le pouvoir totalitaire : « Il plonge ses tentacules dans toute l'épaisseur (de la société), tendant à imposer les mêmes normes, règles, représentations en chaque système

---

[294] Entretien avec l'Anti-mythes p. 252-253 daté 1975.
[295] ibid. p. 253.

d'activité. Ainsi omniprésent, le pouvoir tend à se rendre invisible ».[296]

Puis Lefort montre la division entre l'arrogance des dirigeants et ceux sur qui le pouvoir de ces dirigeants s'abat, les enfermant. Or la révolution hongroise a montré les conséquences possibles de cette division : un soulèvement général. « La progression fulgurante de l'insurrection dans toutes les couches sociales et sur toute l'étendue du territoire a fait découvrir une opposition massive au régime qui, la veille encore, demeurait latente, s'ignorait elle-même ».[297]

La couche bureaucratique elle-même s'est désagrégée : « Le groupe dirigeant s'est trouvé soudain isolé, avec, pour seul soutien, la police politique ». « La révolution (hongroise) s'est attaquée aux fondements du totalitarisme. Pendant une courte période, elle l'a détruite »[298]. À Nagy (le dirigeant hongrois rallié par les insurgés), il a été seulement demandé qu'il « cautionne la révolution face à l'URSS et au monde »[299].

Pour Lefort, la révolution hongroise a été la première révolution « sans précédent historique », qui fut à la fois anti-capitaliste (les conseils ouvriers) et anti-bureaucratique (créer des institutions où les droits de chacun seraient garantis).

Nous ne pensons pas que la révolution hongroise était anti-capitaliste, parce qu'elle mettait en avant des conseils ouvriers aptes à gérer les entreprises, ni parce qu'elle excluait la propriété privée. Nous ne pensons pas non plus qu'échapper au clivage dirigeants/dirigés contribuait à la rendre anti-bureaucratique. Plutôt, nous semble-t-il, elle donne l'idée aujourd'hui d'une société non libérale-économique, la société libérale-économique étant celle où les profits sur le Marché sont libres, sans entraves, au détriment de ceux qui travaillent et qui subsistent - ce qui est, à proprement parler pour nous le capitalisme comme excès global. Elle donne aussi l'idée d'une mise en place de

---

[296] Hongrie 1956, une révolution historique p. 262-253, daté 1976.
[297] ibid. p. 263.
[298] ibid. P. 263.
[299] ibid. p. 263.

l'État comme exécutant, mais aussi celle du politique et de la politique garantissant les droits de chacun et de tous.

La révolution (2)

Lefort répète, en 1977, ce qu'il a dit sur la révolution hongroise, mais il ajoute aujourd'hui une remarque qui prend toute sa portée : « Ce qu'a enseigné la révolution hongroise (car qui douterait que le régime ne se fut effondré sans le secours des armées russes ?), c'est que le totalitarisme recèle, à l'envers de sa force, une fragilité, une vulnérabilité exceptionnelles. »[300]

La révolution (3)

« Il me semble que l'expérience de la bureaucratie a rendu les Hongrois au plus haut point sensibles à la nécessité de formuler des règles qui garantissent la représentativité des délégués, obligeant ceux-ci à rendre compte de leur mandat, ouvrant à tous le droit à une libre expression. Ici et là..., on cherche à définir des droits. (souligné). Il s'agit de recréer la dimension de la loi dans une société où elle a été abolie, où le pouvoir décide du juste et de l'injuste, du permis et du défendu, du vrai et du faux. Il s'agit de retrouver l'autonomie propre à chaque domaine d'activité...Quoique la révolution hongroise n'ait pu vivre longtemps, elle a vu s'esquisser le modèle d'une nouvelle société qui combinerait des principes différents d'autorité. »[301]

Redoutant la concentration du pouvoir des conseils ouvriers, ce qui est recherché par la population, c'est une fédération de conseils, un gouvernement dans la dépendance d'un patronat librement élu et des syndicats ayant pleine autorité pour défendre les intérêts des travailleurs.

Le politique est mis à distance de la politique et le social est mis à distance du politique et de la politique. L'économique s'encastre dans le social, économique lui aussi à distance du politique et de la politique.

---

[300] La première révolution anti-ttotalitaire, p.. 303, daté 1977.
[301] iibid p. 307.

Négociation, pouvoir du parti et de l'armée (Pologne)

« (Les) libertés ont été conquises par les travailleurs. Sans doute avaient-elles reçu une certaine expression juridique avec les accords de Gdansk (c'est-à-dire grâce à Solidarnosc, LMB). La structure du pouvoir n'était pourtant pas modifiée. L'arbitraire se heurtait seulement à des limites. Changement véritable, mais de fait (souligné). Face à une situation qu'elle ne maîtrisait plus, la direction du parti avait du temporiser, négocier, faire des concessions ; elle menait une guerre d'usure contre le syndicat (Solidarnosc) dans l'espoir de l'affaiblir, de le diviser et d'intimider la population. »[302]

Lefort tente, dans ce texte, d'expliquer la situation en Pologne après la révolte de Solidarnosc. Il y montre aussi le rôle de l'armée. : « Quand il passe la main à l'armée, le parti passe la main au parti ». En tout état de cause, qu'il s'agisse du parti ou de l'armée, c'est le pouvoir totalitaire qui mène le jeu. Jaruzelski a commencé sa carrière à la tête d'un département politique de l'armée. »

Réinvention de la démocratie

« ...Persiste la peur d'apporter sa caution à l'ordre capitaliste occidental, sa caution à l'impérialisme américain, en osant dénoncer le totalitarisme comme le mal absolu des temps modernes. Comme si la seule chance, en Occident même, d'une transformation sociale, la seule chance de renouer avec l'inspiration première du socialisme ne consistait pas dans la réinvention de la démocratie. »[303]

Lefort se saisit de l'opportunité de la révolte de Solidarnosc en Pologne pour rappeler que ce n'est pas être capitaliste que de condamner le totalitarisme, mais que, bien au contraire, c'est la chance de retrouver l'inspiration démocratique des premiers temps du socialisme.

---

[302] Non, ce n'est pas un coup d'État militaire p.; 239 daté 1982.
[303] ibid. p. 442.

Capitalisme

Lefort critique durement le libéralisme. « La théorie d'une harmonie des intérêts qui se réaliserait spontanément à l'insu des acteurs a fait long feu », dit-il. Et il ajoute : « Quand le marché s'établit en l'absence d'institutions démocratiques et de l'État capable de faire respecter le droit, ses ravages sont manifestes. »

Et il en vient au capitalisme qu'il distingue en capitalisme sauvage et capitalisme « à visage humain ». « Le capitalisme, appelons les choses par leur nom ..., n'a pas, en Europe, faut-il le rappeler, un « visage humain ». « Il n'a cessé d'être un capitalisme sauvage que dans le cadre de la démocratie. Encore est-il vrai qu'avant que celle-ci ne se fût développée, la notion de droits individuels et civils s'était diffusée dans la société occidentale. »[304]

En quoi le capitalisme a-t-il cessé d'être un capitalisme sauvage ? Si l'on suit Marx, le capitalisme est fondé sur l'obtention sans limites du profit. Ce n'est pas le capitalisme que la démocratie peut « humaniser », mais l'économie de marché et le type de socialisation qui va avec elle. Ce n'est pas seulement l'État qui doit être capable de faire respecter le droit, mais le politique et la politique dont l'État n'est que l'agent d'exécution. L'obstination à vouloir appeler capitalisme toute la société, voire la globalisation ou la mondialisation - « appelons les choses par leur nom », sans doute en suivant sur ce point Marx et Weber ; Tocqueville, lui, était plus prudent - efface les bases sur lesquelles se réinvente peu à peu la démocratie et qui sont tout sauf capitalistes. Répétons-le, selon nous, le capitalisme est l'excès de la société moderne (qu'elle soit, comme on dit, hypermoderne, surmoderne ou postmoderne). Il ne peut être combattu, réduit que si le « visage humain » du type de société où nous sommes, nous pouvons mieux le faire apparaître. Mais la sauvagerie du capitalisme sera toujours là, dans la modernité et dans la démocratie moderne tant que celles-ci dureront. Car, cette sauvagerie du capitalisme, elle est en nous depuis trois

---

[304] Libéralisme et démocratie, p. 750, daté 1994.

siècles et c'est à nous de la réduire sans espoir de la faire complètement disparaître sinon en faisant disparaître aussi la modernité et la démocratie - ce qui ne veut pas dire que ces deux dernières sont éternelles, d'autres types de société peuvent être inventés par les êtres humains, mais ils comporteront eux aussi leur (et leurs) excès -.

Chute de l'URSS : le facteur politique (Gorbatchev)

Lefort a su mieux que personne discerner la fêlure qui fit s'écrouler le totalitarisme post-stalinien. Certes, on sait aujourd'hui que d'autres facteurs ont joué : la baisse de la natalité, le fait que le KGB lui-même ne croyait plus en l'URSS. Mais, comme le dit Lefort, le facteur politique est déterminant. Et ce facteur était, lui, quasiment imprévisible. La fonction symbolique du parti était essentielle. Quand elle apparut discréditée, le régime et ses institutions ne purent se maintenir.

Russie

Lefort rappelle la conception de l'univers bureaucratique de l'URSS et fait remarquer de nouveau que les pratiques mafieuses existaient déjà dans le régime communiste : « (L'univers bureaucratique) est...un univers où règnent les relations de dépendance personnelle et des relations de proche en proche : relations perverses et suspicion réciproque, de délation ou de complicité, de corruption au sens courant du terme (et aussi, il est vrai, parallèlement, de solidarité familiale et de voisinage). Tout ce que les observateurs dénoncent, à présent, comme des pratiques mafieuses (indépendamment des mafias constituées) stimulées par la liberté effrénée de concurrence et par l'affaiblissement des pouvoirs publics, toutes ces pratiques caractérisaient déjà le régime communiste, elles étaient seulement contenues et voilées, car elles s'exerçaient dans un cadre politique rigide. »[305]

---

[305] ibid. p. 778.

L'État

En Russie et en Europe de l'Est, « des décennies de communisme ont détruit l'idée d'une administration indépendante, celle de la séparation du public et du privé, miné l'idée de la loi et celle de la responsabilité personnelle, elles ont interdit toute vie associative. »[306] Le libéralisme économique des nouveaux dirigeants peut s'abandonner à la sauvagerie.

Post-communisme

Citant Michnik, Lefort dit que « le communisme assurait un minimum de sécurité en contrepartie de l'acceptation sans condition de la servitude. »[307]. Il ajoute, toujours en suivant Michnik, que la maladie post-communiste naît de la nouvelle insécurité suscitant les conditions agressives du nationalisme. Il n'est pas un néo-totalitarisme, mais se caractérise par une demande frénétique d'ordre, d'unité, de commandement, de puissance. « Demande pour une large partie en réponse à l'insécurité qu'a suscité le libéralisme économique et, plus profondément, au risque que présente l'institution de la démocratie. »[308]

Tension entre capitalisme et démocratie

« Dans la situation présente, la crise économique et le développement technique redonnent tout son sens à la tension entre capitalisme et démocratie...La critique de l'omnipotence de l'État, appuyée sur l'expérience des régimes communistes, risque de couvrir la négligence des services publics requis dans toute démocratie moderne...On ne voit que trop combien l'évolution des démocraties modernes comporte de menace pour ne pas s'inquiéter davantage encore de l'avenir des sociétés post-communistes. »[309]

---

[306] ibid. p. 779.
[307] ibid. p. 780.
[308] ibid. p. 781.
[309] bid. p. 782.

Désir de pouvoir, moyen de gouvernement

Lefort s'interroge sur le refus de Delors, en 1995, d'être candidat à la présidence de la République. Il tente d'interpréter le choix de Delors : « Il (Delors) suggère que la notion d'un désir de pouvoir (souligné), si communément attribué à quiconque aspire à un rôle politique, laisse ignorer le côté par lequel le pouvoir ne saurait consister en un objet de désir, car il n'est pas quelque chose de visible dont on peut s'emparer ou qui soit délimité dans la société, à l'image du palais de l'Elysée. À ceux qui désirent l'y installer, il (Delors) répond, en somme, que leur désir n'est pas le sien et qu'il n'exercera pas pour eux la fonction de leurre...Du même coup s'introduit une non moins remarquable distance entre la pensée et le discours politique. Sous l'effet du non, l'énoncé des alternatives, des choix, des mises en demeure gagne de la force. On ne peut pas les imputer à une tactique électorale. »[310]

Et il ajoute plus loin : « Les moyens de gouvernement ne résident pas seulement dans les partis. Il faut les chercher dans la société d'où ceux-ci tirent leurs racines et qui manque d'organes de représentation efficaces.[311]

C'est l'un des rares textes dans ce livre- avec ceux sur Gorbatchev - où Lefort fait intervenir un individu et son choix comme thème d'analyse du politique et de la politique. Il faut dire qu'entre 1945 et 1995 l'occasion lui en fut très peu donnée.

Ambiguïté de la position et du discours de Juppé (1995)

À propos des grèves de 1995, Lefort s'interroge sur l'ambiguïté de la position du Premier ministre Juppé: « La vertu civique est décidément chose rare et l'on comprend que l'homme de la rue soit soupçonneux. Mais il n'est pas vrai qu'elle ne puisse être reconnue... À ceux-là même qui n'était pas disposés à le (Juppé) combattre avant de l'avoir écouté, il donne le sentiment d'une tromperie, au point qu'on a oublié de faire la part du vrai et du faux dans ses

---

[310] Valeur du non : le geste de Delors p. 786-787 daté 1995.
[311] ibid. p.787.

projets...La vertu politique ne consiste pas à dire toute la vérité. Le citoyen n'en demande pas tant, mais il n'entend pas qu'on lui affirme qu'il a mal entendu ce qu'il a bien entendu. »[312]

Là encore, il s'agit d'un individu face à ses choix (politiques). On voit la différence avec Delors. Si la vertu civique de Delors était indéniable, celle de Juppé semble beaucoup plus discutable. Lefort a vu l'ambiguïté (voulue) de sa position face à la grève.

Populisme de gauche pendant du populisme de droite

« Faut-il célébrer le Peuple, la bouche pleine de ce grand mot, le peuple debout face à la technocratie ? Est-il bon ou surtout intelligent - parce qu'il faut s'inquiéter du pouvoir croissant des technocrates - de s'adonner à un populisme de gauche, lamentable pendant d'un populisme de droite, celui de Le Pen ? Enfin n'est-il pas aberrant d'évoquer une crise de civilisation pour défendre le service public, de laisser croire à la destruction de celui-ci alors qu'on devrait débattre des moyens de l'affermir ? »

Lefort vise un excès qui tend à se développer à gauche, le populisme. L'avenir a montré qu'il était plutôt une caractéristique de la droite. Reste aujourd'hui, à gauche, le problème de ceux qui refusent encore plus ou moins - mais y croient-ils eux-mêmes ?- l'économie de marché et la libre entreprise. Ceux-là font sans doute du populisme de gauche sans le savoir. 1995 n'est pas 2008. Le drame est que ce que Lefort appelle « capitalisme sauvage » et non tout simplement capitalisme (comme excès de la société moderne démocratique) s'est abattu sur les pays occidentaux et sur ce qu'on appelle « les pays émergents ». Les pays occidentaux s'enfoncent dans le marasme pas seulement financier et les pays dits émergents risquent de cesser d' « émerger ».

Laissons à Lefort sa croyance (en 1996) en la vertu civique de Nicole Notat, l'ancienne secrétaire générale de la CFDT. Quelqu'un qui, publiquement, déclarait que l'autorisation administrative de licenciement, l'une des

---

[312]Les dogmes sont finis, la grève en 1995 p. 827 daté 1996.

rares protections institutionnelles contre le chômage actuel, était une vieillerie n'a, selon nous, aucune vertu civique.

Populisme de gauche

« Il y a un populisme de gauche, écrit Lefort. Le populisme a trois cibles : le pouvoir de la technocratie, le pouvoir des partis et le pouvoir des médias. À gauche, la critique sociale s'avère désormais privée de toute perspective révolutionnaire un tant soit peu crédible. Le langage de la lutte des classes - lutte du prolétariat contre la bourgeoisie -, le programme d'un pouvoir prolétarien sont devenus dénués de sens (sauf dans la tête inébranlable des trotskystes), ne serait-ce que parce que la classe ouvrière s'est considérablement amenuisée. Il ne reste donc que la référence au peuple muet, un peuple supposé compact dont il n'y aurait pas lieu d'analyser les multiples composantes face à ceux qui détiennent la décision ou manipulent l'opinion...Le conflit est ainsi résumé entre ceux d'en haut et ceux d'en bas. »[313]

Cette analyse critique du populisme de gauche n'empêche pas Lefort de critiquer le « développement d'une couche technocratique et d'un esprit technocrate qui dénie toute compétence aux citoyens prétendant se mêler des affaires publiques ».[314] De même critique-t-il les vices des partis et repère-t-il dans les medias le « développement d'une espèce de bazar démocratique (pour reprendre une expression qu'on trouve déjà dans La *République* de Platon) dans lequel opinions, informations, faits signifiants ou insignifiants sont inextricablement mêlés ».[315]

La critique du populisme de gauche laisse intacte, chez Lefort, l'idée d'analyser les revendications telles qu'elles se manifestent notamment dans les minorités.

Revendications politiques

« J'admire à présent les efforts de groupes minoritaires en marge des grands partis pour mobiliser l'opinion sur des

---

[313]Brèves réflexions sur la conjoncture actuelle p. 939, daté1998.
[314]ibid. p. 939.
[315]bid. p. 939.

objets concrets (protection de l'environnement, etc.). Ce genre d'action relève d'un nouveau réalisme et a une signification politique dans la mesure où l'objectif est de susciter la participation des citoyens aux affaires publiques...Des enjeux sont publiquement formulés qui ne sauraient dépendre de la seule compétence de l'administration. »[316]

Et il ajoute : « Le nouveau style d'intervention dans la vie publique me semble démentir l'image d'une société dépolitisée ; une image qu'on tire du constat du dépérissement des grandes croyances d'autrefois, comme si c'était la meilleure chose de croire même si l'on croit à des mensonges ou si l'on se ment à soi-même. »[317]

Ce thème de la revendication revient souvent dans les textes de Lefort. C'est de la société qu'il attend une participation politique réelle, non des discours trop souvent incantatoires d'une gauche qui n'a pas vraiment reconnu et combattu le totalitarisme.

Discussions et prise de conscience

Lefort note que des discussions se sont engagées autour de l'administration de la technocratie par un meilleur recrutement des cadres de la haute administration, autour du cumul des mandats, etc. « Les discussions de ce genre se multiplient ; elles dénotent une prise de conscience nouvelle des problèmes qui se posaient depuis fort longtemps. Mais elles ne seront fécondes qu'à la condition d'admettre les tensions inéluctables qui tiennent à l'essence de la démocratie. »[318]

Lefort note, en effet, que, dans la démocratie moderne, le pouvoir politique et le pouvoir administratif sont séparés. Il note également qu'une technocratie ne s'est jamais formée en régime totalitaire. « Quelle que fut l'extension de la bureaucratie en Russie, la nature du régime interdisait toute dissociation du politique et du non politique, y compris la dissociation du parti et de l'État ; il

---

[316] ibid. p. 938.
[317] ibid. p. 938.
[318] ibid. p. 940.

ne laissait pas place à un foyer d'autorité indépendante. »[319]

Dénégation du politique

Il s'agit de la dénégation du politique sous le couvert d'un discours libéral. Elle est née de l'effondrement de l'URSS et des pays de l'Est, de la déstructuration des sociétés occidentales modernes en conséquence d'une révolution technologique et d'un changement des moeurs. « Ce qui tend à s'imposer à présent, c'est la représentation de la société comme une « société d'individus ». Cette représentation est principalement accréditée par le néo-libéralisme qui a déferlé ces dernières années et dont on commence seulement à mesurer les effets. »[320]

Globalisation, mondialisation

« Ils (les libéraux) ne voient pas que la mondialisation, ou disons plus précisément la constitution d'un super-monde - ou encore, suivant l'expression de Valéry, le fait que la terre est devenue une « enceinte fermée » -, ce phénomène ne se produit pas seulement par la circulation des marchandises, des techniques et des capitaux, mais il implique la mise en rapport de structures sociales, de formes de gouvernement, de comportements et de croyances hétérogènes ».[321]

Lefort n'évoque que les conséquences redoutables de cette rencontre : le nationalisme génocidaire, le fondamentalisme, etc. On peut aussi songer à un imprévisible plus positif dans la mesure où les opinions publiques refusent les excès qui peuvent naître de l'hétérogénéité. À ce titre, l'élection d'Obama (qui revendique ses origines kényanes) nous paraît aller dans ce sens.

---

[319] ibid. p. 941.
[320] ibid. p. 941.
[321] ibid; p. 943.

Désarticulation de l'idéologie bourgeoise

« Toute l'architecture d'une idéologie bourgeoise se trouve désarticulée. Celle-ci avait substitué aux signes d'une transcendance assurée par la religion le signe d'une transcendance des « idées », assurée par le règne de la Raison »; Et il ajoute plus loin : « Autrefois, le travestissement de la différence des places dans tous les domaines en une hiérarchie fondée sur la Raison était une caractéristique de l'ordre bourgeois. À présent, le rejet de cet ordre laisse place à des différences (dont les toutes premières - elles-mêmes déniées - concernent la relation des sexes et la filiation) qui paraissent constitutives de la vie sociale...La représentation d'une société d'individus atteste la formation d'une nouvelle idéologie. Or nul doute que celle-ci ne satisfasse aux intérêts des compétiteurs, dans un marché devenu mondial...Quand le pouvoir ne fait plus signe vers un pôle de la loi, vers un foyer d'instabilité qui ne se situe pas dans le cadre de la fonctionnalité, la société ne se désagrège pas pour autant en un réseau d'interrelations entre des individus, mais elle devient de plus en plus opaque et suscite l'illusion. »[322]

Le recours à la division des sexes et à la filiation ne constitue pas nécessairement une composante d'une nouvelle idéologie. Mais Lefort a sans doute raison de montrer que, accroché à la société des individus, il peut alimenter cette nouvelle idéologie.

1968 n'apparaît pas à Lefort comme une révolution, mais comme une brèche, une fêlure mettant en cause les appareils autoritaristes d'État, d'éducation, familiaux, etc. Il s'agit, répétons-le - contrairement à ce que pense Rancière qui a su voir par ailleurs que la finalité des événements était l'égalité et la liberté -, d'un ébranlement des moeurs qui, à notre avis, dure toujours. La révolution, Lefort en donne en quelque sorte un « modèle sociologique » avec la révolution hongroise de 1956, sur laquelle il revient en 1975. Il montre qu'elle s'efforce d'articuler le social au politique, tout en le (le politique)

---

[322]ibid. p. 946.

maintenant à distance et qu'elle tente de construire, peu à peu, la politique comme résultat de ce premier travail d'articulation-distanciation du social au politique. En l'occurrence dans un pays où la dimension de la loi a été abolie. La signification de Solidarnosc en Pologne dans les années 80 se situe dans l'ordre de la négocation face au pouvoir totalitaire dont Lefort dit que, État ou armée, c'est lui qui a la toute-puissance, comme l'a montré la suite avec Jaruzelski qui fit donner la troupe et la police (en massacrant notamment un curé qui dénonçait ses exactions). À propos du capitalisme, il distingue un capitalisme sauvage et un capitalisme « à visage humain » (qui pourrait naître des luttes sociales), ce qui nous paraît, comme nous l'avons dit, une caractérisation incomplète du capitalisme.

Lefort montre (et complètement) la fêlure qu'introduit Gorbatchev à la fois en affermissant l'autorité (autorité-pouvoir, LMB) de l'État et en dénonçant les inconséquences et les irresponsabilités des cadres du parti. Il ne dissimule pas les solidarités négatives, les complicités qui se sont maintenues après la chute de l'URSS.

Demeurant dans le politique et la politique, il voit dans le « non » de Delors en 1995 (« non » à la candidature à la présidence de la République) la manière pour un homme politique de signifier à ses partisans, sympathisants, etc. que leur désir n'est pas le sien. On le sait, le « non » de Delors reposait sur le fait que, faute du soutien du Centre, il n'aurait pas les moyens de gouverner. À propos de l'ambiguïté de la position et du discours de Juppé à la fin de 1995 avant les grèves, Lefort note que le citoyen « n'admet pas qu'on lui affirme qu'il a mal entendu ce qu'il a bien entendu ». Selon nous, la précipitation de Juppé à faire passer sa réforme de la Sécurité sociale et de la retraite des cheminots rendait en partie incompréhensible son projet, ce qu'il a implicitement lui-même reconnu.

Lefort s'oppose tout autant à un populisme de gauche qu'à un populisme de droite. Le populisme de gauche ferait, tout autant que celui de droite, le jeu d'une élite technocratique déniant aux citoyens toute possibilité de se mêler de ce que, eux seuls, les technocrates savent et peuvent faire. Au populisme, les revendications politiques à satisfaire font pièce, « en mobilisant l'opinion sur des objets concrets ».

La dénégation du politique et la déstructuration de l'idéologie bourgeoise tendent à faire resurgir la représentation d'une société d'individus. La réduction de la mondialisation et de la globalisation à l'économique efface leur incontestable effet de mise en circulation et en communication des opinions, des informations et des connaissances. À cette réduction, l'avancée démocratique ne trouve pas son compte.

Chapitre XI
TOTALITARISME

Il ne s'agit plus ici directement de la (ou des) pratique(s) totalitaire(s), ni de l'idée du totalitarisme. Il s'agit du totalitarisme tel qu'il apparaît à la lumière des événements de la période 1945-1989, mais aussi tel qu'il peut se définir à partir du moment où, grâce aux dissidents et notamment à Soljenitsyne, est mieux connu le fonctionnement de l'URSS. Lefort montre l'influence du stalinisme notamment à partir de 1945 sur le parti communiste français, comment la stratégie stalinienne induit la tactique du PCF. S'en tenant, à l'époque, à la désignation de « système bureaucratique » pour caractériser le pouvoir en URSS, Lefort essaie de cerner ce qu'est la dictature stalinienne. Beaucoup plus tard, il critiquera les jeunes d'après-1968 de ne pas avoir vu, compte tenu de son action jusqu'à son départ d'URSS, ce que Trotski aurait été, s'il avait évincé Staline. La discipline du parti va avec le déductivisme, au fond avec le matérialisme à tout crin. L'homme en trop c'est celui d'en haut lorsque son délire détraque la machine, et c'est celui d'en bas lorsqu'il ne résiste pas suffisamment à l'ennemi intérieur et à l'ennemi extérieur. Celui d'en bas alimente, malgré lui, le délire de celui d'en haut.

Lefort montre comment le pouvoir bureaucratique a été mis en cause par la révolution hongroise. Il voit se dessiner la « fissure » qui peut briser le pouvoir totalitaire. Il définit inlassablement, au fur et à mesure que, grâce à la dissidence, la connaissance de l'URSS se fait plus précise, le totalitarisme, ses caractérisations. Il rend évident le rôle qu'y joue la censure, comment elle efface apparemment les conflits. Il perfectionne les définitions du totalitarisme en le comparant à la démocratie et à d'autres types de société. La violence contre le totalitarisme, celle qui le fera s'écrouler, vient d'en haut, de Gorbatchev qui, « fortuitement », ne joue plus le jeu, rend ouvert et transparent ce qui ne doit pas l'être. Lefort rappelle l'étendue du communisme dans le monde entier (le mot communisme est ambigu, car il y a des communismes, ceux du XIX° siècle, qui ne sont pas bureaucratiques, ni totalitaires).

Stalinisme, PC, revendications (1)

« Les ouvriers qui continuent à suivre le PC sont fatigués de sa politique aventuriste dans les entreprises, de ses tentatives de débrayages forcés, sans souci des possibilités réelles de revendications. Comme, par ailleurs, le prolétariat n'est pas prêt à déclencher des mouvements d'envergure... que le PC pourrait utiliser, la violence dans la rue s'est avérée un substitut nécessaire. Le stalinisme se trouve sur ce point prisonnier de sa propre politique. Mais il s'est lui-même privé de ce moyen de la lutte ouvrière, en utilisant le prolétariat pour ses objectifs politiques propres, au lieu de subordonner sa politique au développement de la lutte de celui-ci. »[323]

Lefort comprend, dès 1952, que le PC stalinien s'enferme dans sa propre politique et, du coup, transforme en violence dans la rue ce qui devrait être les luttes pour des revendications ouvrières.

Stalinisme, PC, revendications (2)

« La période qui vient de s'écouler n'a vu aucun mouvement revendicatif important. À ce fait il y a d'abord une explication d'ordre général que nous avons déjà donnée (Cf. rubrique précédente, LMB). Mais s'il pèse une hypothèse « historique » sur l'action prolétarienne, celle-ci est encore freinée dans l'immédiat, d'une part par la politique stalinienne qui l'a exposée à des échecs multiples en l'engageant dans des circonstances défavorables pour les

---

[323] La situation sociale en France, p. 89 daté 1952..

besoins de sa propre stratégie de sabotage économique ; en second lieu, par le raidissement des positions patronales et la répression qui s'est abattue contre les éléments combatifs de la classe. »[324]

Et Lefort ajoute : « L'essentiel est que (les grèves) ont été peu suivies et que la grande majorité des ouvriers s'en est désintéressé ».[325] Ce qui ne diminue en rien l' « influence solide » du PC, notamment du point de vue électoral.

La dictature stalinienne

Lefort s'efforce de caractériser ce qu'il appelle « la nature de la bureaucratie en URSS ». Il parle de « totalitarisme » à propos de la direction de cette bureaucratie. « Ce qu'on a appelé la « ligne » exprime le caractère de cette (celle stalinienne) politique strictement monolithique. Or cette politique exprimerait en même temps la nature de la bureaucratie en URSS - une bureaucratie en évolution qui s'était instituée à partir des anciennes couches privilégiées, des cadres politiques, de la paysannerie et du prolétariat et dont l'hétérogénéité fut d'abord compensée par le totalitarisme absolu de sa direction. ...La dictature soudait ces éléments en forgeant au jour le jour un instrument qui lui permettait d'intervenir dans tous les secteurs de la vie sociale. Le trait essentiel de cette dictature est qu'elle réduit tout au même modèle. »[326]

Dans la phrase suivante, Lefort note que le travail productif de l'individu dans la société, l'invention technique, la science, l'art ou la littérature ont immédiatement un même sens : politique. (« toute erreur est sabotage, toute divergence trahison »).

Lefort dit que la dictature n'a pas fait la bureaucratie, mais que la classe en formation a été coulée dans le moule stalinien.

---

[324] ibid. p. 93.
[325] ibid. p. 93.
[326] La nouvelle diplomatie russe p. 131 daté 1955.

La dictature de l'État et du parti sur le prolétariat

Gomulka (un dirigeant polonais des années 50), en reconnaissant la légitimité d'une grève et que les ouvriers n'avaient fait que sanctionner l'impuissance (économique) du gouvernement, rompait apparemment avec le stalinisme. « La fiction d'une identité de l'État et du prolétariat semblait dissipée. La voici réaffirmée. ..Gomulka n'invoque pas seulement une situation de fait conjoncturelle, la crise économique, pour déconseiller les grèves, il adopte une position idéologique qui fut essentielle au stalinisme et dont le principe bien connu est la dictature de l'État et du parti sur le prolétariat. »[327]

En parlant de « kadarisation froide » dans le titre de cet article, Lefort fait un parallèle entre Gomulka en Pologne et Kadar, le dirigeant hongrois mis en place par les Soviétiques après l'assassinat de Nagy.

Trotski et le trotskisme

Parlant des jeunes trotskistes de 1969, Lefort écrit : « De la généalogie de leur choix politique, ils ne veulent rien savoir - rien de la place qu'y occupe Trotski comme promoteur, au lendemain de la révolution russe, de la militarisation du travail, comme responsable de la répression de Kronstadt, comme artisan d'un régime où le pouvoir, sous le couvert du socialisme, interdit toute opposition syndicale ou politique. »[328]

Lefort reconnaît par ailleurs, dans cet article, à Trotski un certain courage. Mais il se refuse à en faire une figure emblématique. « Avec le mouvement de Mai 1968, avec les initiatives aussi qu'il a inspirées à de jeunes ouvriers, quelque chose de nouveau se prononce, qui ne doit rien à l'intervention du héros : une opposition qui ne sait pas encore se nommer, mais qui défie de telle manière toutes les autorités établies qu'on ne saurait la confondre avec les

---

[327] Pologne : la Kadarisation froide, p. 149 daté 1958.
[328] Quand ressuscite le héros, p. 221, daté 1969.

mouvements du passé...La tradition, dans ses multiples figures, vacille. »³²⁹

C'est ce qui se cherche qui intéresse Lefort, certes aussi à partir de la tradition, mais non de celle qui dresse les têtes de soi-disant grands morts.

Déductivisme et discipline du parti

Lefort raconte comment les trotskistes s'enfermaient eux-mêmes à la fois dans une pratique de pensée et dans une socialisation qu'on pourrait appeler disciplinaire. « Ce qui s'abritait sous la théorie, le matérialisme, le déterminisme, c'était une pratique de pensée, disons le déductivisme. Le rôle du prolétariat se déduit de la nature du système capitaliste, le rôle du parti se déduit de celui du prolétariat et les événements présents et à venir (la révolution qui sortira de la guerre impérialiste) se déduisent de la crise du système. »³³⁰

Ce déductivisme, Lefort le voit à l'oeuvre : la discipline du parti en est, dit-il, le « fondement » : « Ce que j'ai nommé le déductivisme ... s'alliait à une sacralisation du marxisme-léninisme qui interdisait toute tentative d'interprétation du monde présent, des forces sociales nouvelles et vouait les militants à la répétition ». Il veut ébaucher une phénoménologie du mouvement ouvrier.

Pour Lefort, le totalitarisme est en nous. Lui-même se sentait guetté par la tendance de son groupe Socialisme ou barbarie à se figer en une organisation avant-gardiste qui se serait substituée à l'action même des ouvriers. Il s'agissait de dissiper l'abstraction de la conscience de classe. « L'élaboration théorique restait pour moi suspendue à une interrogation, à un déchiffrement des rapports sociaux-prolétariens qui devait impliquer les intéressés. »³³¹

Lefort est conscient, dès ce moment, que l'idée de faire de Socialisme ou barbarie une organisation révolutionnaire directrice, systématisée, partisane n'est pas la bonne, que ce sont les ouvriers eux-mêmes qui peuvent engendrer le

---

³²⁹ibid. p. 221 et 222.
³³⁰Entretien avec l'Antimythes, op. cit. p. 225 daté 1975.
³³¹ibid. p. 130.

mouvement des luttes et chercher dans les analyses de la revue Socialisme ou barbarie informations et réflexions.

Le totalitarisme et l'homme en trop

« Le système produit et reproduit constamment son ennemi, il a besoin d'un ennemi de l'intérieur d'un homme en trop...Ce système, en se voulant totalitaire, a aussi besoin d'un pouvoir qui contrôle tout, qui dirige tout et ce pouvoir vient à la fin se concrétiser dans un homme...cet homme s'avère à son tour en trop, parce qu'il en vient, par le délire de sa toute-puissance, à détraquer le système. Ce système qui veut éliminer ses ennemis se heurte aux revenants (les dissidents, notamment Soljenitsyne). Enfin ce système a été construit dans le fantasme...que l'homme ne compte pas au regard de la nécessité historique. Et, au fond, l'homme comme tel est en trop, l'homme vivant, distinct de cet homme qui se voit qualifier d'épithètes métalliques : le bolchevique de fer. »[332]

Le pouvoir bureaucratique et la révolution hongroise

Lefort montre comment le pouvoir bureaucratique en Hongrie fut mis en question et détruit par les ouvriers eux-mêmes réunis en conseils et cherchant à se donner des institutions aussi bien anti-hiérarchiques qu'anti-capitalistes. « Seule la résolution de forger des institutions autonomes peut provoquer une scission complète entre la société et l'État et l'effondrement tant de la puissance que de la légitimité de ce dernier. Parti-État ou État-parti, comme on voudra dire, détenteur d'une toute-puissance qui se manifeste ordinairement dans toute l'étendue du social, il fut, un moment, réduit aux limites les plus étroites de son appareil policier, lequel était tout juste capable de défendre la citadelle du pouvoir. Voilà qui fonde...une révolution : la destruction de l'État. »[333]

---

[332] Goulag, détente et après-Brejnev p. 311 daté 1977.
[333] La première révolution anti-totalitaire p. 305 daté 1977.

La « fissure »

« Le jour où apparaîtrait, en URSS, une fissure, je pense que le régime ne tiendra pas. Quand ? Impossible de le dire. Je suis convaincu que ce régime n'a pas plus de base dans la paysannerie et le prolétariat que dans les couches intellectuelles. L'un des facteurs possibles d'explosion de l'URSS est bien celui des nationalismes. Car il s'est accumulé ici et là une telle haine contre l'impérialisme interne, si je puis dire, l'impérialisme proprement russe que, indépendamment des conditions sociales, y règnent des conditions révolutionnaires ».[334]

En fait, comme le dira Lefort par la suite, la fissure s'est faite par en haut, grâce à Gorbatchev (*perestroïka* et *glasnost*). Mais il y a bien eu éclatement des nationalismes, aussitôt que la fissure s'est élargie ; et la désaffection des couches sociales, intellectuelles, notamment du KGB a facilité la désagrégation du bloc soviétique.

Totalitarisme

Lefort donne, à partir de ses Réflexions sur l'Archipel du Goulag, une longue définition du totalitarisme tel que ses caractéristiques le font apparaître. « Est-ce un hasard si, là où le pouvoir est supposé se confondre avec le peuple, il se détache de la société, se loge en surplomb, comme en un autre régime ; si, dans la première phase du totalitarisme, toute la puissance en vient à se caractériser dans un égocrate, selon le mot de Soljenitsyne, lequel devient l'homme total, prétend absorber en lui-même la société ? Est-ce un hasard si, là où, sous le nom de socialisme, un régime dénie tout antagonisme interne, l'image surgit d' « un ennemi du peuple », ennemi de l'intérieur représentant l'ennemi de l'extérieur, parasite qu'il faut exterminer en le rééduquant ou rééduquer en l'exterminant ? Est-ce un hasard encore si le parti qui se représente comme une sorte d'anticipation du socialisme et qui fonctionne comme une machine à broyer les différences en son sein est amené,

---

[334] ibid. p. 315-316.

quand il en a enfin les moyens, à broyer toutes les différences dans la société, cela en dépit de ses déclarations premières sur la légitimité du pluralisme et la vertu de l'initiative collective ? »[335]

Parti du système bureaucratique, de la bureaucratisation, Lefort parvient, au cours du temps et au fur et à mesure que le fonctionnement de l'URSS est mieux connu (notamment grâce à Soljenitsyne), à construire le concept de totalitarisme et à en montrer le caractère sociétal, c'est-à-dire à le faire apparaître comme un type de société.

La censure dans les totalitarismes

Lefort rappelle qu'on ne peut confondre le totalitarisme tel qu'il est théoriquement avec ce qu'il est en fait. Après avoir redonné la définition du totalitarisme en insistant sur l'absence de distance non seulement entre le lieu du pouvoir et celui du peuple, mais aussi le lieu (souligné) de la loi et le lieu (souligné) de la parole où s'énonce la connaissance dernière du réel, il en vient au système tel qu'il se présente et où la division sociale n'est que masquée, où les classes continuent d'exister, où l'inégalité règne sous de nouvelles formes. Enfin, dit-il, « les repères symboliques de la loi, du savoir, du réel ont pu être déniés, mais non pas abolis. »[336]

La censure dans le totalitarisme stalinien (1)

Contre cette censure, contre l'idéologie envahissante, peut apparaître, selon Lefort, un « refus généralisé de croire ». De nombreux faits, dit-il, témoignent de l'érosion du système. « Tant en URSS que dans les pays de l'Est,.., la frontière entre le pouvoir et la population s'est approfondie. L'idéologie s'est affaissée...Des modes de contestation se sont fait jour qui ont en commun de tenter d'ouvrir un espace hors des limites du pouvoir et hors de la clôture imaginaire du social - espace du droit, espace de la religion, espace de l'identité nationale. »[337]

---

[335] Repenser la politique, entretien avec E. A. El Maleh.
[336] Reculer les frontières du possible p.. 434 daté 1981.
[337] ibid. P. 347.

La censure dans le totalitarisme stalinien (2)

À propos des événements de Pologne et de l'arrivée de Jaruzelski, Lefort écrit : « Ne peut-on se risquer à penser qu'une expérience a été faite ? Solidarité (souligné) interprétait le pouvoir au nom du droit, sans prétendre, dis-je, à le conquérir, mais cette interprétation était chargée d'une attente. À présent, l'attente disparaît. Le langage muet dit : « Vous disposez de la force, mais nous ne donnons rien. »[338]

Et Lefort de citer La Boétie et ses pages sur le tyran qui s'écroule quand personne ne le soutient plus. Il n'est pas besoin de l'ébranler ; non soutenu il s'écroule de lui-même.

Totalitarisme et démocratie

« L'exemple de la Pologne est significatif : on juge le combat de Solidarité admirable parce qu'héroïque, héroïque parce que sans espoir. La puissance de l'URSS paraît sans faille. À mes yeux, la série de soulèvements qu'a connue l'Europe de l'Est témoigne des contradictions dans lesquelles s'est empêtré le système communiste. Elles se révèlent à long terme insurmontables pour la démocratie du Kremlin. »[339]

Lefort n'a pas cru que le totalitarisme fût inébranlable. C'est peut-être en ce lieu que le mouvement démocratique reprend forme, en ce lieu de la Pologne en 1981, quelles que soient les formes - discutables ou non discutables - de ce mouvement. Il faut donc savoir s'il s'agit encore de résistance au totalitarisme, ou d'autre chose qui naît dans le combat contre le totalitarisme.

Les « fissures »

Lefort reprend le terme de fissure qu'il a déjà utilisé : « Le Bloc voit ses fissures se multiplier. Voilà le fait majeur. Certes personne ne peut prévoir l'avenir, mais il est absurde de l'imaginer à jamais barré. »[340]

---

[338] Un peuple uni et indompté p. 458 daté 1982.
[339] Le peuple et le pouvoir p. 493 daté 1982.
[340] ibid. p. 473..

Définition du totalitarisme (4)

L'opposant à d'autres types de société, Lefort parvient à définir le totalitarisme par rapport à eux, notamment par rapport au despotisme. « Le totalitarisme est une formation politique moderne. Le despotisme avait un caractère plus ou moins religieux. Le pouvoir jouissait d'attributs surnaturels. Il était censé inscrire l'ordre de la société dans l'ordre du monde. En revanche, la société dans laquelle paraît s'édifier le communisme est censée détenir le principe de son institution. Elle ne reconnaît rien hors d'elle-même. »

Et il ajoute : « Significativement l'égocrate ou l'organe collectif qui vient le remplacer ne reconnaît rien en dehors de son pouvoir. C'est lui qui décide de ce que sont la loi et la vérité. Ce phénomène monstrueusement neuf donne la clé de la paranoïa stalinienne comme de la paranoïa nazie. »[341]

Définition du totalitarisme (5)

C'est ici en opposition à la démocratie comme type de société que Lefort tente de définir le totalitarisme. Nous résumons son propos. D'abord il tente la comparaison entre le fascisme, le nazisme ou le stalinisme et la démocratie. « (Dans le totalitarisme) l'absorption du pouvoir économique dans le pouvoir politique et l'extinction des anciennes couches dominantes accréditent plus efficacement l'illusion d'une société sans division interne, d'une société homogène. »[342]

« Deuxième remarque, dit Lefort, et l'une des plus importantes, ajouterons-nous, car elle est souvent oubliée. Le système totalitaire apparaît comme le renversement du système démocratique. La cible du fascisme et du nazisme (et du stalinisme) c'est « la pourriture démocratique ».[343]

Troisième remarque : « Dès lors que le pouvoir politique s'affirme comme le pouvoir social général, donc

---

[341]ibid. p. 475..
[342]D'une droite à l'autre p. 498 daté 1982.
[343]ibid. p. 499..

sans limite, la distinction entre l'État et la société civile tend à s'effacer. »[344]

Quatrième remarque : « (Dans le totalitarisme), la bureaucratie change de caractère dès lors qu'elle est soudée au pouvoir politique et qu'il n'y a plus une stricte séparation entre ses différents secteurs juridiquement garantis ».[345]

« Elle accompagne la soudure entre le pouvoir et ses dirigeants. Un homme ou un petit groupe incarne le pouvoir et le pouvoir incarne la société. »[346]

On pourrait discuter sur le mot « incarner ». Il s'agit, selon nous, dans le stalinisme, en suivant au plus près Lefort, d'une représentation totale. Les dirigeants s'identifient au pouvoir, mais le pouvoir tient lieu de société. En quelque sorte, il tend à la remplacer. Il y a incarnation par les dirigeants (lieu, corps), mais surtout ce « tenant lieu » qui fait de toute opinion celle du pouvoir (sinon elle est celle de l'ennemi intérieur ou de l'ennemi extérieur). Ce que Lefort explique, à notre avis, dans *Réflexions sur l'Archipel du Goulag*.

Cinquième remarque : « Une société supposée prendre corps à travers le pouvoir politique est supposée acquérir une unité organique qui interdit d'admettre les signes d'une division interne ou d'une pluralité. »[347] On est au delà de l'absorption du pouvoir économique dans le pouvoir politique ou de la société dans le pouvoir. On est dans une homogénéité présupposée et insécable.

Sixième remarque : « Le système implique que soient effacées la dimension du droit et la dimension de la connaissance, divisions qui, dans une société démocratique, sont constitutives d'un espace de relations et d'activités soustrait à l'action du pouvoir. »[348]

Lefort ajoute (en 1982) à ces remarques qui définissent le totalitarisme l'appauvrissement de l'idéologie. « La

---

[344]ibid. p. 499..
[345].ibid. p. 499.
[346]ibid; P. 500..
[347]ibid. p.. 5O0.
[348]ibid. p. 500.

croyance populaire est remplacée par le cynisme, la corruption et l'indifférence. »

Lefort montre le rôle de Gorbatchev dans le déclenchement de ce qui va devenir, en URSS et dans les pays de l'Est, l'effondrement du totalitarisme. « C'est lui qui, fortuitement, a déclenché le tumulte, qui a fait apparaître publiquement la division (souligné), en organisant les élections, et en instituant un Parlement dont les débats sont diffusés à la télévision. C'est au coeur du tumulte dont il est l'instigateur qu'il se comporte en tacticien...L'autorité apparemment extraordinaire que Gorbatchev détient est d'une autre nature que celle de ses prédécesseurs. Il en use d'ailleurs d'une manière nouvelle. Le pouvoir est rendu visible, identifiable, susceptible d'être évalué, jugé sur la réalité d'un individu, lequel n'hésite pas à dire « je ». »[349]

Créativité d'un homme restaurant la loi et l'égalité

Lefort ne refuse pas de prendre en compte « la situation dont il (Gorbatchev) est l'interprète ». Mais il insiste sur un point : « Comment, dit-il, un peuple accoutumé depuis longtemps à vivre dans la servitude peut-il devenir libre ? Là où la notion de la loi, de l'égalité devant la loi s'est peu à peu effacée, seul un homme d'une ambition et d'un talent hors de l'ordinaire est capable de la restaurer par son autorité propre, décrochée de la couche dominante. »[350]

Seul un homme...On peut discuter. D'abord il peut s'agir d'une femme. Il peut même s'agir d'un groupe, comme ce fut le cas au Brésil - c'est Eugène Enriquez qui nous l'a raconté - après une élection présidentielle, lorsque le président élu se révéla très vite corrompu. Un petit groupe auquel Enriquez participa parvint à le chasser légalement du pouvoir.

Mais ailleurs - et tout comme Marx dans les textes sur Palmerston ou dans Le 18 Brumaire de Louis-Napoléon Bonaparte -, Lefort voit bien que le déclenchement du changement (positif ou négatif) peut venir d'en haut,

---

[349] L'automne du totalitarisme p. 629 daté 1989..
[350] bid. p. 630..

compte tenu, répétons-le avec Lefort, de la situation dont celui, celle, ceux, celles qui sont en haut sont les interprètes.

Système bureaucratique, société totalitaire, totalitarisme

Lefort distingue la bureaucratie de la société totalitaire, mais fait valoir que cette distinction n'efface pas l'effet de la bureaucratie sur la société. C'est en quelque sorte la bureaucratie qui rend la société totalitaire, autrement dit qui contribue, avec l'idéologie, à fabriquer le totalitarisme. « Ce pouvoir censé être indistinct de la société se détachait d'elle, il la surplombait, il se plaçait au dessus de tous, comme dans un autre régime. Au lieu d'un peuple-un, apparaissait une scission entre la bureaucratie et la population qui se traduisait par l'opposition entre « un et nous ». Le parti en venait à doubler tous les acteurs sociaux effectifs et à se transformer en un parasite ; l'organisation, dès lors qu'elle requérait le contrôle de toutes les activités et étouffait toute liberté d'initiative, engendrait un considérable gaspillage et l'inertie en retour. »[351]

Il ajoute plus loin : « La société fut pour une part façonnée par le stalinisme, mais elle ne devint jamais une société entièrement soumise et nivelée. »[352] « Nous avons à penser (à la fois) la représentation que le pouvoir donne de lui-même et de la société - (représentation) qui a certes une grande efficacité -, et tout ce qui lui résiste et la contredit ».[353] Et, ajouterons-nous, tout ce qui s'y invente malgré elle, lorsqu'il s'agit d'une société et d'un pouvoir totalitaires, encore plus lorsqu'il s'agit d'une société et d'un pouvoir juridiquement démocratiques, mais de fait toujours plus ou moins démocratiques.

Les libertés (Gorbatchev)

« Certains intellectuels soviétiques se plaignent aujourd'hui de vivre sous un régime de liberté octroyée. Ils

---

[351] La liberté ne peut être octroyée un jour et abolie le lendemain p. 657-658 daté 1989.
[352] ibid. p. 658.
[353] ibid. p. 658.

estiment que l'application des lois reste à la discrétion de Gorbatchev. Mais les libertés ne sont pas choses maniables...Les libertés s'incarnent, indépendamment de Gorbatchev dans des rapports sociaux, des rapports vivants entre les hommes. ».[354]

Lefort a donné comme titre à son article *Les libertés ne peuvent être octroyées un jour et abolies le lendemain*, phrase qui se retrouve dans sa conclusion.

Conflits, libertés, pouvoir (Gorbatchev)

La société a toujours été une société divisée, conflictuelle, mais précisément les conflits apparaissent et s'affrontent au nom d'intérêts, d'aspirations différents et parfois totalement incompatibles.[355]

Dans le paragraphe suivant, Lefort montre que Gorbatchev a brisé une certaine image de l'irréversible, non celle d'une advenue du nouveau hors de tout dogmatisme religieux, mais celle d'une pétrification de l'histoire sous le pouvoir totalitaire. « Quelles que soient ses intentions, Gorbatchev a accepté d'articuler sa politique à l'épreuve d'événements dont il ignore le développement. »[356] Autrement dit, Gorbatchev a remis dans un circuit d'incertitude ce qui se voulait verrouillé.

Désir de liberté et sens de la loi

Lefort ne conçoit pas une société, notamment démocratique, si n'y apparaissent pas à la fois le désir de liberté et le sens de la loi. Pour lui, une société corrompue est, au sens classique, celle « qui n'est pas régie par des lois, mais où règnent le clientélisme, les rapports de dépendance personnelle et où les gouvernements n' « ont pas souci de leur public. »

Or l'Union soviétique ne peut changer par décision du Soviet suprême. « Encore faut-il que les moeurs changent, que s'établissent une culture, une éthique démocratique..., que les individus aient à la fois un désir de liberté et le sens

---

[354] p. 660.
[355] Peut-être p. 662 daté 1990.
[356] ibid. p. 662.

de la loi...Cette société profondément corrompue par le totalitarisme (l'Union soviétique) peut-elle devenir une société où est reconnue la dimension de la loi ? »[357]

Histoire, sociologie et philosophie

Pour Thomas Molnar cité par Lefort, être historien c'est se faire sociologue et penser le politique. Lefort, sans invalider totalement cette manière de voir, la discute. Elle ne repère pas les principes sans lesquels l'histoire est muette, elle ne tient pas compte du développement singulier d'une société donnée.

Molnar envisage trois arguments concrets : un premier argument dit que le totalitarisme est une fiction. Un pouvoir ne peut contrôler complètement les rapports sociaux et les activités humaines. Un deuxième argument dit que l'idée selon laquelle le totalitarisme porte un projet est dénuée de sens. D'une intention de Lénine ne peut se déduire le cours des événements postérieurs. Enfin, troisième argument, le totalitarisme ne se repérerait qu'en URSS.

Lefort reconnaît que Molnar fait bien découvrir « la matrice à partir de laquelle l'idéologie dominante au temps du stalinisme s'est formée. »[358] Molnar dissipe les illusions qu'entretiennent les arguments habituels.

Totalitarisme : destruction de la société civile

Mais « Le parti refuse toute légitimité à quelque initiative que ce soit née dans la société » (cas de la Hongrie, de la Pologne). « On ne peut, en toute rigueur, constater la destruction du régime totalitaire qu'à partir du moment où, non seulement se trouve brisée en final le monopole du parti, mais se voit reconnue en droit l'existence d'une société civile, c'est-à-dire de libertés individuelles et collectives inviolables. »[359]

---

[357] ibid. p. 664.
[358] La démocratie se lève à l'Est p. 670-671 daté 1991.
[359] ibid. p. 676.

Attraction du communisme

« Le communisme a constitué un modèle d'une portée universelle et exercé un fantastique attrait sur tous les continents, non seulement dans les pays du Tiers-monde, autrefois colonisés, où ce modèle venait satisfaire le rêve de trouver la voie de l'industrialisation, plus généralement de la modernisation, grâce à un État populaire qui permit de faire l'économie des libertés démocratiques, mais aussi dans des pays de tradition politique libérale - tout particulièrement en France. »[360]

« C'est en Russie que le régime communiste est né et s'est présenté comme porteur de la solution dernière des problèmes de l'organisation sociale...Là où le capitalisme a été extirpé, on ne peut que subir les conséquences de son désordre : du moins les fondements ont-ils été jetés d'un monde nouveau. En tant que tel, le régime soviétique a exercé un attrait sur tous les continents. C'est à partir de son modèle que le communisme s'est implanté en Chine, au Vietnam, en Corée, à Cuba. Dans les pays les plus divers, des partis, des mouvements, des groupements se sont formés sous son drapeau. Là même où le communisme n'avait jamais réussi à s'implanter profondément, son rayonnement touchait une partie importante de l'intelligentzia. »[361]

« La démocratie ne saurait se réduire à des dispositifs institutionnels ; le pluralisme des partis, le système représentatif risqueraient de n'être plus que des règles du jeu trompeuses si la représentation politique ne donnait pas au plus grand nombre l'image d'enjeux communs. On ne voit que trop combien l'évolution des démocraties modernes comporte de menace pour ne pas s'inquiéter davantage encore de l'avenir des sociétés post-communistes. »[362]

Le totalitarisme stalinien et post-stalinien ne survit plus qu'en Chine, au Vietnam, au Laos, en Corée du Nord et à Cuba - mêlé désormais au socialisme de marché -. Restent

---

[360]Post-communisme et libéralisme p. 76, daté 1994.
[361]ibid. p. 795.
[362]Post-communisme et libéralisme p. 769 daté 1994.

les dictatures et les régimes autoritaristes nés de l'écroulement de l'empire que formait l'URSS. Restent surtout, comme le voit Lefort, les démocraties modernes et leur avenir, face à l'avenir de ces sociétés post-totalitaires et dictatoriales, avenir qui devrait être le même : démocratique. La menace est, selon nous, double ; d'une part les sociétés post-totalitaires ont tendance à devenir dictatoriales ou autoritaristes, d'autre part les démocraties modernes peuvent être tentées par le conservatisme (la droite) plutôt que par le mouvement (la gauche) ou par les extrêmes qui appellent souvent les « régimes forts ».

Refuser le concept de totalitarisme, c'est refuser d'admettre que, lorsque sa réalité apparaît, elle forme un bloc qui enferme la ou les nations concernées dans des limites quasi absolues. Seule la résistance intérieure - bien peu la résistance extérieure - peut en diminuer l'emprise. C'est vrai aussi bien pour le totalitarisme stalinien et post-stalinien que pour le totalitarisme fasciste ou nazi. On ne peut pas les confondre, mais ce caractère de bloc qui leur est propre ne permet pas de les séparer.

Lefort en est conscient dès 1945. Il ne parle pas encore de totalitarisme, sauf pour caractériser la direction bureaucratique en URSS. Mais il voit bien l'emprise de la stratégie stalinienne sur le PCF qui entraîne ce dernier à susciter des luttes que la classe ouvrière ne suit pas ou suit mollement à travers des grèves peu réussies. Il faudra attendre 1953 pour en voir une qui marche bien, celle des cheminots en juillet et août. La dictature stalinienne et post-stalinienne réduit tout au même modèle science, art, invention technique, littérature, travail productif de l'individu « ont immédiatement un même sens : politique ». En Pologne, au moment où, dans les années 50, est mise en cause l'impuissance économique des dirigeants, Gomulka la reconnaît implicitement, puis bien vite se réfugie dans l'idée d'une situation économique qui serait conjoncturelle, pour faire valoir l'intervention de l'État totalitaire. Le culte du héros chez les trotskistes semble participer de la même mise à plat, de la même modélisation. La pensée matérialiste elle-même en est marquée : elle est homogène, déductiviste, accrochée à la discipline du parti qui en est le fondement.

L'homme en trop d'en haut et celui d'en bas se heurtent l'un et l'autre à la dissidence qui sort ou se met à l'écart du système.

Lefort a vu l'importance de la révolution hongroise et de sa lutte contre le pouvoir bureaucratique. La révolution, cela peut être la destruction de ce pouvoir et de l'État qui en est l'exécutant et l'exécuteur.

La « fissure » est dans le système, avant même qu'il ne s'effondre. Colosse d'argile reposant sur des bases fragiles. Mais Lefort ne prévoyait pas qu'il s'effondrerait par en haut. Il pensait que l'exacerbation des nationalismes à l'intérieur de l'URSS y suffirait. Les nationalismes ont agi en seconde position.

C'est à partir de l'oeuvre de Soljenitsyne *L'Archipel du Goulag* que Lefort affirme qu'il s'agit, avec le totalitarisme stalinien et post-stalinien, d'un nouveau type de société dont il repère les caractéristiques : égocrate, représentation politique en substitution à la société, ennemi intérieur, ennemi extérieur. Le système repose sur un effet de censure, puisque la théorie ne correspond pas à la réalité. Il faut donc effacer les conflits, homogénéiser apparemment la société, que surtout la division sociale toujours là comme en toute société n'apparaisse pas. Certes, il faut compter, dans le totalitarisme stalinien, avec la servitude volontaire qui soutient l'égocrate. Mais elle n'assure pas la pérennité du parti ou de l'égocrate. Il y faut les camps ou leurs succédanés.

Le totalitarisme stalinien se distingue du despotisme où le pouvoir « jouit d'attributs surnaturels » qui s'inscrivent dans l'ordre du monde (c'est encore le cas du Maroc). En revanche, dans le totalitarisme, une société ne reconnaît rien en dehors d'elle-même, alors que, par exemple, en démocratie la société n'est pas censée « contenir le principe de son institution », ce qui ne veut pas dire qu'elle le renvoie à une Révélation ou, ce qui revient au même, à la Nature.

Le totalitarisme est une société homogène. Il veut le renversement du système démocratique. Il requiert un pouvoir sans limites. « La distinction entre l'État et la société civile tend à s'effacer. Dans la démocratie, l'administration est séparée de l'État, dans le totalitarisme, bureaucratie et État sont soudés. » « Un homme ou un petit groupe incarne le pouvoir et le pouvoir incarne la société ». Le totalitarisme suppose également que soient effacées la dimension du droit et celle de la connaissance.

Gorbatchev est l'interprète d'une situation (baisse démographique, désaffiliation du KGB, etc.). Mais il est surtout celui qui choisit d'ébranler le système. Ce faisant, il rend possible son écroulement (que, selon son livre La Perestroïka, il ne prévoyait pas). La distinction entre bureaucratie et société totalitaire n'efface pas l'effet de la bureaucratie sur cette société. C'est en quelque sorte la bureaucratie qui rend la société totalitaire, en contribuant à fabriquer le totalitarisme. En rétablissant la possibilité des libertés, en créant un Parlement public, Gorbatchev, quelles que soient ses réserves vis-à-vis de la démocratie, arrête l'irréversibilité comme pétrification du totalitarisme stalinien, remet en route sur une scène politique « (l'affrontement) d'acteurs au nom d'intérêts, d'aspirations différents et parfois totalement incompatibles ».

Le totalitarisme détruit la société civile. L'attrait pour ce que Lefort appelle le communisme et qu'il vaudrait mieux appeler le marxisme-léninisme s'explique par la volonté, dans les pays dits du Tiers-Monde, de créer, pour la moderrnisation, un État populaire qui permette de faire l'économie des libertés démocratiques. L'attrait de l'Un nous paraît aujourd'hui, comme à Lefort, inséparable de l'attrait pour le totalitarisme.

Chapitre XII
LA GUERRE

La manière dont Lefort pense la question de la guerre laisse transparaître implicitement celle de la démocratie. Parlant de la guerre coloniale, notamment de celle du FLN algérien avec la France, il s'interroge sur ce qui se passe dans ces guerres coloniales après la victoire du colonisé. Puis, abordant, à partir du livre d'Aron *Penser la guerre, Clausewitz*, le seul thème de la guerre, il note, comme Aron, la distinction à faire, dans l'analyse de la guerre, entre théorie et réalité et fait droit aux trois tendances qui définissent la guerre : violence, animosité et haine, jeu des probabilités et hasard. Et il reprend l'hypothèse de Clausewitz : la guerre est subordonnée à la politique, elle est « la continuation de la politique par d'autres moyens ». Hypothèse que Clausewitz n'a découverte qu'à la fin de son oeuvre.

Lefort note d'ailleurs, après Clausewitz, que c'est en bâtissant une théorie de la guerre absolue (destruction de l'un ou l'autre des adversaires) que peut être comprise la guerre réelle. La guerre absolue sert en somme de référent théorique à la guerre réelle.

Déjà, en introduisant, avec Lefort, Clausewitz et Aron, la politique dans la question de la guerre, on peut se demander ce qu'il en est dans une guerre se subordonnant à une politique démocratique. Or Lefort répond à cette question d'abord à propos d'Israël et de l'Egypte en 1967, en posant le problème de l'existence d'Israël, ensuite, à propos de la guerre Serbie-Bosnie, en montrant que la compétition démocratique ne peut se calquer sur le rapport guerrier, enfin qu'en cas de guerre, la décision et l'action politique spécifique sont exigibles devant des événements (notamment guerriers) qui « transgressent les limites du raisonnable ».

Guerres coloniales

Dans la guerre entre colonisé et colonisateur, c'est à un bouleversement total que la société en guerre doit aboutir par la lutte. « La guerre, si elle s'allume, engendre une reconversion totale (souligné), c'est-à-dire qu'elle arrache à des cadres traditionnels (liés au capitalisme étranger) des éléments divers qui constituent une nouvelle hiérarchie. Celle-ci tend à se subordonner tous les rapports sociaux existants. »[363]

Lefort donne l'exemple du FLN en Algérie qui, à partir de l'indépendance et même avant, est tout à la fois parti, armée, administration d'État et qui va renouveler à son image les anciens rapports sociaux.

La guerre en Israël

Dans un texte de 1967, Lefort est conscient de l'enjeu final qui commande la guerre entre Israël et l'Egypte et qui demeure aujourd'hui (2008) le même entre Israéliens et Palestiniens. « Une interprétation de la crise suppose la connaissance et l'appréciation des faits passés, mais aussi de la politique qui se fait dans le présent, qui tient à la nature des régimes israélien et arabe, aux desseins poursuivis ici et là par les équipes dirigeantes et, bien sûr, aussi au jeu mené par les deux grandes puissances qui cherchent à multiplier les allégeances pour sécuriser ou se neutraliser dans les diverses régions du monde. Puis, quel que soit le sort de cette interprétation, elle ne saurait annuler la signification d'un conflit qui se résume dans cette expression : l'existence d'Israël. »[364]

---

[363] Après l'émeute de Janvier, le sens d'une crise p. 1!è daté 1960.
[364] Grand savoir et piètres leçons : en marge de la crise au Moyen-Orient p. 191, daté 1967.

Politique et paix sociale

Lefort tente de montrer que la lutte contre l'oppression et l'exploitation - même si elle est guerrière - ne peut dissimuler ce qui se passera ensuite, la paix venue, cela même que, luttant, on ne veut pas supporter : « Ce qui n'est pas supportable, c'est qu'aucune cause ne puisse être embrassée, aucun choix fait devant l'événement qui n'appelle de grandes réserves ou encore que nulle vérité n'apparaisse dans l'histoire présente, sinon prise dans une matière trouble...Ce qui n'est pas supportable, c'est qu'hier on ait pu souhaiter l'indépendance de l'Algérie, sans nourrir d'illusions sur le régime qui s'édifierait à son lendemain, ou qu'aujourd'hui (1967), on puisse souhaiter la défaite américaine au Vietnam, sans s'abuser sur la nature du régime qui s'instituera au nom du socialisme. »[365]

La guerre (1)

« La guerre, dit Clausewitz, est une sorte de violence destinée à contraindre l'adversaire à exécuter notre volonté... ». De cette définition se déduit l'ascension aux extrêmes. Mais tout prend, dit Clausewitz, une forme différente si l'on passe de l'abstraction à la réalité. Elle revient à rendre à la politique, aux motifs du conflit, aux visées leur importance exacte. En troisième étape, dit Lefort, la suspension des hostilités apparaît comme un frein à l'ascension aux extrêmes, puisque la défense est supérieure à l'attaque. Peut intervenir aussi la connaissance imparfaite de la situation par les acteurs. La guerre se rapproche d'un calcul de probabilités. Enfin, dernier élément : le hasard. « La guerre se dévoile comme un jeu » dit Lefort. L'activité de la guerre est celle qui ressemble le plus à un jeu de cartes.[366]

La guerre (2)

Définition trinitaire de la guerre : violence, haine et animosité, jeu des probabilités et du hasard. Suivant les cas envisagés, on verra prédominer l'élément violence et la part

---

[365]ibid. p. 201.
[366]Sur Penser la guerre. Clausewitz p. 331 daté 1977.

du peuple, ou l'élément hasard et la part du commandement, ou la part du gouvernement.[367]

Dans tous les cas, les trois tendances se repéreront, en variation de grandeur. « La dimension essentielle de la guerre, dit-il plus loin, est qu'elle est rigoureusement subordonnée à la politique. »[368]

La guerre (3)

Lefort cite ce passage remarquable de Clausewitz que nous reproduisons in extenso : « Le devoir (de la théorie) est de donner la première place à la forme absolue de la guerre, comme à un point de référence ; de sorte que celui qui veut apprendre quelque chose en théorie ne s'habitue jamais à la perdre de vue et la considère comme la mesure fondamentale de ses espoirs et de ses craintes, afin de s'en rapprocher là où il le peut et là où il le doit (souligné par Clausewitz) ».[369]

Lefort reproche quelque peu à Aron (auteur du livre *Penser la guerre, Clausewitz*) de mettre sur le même plan, à l'encontre de Clausewitz, guerre absolue et guerre réelle. Autrement dit - mais, à notre avis, c'est vrai dans d'autres domaines dès que la réflexion y prend sa part - s'il n'y a pas une théorie de la guerre comme absolue servant de référent, la guerre réelle, celle subordonnée à la politique, a du mal à être pensée. On ne peut séparer la réalité de la guerre de son concept, ou plutôt il lui faut son concept pour être pensée dans le réel. Mais n'en est-il pas de même - Lefort ne le dit pas - du politique, de la politique, du social, et, pourquoi pas ?, de l'économique (et non de l'économie) ?

La note s'achève par une brève réflexion sur l'action rationnelle et la guerre. Elle mériterait d'être beaucoup plus longuement explicitée.

---

[367] ibid. p. 333.
[368] ibid. p. 334.
[369] ibid. p. 337.

Guerre et négociation

À propos du conflit serbo-croate, Lefort pose au fond implicitement une question : qu'en est-il de la compétition démocratique face à la « transgression du raisonnable » ? Après avoir noté que proférer des menaces de frappes aériennes et ne pas les exécuter ou ne pas les poursuivre, en disant qu'il n'est d'autre voie que la négociation, n'est pas le bon choix, il en indique un autre, celui de la France : la tactique de la temporisation qui « consiste à déclarer d'un moment à un autre : auparavant peut-être il eût été possible de..., mais il est à présent trop tard pour...(souligné) ». Lefort n'hésite pas à parler, en ce cas, de pathologie des démocraties. L'intelligence des dirigeants semble « façonnée par le jeu de la compétition démocratique. Difficile est pour eux d'imaginer qu'un adversaire puisse être décidé à satisfaire ses ambitions par tous les moyens, des ambitions qui paraissent transgresser les limites du raisonnable (souligné) ». Et il termine un peu ironiquement son article : « Mieux vaudrait regretter qu'il n'y ait pas quelque mobile qui permette à présent de lier intérêt et droit. À défaut, qu'on s'efforce de discerner et de mettre en évidence les exigences propres à la décision et à l'action politique. »[370]

Non seulement, dans ce passage, Lefort montre, comme Clausewitz et Aron, la subordination de la guerre à la politique, mais il réclame une décision et une action politiques spécifiques en cas de guerre et il les réclame des démocraties, lorsqu'elles se trouvent devant des événements notamment guerriers qui transgressent les limites du raisonnable.

Lefort a pensé la guerre avant de lire le livre d'Aron. Des guerres coloniales il dit qu'elles bouleversent les rapports sociaux dans les pays colonisés après la victoire et qu'elles les mobilisent à l'image de ce que propose le vainqueur. Mais il dit surtout, à l'époque avec un certain courage - puisqu'il s'adresse aussi à des personnes et des

---

[370] Le jugement politique. La guerre de Bosnie p. 765-766 daté 1994.

groupes qui ont, par exemple, participé aux comités Vietnam (ce qui fut notre cas) -, que l'on ne peut se défendre d'un certain malaise, voire même juger insupportables - tout en souhaitant l'indépendance de l'Algérie ou du Vietnam - l'idée et le régime qui s'édifièrent au lendemain de la guerre, au nom du socialisme.

Guerre réelle : dans la guerre entre Israël et l'Egypte, le jeu des alliances, la présence des grandes puissances rendent l'interprétation difficile. Aujourd'hui, ne peut-on dire, prolongeant en partie Lefort, que ce qui est en cause c'est bien l'existence d'Israël (dont des pays arabes veulent l'anéantissement), mais aussi la construction d'un État palestinien dont l'inexistence constitue une injustice flagrante dans les rapports internationaux qui tentent de se démocratiser ?

Autre guerre réelle : celle entre la Serbie et la Croatie. Lefort est conscient que la compétition démocratique ne peut régler directement des problèmes guerriers - même si la question de la démocratie demeure implicite dans la question de la guerre. Que la négociation ne soit pas la seule voie (directe) ni la tergiversation, cela apparaît au mieux dans le conflit serbo-croate et dans l'intervention notamment de la France et des USA : négociation de Clayton qui, comme nous le faisait remarquer Pierre Lantz, a amputé les territoires croate et bosniaque au profit de la Serbie, tergiversation sur la nécessité des « frappes » (bombardements) à maintenir ou à suspendre, tergiversation qui ne bloquait pas les ambitions extravagantes de Miloseviç. C'est sans doute « la transgression des limites du raisonnable » qui peut servir de critère à une décision et une action politiques contre le transgresseur. On retrouvera, à notre avis, un peu le même problème lorsque le gouvernement algérien arrêtera des élections qui risquaient de donner la majorité aux fondamentalistes islamistes.

Chapitre XIII
SOCIÉTE ET LIEN SOCIAL

C'est le Lefort sociologue-anthropologue qui apparaît le plus ici, mais toujours articulé au philosophe de l'histoire et au philosophe politique. Lefort ne peut séparer l'interrogation sociologique de celle qu'il adresse à la philosophie et également à l'histoire, soit directement soit à travers la philosophie de l'histoire.

Le livre d'Edgard Morin sur Plodémet publié en 1967 (Plodémet est un village du Sud de la Bretagne dont Morin et son équipe font l'analyse à la fois sociologique et anthropologique) permet à Lefort de mieux caractériser ce qu'il entend par réalité sociale. Critiquant un peu durement le livre de Debord La Société du spectacle, il s'élève contre la « fiction rationaliste » qui veut effacer l'hétérogénéité du social. C'est par le dialogue, c'est-à-dire en reconnaissant l'autre comme différent, mais non moins assigné que lui-même aux mêmes interrogations, que Lefort ouvre le débat sur le social. C'est contre la prétendue auto-institution du social qu'il prend parti, en prenant l'exemple du totalitarisme. Mais il fait le détour par la « société contre l'État », pour essayer de comprendre l'origine de l'État et la signification de l'État moderne. Revenant à la révolution hongroise, il cerne déjà quelques caractéristiques de toute révolution : elle est historique, elle est irréversible, elle apporte du nouveau. La révolution se fait contre le pouvoir d'un État et non contre le pouvoir d'État. Elle est plurielle.

Aux caractéristiques précédentes de la révolution, Lefort ajoute la distinction entre démocratie et représentation, la pluralité, la construction de la société allant vers le possible politique.

Une interrogation sur l'institution du social ne peut que déborder la société moderne. Parler par rapport à elle de « sociétés stagnantes » c'est repérer des types de société qui, malgré les changements qu'ils produisent, visent à se conserver tels quels. Autrement dit, ils ne sont pas ouverts à l'indétermination. En confondant sous le terme État des réalités historiques différentes (despote, chef démocratique, Staline), on cherche à dissiper le désir de vérité.

Lefort note (comme Chalamov, l'auteur des *Récits de la Kolyma*) le désir sauvage, « quasi animal » de liberté chez les êtres humains (ce qui n'empêche pas la servitude volontaire). Il repère avec Clastres, dans les sociétés à ancêtres et mythes, le refus de tout pouvoir coercitif, refus plus ou moins marqué (selon nous). La démocratie moderne lui apparaît comme une expérience collective où la revendication des droits peut être d'abord une revendication de la revendication, autrement dit la condition du droit à revendiquer (comme on l'a vu en Pologne). Insistant sur le fait qu'il n'y a pas de société concevable sans référence à l'ordre du pouvoir, de la loi et du savoir, et sans aménagement de la division du social, il fait droit à une approche psychologique dans l'analyse du politique, il rappelle que la société est confrontée à l'hétérogénéité, à la légitimation du conflit permanent. L'État y est fondé désormais sur l'impersonnalité d'un pouvoir qui relève de la souveraineté du peuple. Le capitalisme y prend sa place, selon nous d'excès. Lefort note que le syndicalisme est de nouveau (1982) un pôle d'attention pour les intellectuels.

Réalité sociale et société moderne (1)

À propos de l'ouvrage d'Edgard Morin, *Plodémet, un village breton*, Lefort pose en 1967 la question de l'analyse sociologique du local par rapport au global telle qu'elle commence à être posée aujourd'hui (2008). « S'il (Morin) interroge Plodémet, c'est assurément pour cerner l'identité d'une commune dans le moment où son évolution se précipite, déterminer donc ce qui lui appartient en propre, en dépit du changement et dans le changement, mais c'est aussi parce que tout, dans Plodémet, le renvoie à la société française...Il faut comprendre que l'impossibilité où il est de dissoudre l'individualité de la commune dans l'élément de la société française va de pair avec le pouvoir de se rapporter constamment de ce qui est donné, ici et maintenant, à ce qui se profile ailleurs et au lointain. Et toute son analyse témoigne de la fécondité d'un mouvement qui, à la fois, entraîne vers le singulier et l'incomparable et ouvre toujours davantage à la connaissance de la modernité. »[371]

Réalité sociale et société moderne (2)

Lefort revient plus en détail sur ce thème du local et du global (il récuserait probablement le terme global) : « ...L'opposition du particulier et du général ne peut être maintenue telle quelle, ni celle de la sociologie et de l'ethnographie. Ce n'est pas un problème de se demander comment l'on peut sortir des frontières du monde bigouden (celui de Plodémet), puisque ce monde n'existe que dans la mesure où il s'échappe à lui-même en chacune de ses déterminations...Sa singularité au sein de la société en général, parce qu'elle s'accompagne des écarts, des décalages internes les plus accentués, permet de lire, dans une lumière exceptionnelle, ce qui s'écrit ailleurs, dans le reste de la France ou dans d'autres régions du monde ».[372]

Texte capital pour nous sociologue et ethnologue, en ce sens que - local/global admis ou non -, il nous force à sortir de l'interculturel, de l'enfermement dans la boîte du sociocentrisme, à ouvrir sans cesse, à partir des constats, des indications et des théorisations induites du terrain et arrachées à nous-même, l'horizon de la recherche, autrement dit à ne pas considérer les Papous comme dénués de toute comparaison possible avec les Bretons.

---

[371] Un village français p. 205 daté 1967.
[372] ibid. p. 207.

Réalité sociale et société moderne (3)

Enfin Lefort montre comment la « méthode » utilisée par Morin et son équipe sur le terrain a gardé toute la souplesse nécessaire pour recueillir un matériau varié: pas de questionnaires, mais observations, enregistrements, journaux, etc. Et il relève « (sa) certitude inquiète que c'est seulement sous un regard en réponse à un désir, dans le recueil d'un livre que se dévoile quelque chose de la société ».[373]

Spectacle

Lefort analyse *Le Traité du savoir-vivre à l'usage des jeunes générations,* de Vaneigem et *La Société du spectacle* de Debord. À propos du second, il écrit : « La « société du spectacle » est posée devant un regard qui ne se trouble jamais. Les aliénations se distribuent selon une perspective panoramique tandis que le triomphe du savoir se porte garant du triomphe à venir de la praxis. Le spectacle de la société s'accomplit dans l'esprit de Debord. »[374]

Chez Vaneigem, « la passion du mot d'ordre contrarie celle du langage ». « « Soustrayez de la société le pouvoir et ses maléfices, vous aurez la vérité sans reste » (citation soulignée dans le texte). Il en revient toujours à ce commandement. »[375]

Si Lefort reconnaît à Vaneigem « le souffle d'un écrivain » (ici et là), il voit dans Debord seulement la démesure. C'est peut-être oublier l'intuition de Debord qui sut le premier attirer notre attention sur ce qu'était déjà et est devenue encore plus la « société du spectacle. ».

L'hétérogénéité du social

On retrouve dans cette question, chez Lefort, la crainte d'une homogénéité présupposée, d'une « fiction rationaliste » : « Que cerne à mes yeux la fiction rationaliste ? Le désir d'une société « communautaire » qui,

---

[373] ibid. p. 208.
[374] Le parti situationniste p. 215 daté 1968.
[375] ibid. p. 215.

rapporté à notre société, non seulement hautement différenciée, mais hétérogène, clivée en foyers de socialisation qui commandent des expériences irréductibles les unes aux autres, devient le désir de l'homogénéité, un désir au reste qui ...commence par se dissimuler qu'il doit s'exprimer dans une langue, au prix d'un travail de pensée, lequel s'inscrit à distance du grand nombre, dans le cercle des théoriciens et le met à l'épreuve d'une certaine incommunicabilité ».[376]

La pensée d'une société « communautaire », c'est la « fiction rationaliste » qui en est le symptôme. Mais la fiction rationaliste, elle, peut être destructrice.

Le dialogue

Le problème se noue autour du silence, de l'écoute seule, de la parole seule, de la parole échangée : « Je pense que le culte de la parole brute (celle de l'écoute seule) se fonde sur la dénégation du dialogue, c'est-à-dire, en fin de compte, sur celle du rapport qu'on entretient avec celui qui parle ; rapport dans lequel on existera pleinement avec ses attentes, ses intérêts, ses idées ».[377]

« Il est vrai qu'il y a un pouvoir de la parole qui tend à faire d'elle une parole de pouvoir. Mais reste que le problème ne peut pas être résolu par le silence ou cette forme de silence qui consiste à se soustraire au dialogue pour ne plus rien faire d'autre qu'écouter, ou bien que choisir des partenaires qui ne disent rien de plus que ce que l'on souhaite entendre. ».[378]

Enfin Lefort donne sa propre conception et pratique du dialogue. « Pour ma part, je sais que j'ai établi un dialogue véritable, durable, avec des camarades qui ne parlaient pas le même langage que moi, mais qui s'abandonnaient, comme je le faisais moi-même, à l'inconnu, à l'indéterminé de la relation. »[379]

---

[376]Entretien avec l'Anti-mythes op. cit p. 241 daté 1975.
[377]ibid. p. 243.
[378]ibid. p. 244.
[379]ibid. p. 243.

Lefort parle haut, il dit sa pensée, mais il ne refuse jamais le dialogue, sauf avec ceux qu'il appelle, on ne sait pourquoi, les « imbéciles ».

L'auto-institution du social

« Auto-institution » me semble être un de ces concepts limités destinés à se renverser dans leurs contradictions. Sous le signe d'une activité permanente qui n'a affaire qu'à elle-même, on imagine une société toute rassemblée, sans dehors. Or cette vision témoigne d'une fantastique extériorité qui, dans la réalité effective, vient s'imprimer au lieu du pouvoir absolu. »[380] « Il n'est pas moins impossible, devons-nous convenir à présent, instruits par l'expérience limite du totalitarisme, de figurer un point d'accomplissement du social où les rapports sociaux seraient tout visibles, tout dicibles,, tout maniables, que de matérialiser la transcendance, de projeter dans l'invisible l'origine et le sens. »[381]

Société contre l'État, l'État, l'État moderne

D'abord Lefort nous met en garde contre une soi-disant homogénéité d'un certain type de société (dite primitive): « (L'observation) d'une fantastique division entre les vivants et les ancêtres (ancêtres, héros, esprits, dieux) suffit à nous préserver de l'illusion qu'une société sans État puisse coïncider avec elle-même ».[382] Ensuite, à propos de despotisme, il dit : « Je ne crois pas qu'on puisse isoler le phénomène de l'État sans intégrer l'articulation du statut du pouvoir avec celui de la loi et celui du « réel ». »[383]

À propos de l'État moderne, Lefort écrit : « Le pouvoir de l'État moderne se diffuse dans la diversité des institutions, mais il se modifie à l'épreuve des contraintes spécifiques à chaque secteur d'activité et de socialisation. »[384]

---

[380] ibid. p. 246.
[381] ibid. P. 247.
[382] ibid. p. 249.
[383] ibid. p. 249.
[384] ibid. p. 250.

Faut-il dire que Lefort en a dit beaucoup plus sur le sujet dans toute son oeuvre ? Nous ne rapportons ici que quelques passages qui nous semblent caractéristiques, dans ce livre, de sa conception (non fixiste) de l'État.

La révolution (1)

« En un autre sens, la révolution hongroise n'est pas bourgeoise (souligné), pas plus que la Commune de Paris n'est phénomène parisien et la révolution de 17 phénomène russe. Indépendamment du lieu et de la date, elle interpelle chacun en notre temps. »[385]

Et il ajoute : « Elle a joué le rôle d'une révolution historique (souligné). Elle a manifesté une inventivité (souligné) telle que, vingt ans après, nous nous sentons mis en demeure de déchiffrer en elle le nouveau. »[386]

On peut trouver indiquées ici les caractéristiques (il y en a d'autres sans doute) que Lefort donne à une révolution moderne : révolution historique, irréversibilité, nouveau.

La révolution (2)

Lefort revient sur le thème dans un article de 1976 qui suit le précédent : « Ce qui donne à la révolution son caractère spécifique, c'est le type de société dans lequel elle se développe, c'est que les masses, quel que soit l'objet de leurs premières revendications, se heurtent à l'État, à un pouvoir garant de l'unité et de l'identité nationales et qu'en opposant la violence à sa violence, elles dénient sa légitimité et atteignent du coup l'intégrité du corps politique. »[387]

Lefort fait ici intervenir l'État comme facteur explicatif de la révolution. C'est contre un pouvoir d'État totalitaire, dictatorial, despotique, etc. que se fait la révolution (et non contre le pouvoir d'État que, la plupart du temps, les révolutionnaires ne contestent pas en tant que tel et cherchent à reconstituer autrement).

---

[385] Hongrie 1956 : une révolution historique, p. 262 daté 1976.
[386] ibid. p. 262.
[387] La question de la révolution p. 269-270 daté 1976.

Lefort montre l'importance des conseils dans la révolution hongroise. Ceux-ci se refusent à revendiquer tout le pouvoir dans le futur régime. Ils se refusent à confondre démocratie et représentation et s'interrogent sur la représentativité de leurs membres. Lefort en tire une conclusion essentielle : « La révolution hongroise en tant que révolution spontanée, plurielle, a aussitôt débouché sur le problème de la constitution générale de la société (constitution n'étant pas pris dans son acception juridique, quoique le souci du juridique soit essentiel face à un système dans lequel la dimension de la loi est éliminée) ». « Elle a débouché aussitôt...sur le problème politique (souligné) et elle a cherché à y répondre en inscrivant, en projetant dans l'espace institutionnel les signes d'une décompression du social qu'elle instaurait par son propre mouvement. »[388]

Si l'on reprend les caractéristiques que Lefort donne à la révolution, on trouve : la révolution historique, l'inventivité, le nouveau, la distinction entre démocratie et représentation, la pluralité, la construction de la société débouchant sur le problème politique. De quoi réfléchir aux révolutions passées et à venir.

L'institution du social (2)

Deux points sont mis en évidence chez l'auteur, qui n'apparaissent pas chez Lourau ou chez Castoriadis : « La société moderne (au pluriel)...est à saisir dans son historicité propre, à découvrir à travers des événements qui ne sont pas seulement des constellations d'accidents, mais auxquels elle fait un autre sort, qui témoignent d'un rapport au changement, d'un style de discrimination du passé et de l'avenir. »[389]

Deuxième point : « Une interrogation qui porte sur l'institution du social ne peut que déborder les sociétés modernes ; elle ne peut affronter ce qu'elles ont de singulier, prendre en charge le problème de leur historicité propre qu'en référence à ce qui leur est étranger ; une telle interrogation est sans frontières, elle met à l'épreuve de la

---

[388] ibid. p. 273.
[389] Maintenant p. 296 daté 1976.

différence dans les horizons de notre monde, il est vrai qui ouvre sur la différence. »[390]

Lefort évoque dans le texte l'interrogation sur les différences d'avec les sociétés sauvages, la démocratie du temps de Clisthène, le régime des castes en Inde, la « bureaucratie céleste » de l'ancienne Chine. On est loin de tout culturalisme.

« *Sociétés stagnantes* »

« En raisonnant sur le cas des « sociétés stagnantes », je m'efforçais de montrer que la stagnation n'est pas un état de fait - qu'elle est le résultat d'un projet (souligné) (inconscient) de conservation. Clôture de l'espace social, clôture du temps vont de pair ».[391] Mais « dans les sociétés historiques, le schéma (conservateur) demeure présent ».

Il faudrait ajouter encore que le schéma conservateur n'exclut pas les transformations, mais seulement celles qui changeraient radicalement le type de société. Il n'y a pas, à ce titre, une différence absolue entre la société romaine républicaine et une société dite primitive (qui peut coexister à ses côtés). En revanche, il y en a une entre société moderne et société romaine (ou, par exemple, féodale). Les transformations ont bouleversé radicalement le type de société féodale et ne correspondent plus avec ce que pouvait être la société romaine.

L'État et sa fonction

À propos de Michelet et de sa construction de la révolution comme révolution religieuse, Lefort note que « l'essentiel c'est qu'il repérait une aventure qui supposait une réinterprétation des fondements du rapport social, un bouleversement des rapports du savoir et de la loi en même temps que ceux du pouvoir ». Et il ajoute plus loin : « Si l'on ne se soucie plus de distinguer les types d'État, si l'on mêle le despote asiatique, le gouvernement démocratique et Staline, on est en plein obscurantisme...Au lieu de nous rendre attentifs à ce que les Lumières rejetaient dans

---

[390] ibid. p. 296.
[391] Repenser la démocratie p. 342-34, daté 1978..

l'ombre, on veut les dissiper, jusqu'à éteindre le désir même de vérité. »[392]

La liberté politique

Lefort analyse le troisième tome de *L'Archipel du Goulag* de Solyenitsyne. « Il évoque (Tolstoï)...pour revendiquer contre lui le droit de lutter en faveur de la liberté politique, non certes comme objectif dernier, mais comme condition nécessaire de la liberté morale ». Et il ajoute : « À l'image de la toute-puissance de la bureaucratie, Soljenitsyne oppose celle d'un désir indestructible de liberté : le désir sauvage, quasi animal, de l'individu répugnant à la soumission, faisant écho au désir collectif qui donne à la communauté des zeks (les détenus dans les camps) son identité politique. »[393]

Le « quasi animal » ne ferait-il pas allusion, comme nous le faisions remarquer plus haut, au livre de Varam Chalamov *Les Récits de la Kolyma*, mais avec cette différence que des êtres humains, réduits à l'animalité, y puisent, comme « par nature », le désir inconscient de liberté ?

L'État

C'est à la théorie de Clastres que Lefort fait référence pour expliquer l'apparition de l'État. « L'originalité de Clastres est de montrer que, loin d'être déterminantes, les conditions techniques et économiques sont elles-mêmes dans la dépendance d'un choix politique qui interdit à la société, en même temps que la formation d'un pouvoir détaché et coercitif, la production d'un surplus de biens sans nécessité pour la subsistance de la communauté et contraire au principe de son équilibre. » « Sa conclusion est qu'il faut rétablir la primauté du politique pour interroger l'histoire. »[394]

Raisonnant sur le pouvoir sans commandement, Clastres montre également que la chefferie n'est possible

---

[392] Repenser le politique p. 364-365 daté 1978.
[393] Sur l'Archipel du Goulag p. 372-373 daté 1978.
[394] Sur Pierre Clastres, p. 385 daté 1978.

que par rupture de l'échange : soit le chef reçoit et ne donne pas, soit il donne et ne reçoit pas. Le chef n'est pas sans autorité, comme le dit Lefort, il n'a que l'autorité (celle de rappeler la parole des ancêtres) et pas le pouvoir de contrainte. Il ne peut ni commander, ni se faire obéir (sauf dans la guerre).

En fait la variété des sociétés de ce type (c'est-à-dire sans pouvoir de commandement) et la variété de celles où il y en a un (pouvoir de commandement) inclinent à penser que la distinction de Clastres, si elle est particulièrement pertinente, ne doit pas être poussée trop loin, comme le montre Lefort dans un autre article qui ne figure pas dans le recueil.

Ce qui nous intéresse c'est que Clastres montre que la rupture volontaire de l'échange (rupture politique au sens du politique) est à l'origine de la chefferie, mais l'est tout autant à celle de l'État. Mais il s'agit, pour nous, dans cette conception, non seulement de l'origine de l'État, mais tout autant de celle de la politique.

La démocratie sauvage comme expérience collective

Lefort tente de définir la démocratie en ce qu'elle a de moins évident : « La démocratie, personne n'en découvre la formule et elle garde toujours un caractère sauvage...Cet ordre social est constamment en quête de son fondement et de sa légitimité et c'est dans la contestation et la revendication de ceux qui sont exclus des bénéfices de la démocratie que celle-ci trouve son ressort le plus efficace ».

Lefort reconnaît au socialisme y compris non marxiste son importance sur le mouvement ouvrier. Mais « beaucoup de luttes...ne furent-elles pas suscitées par les revendications de droits qui étaient bafoués, méconnus ? ». Il cite le droit de grève, le droit à l'association, le droit au suffrage universel. Lefort s'efforce de distinguer la part de l'idéologie socialiste se manifestant dans le travail des théoriciens et des militants et celle de l'expérience collective.

Démocratie, État et revendication des droits

Lefort montre le lien entre État démocratique et revendication des droits. « L'État démocratique ne peut intervenir qu'en imaginant les principes de son action et, pour ce faire, il a besoin d'une approbation de la société auprès de laquelle il est en quête de légitimité. L'État ne peut pas se soustraire à cette légitimité indéfinie dont le foyer est dans la société...C'est, me semble-t-il, en contrariant la puissance de l'État par la revendication de droits que l'on peut le mettre en quelque sorte en demeure de mettre en jeu sa légitimité. » Il ajoute : « Nous sommes nous-mêmes - et pas seulement l'État - dans la situation d'avoir à affronter chaque fois une indétermination et d'avoir à soutenir, au nom de ce que nous considérons comme la vérité, comme la justice, qu'un droit est admissible ou inadmissible. Il importe de refuser les stéréotypes autoritaires et anti-autoritaires (autoritaristes et anti-autoritaristes, dirions -nous, LMB). »[395]

Ces textes ouvrent non seulement à la connaissance de la revendication des droits, mais à une mise à l'épreuve de ces droits voués à la fois à l'indétermination et au choix.

Différenciations sociales

Lefort note « l'estompage des divisions qui étaient autrefois affirmées » : le normal et le pathologique, l'adulte et l'enfant, la différence des sexes, le civilisé et le non-civilisé. Ces différences, dit Lefort, relevaient de certains critères qu'on ne pouvait récuser, car ils étaient explicites. Il critique, dans la démocratie fondée notamment sur l'hétérogénéité des croyances, des modes de comportement, des valeurs, l'idéologie de la bonne communication « qui est dénégation de la division, confusion des places et des rôles. Cette idéologie est constamment contredite par l'inégalité qui subsiste dans le social. »[396]

---

[395] La communication démocratique p. 395 daté 1979.
[396] ibid. p. 397.

Revendication de la revendication

À propos de la Pologne, en 1980, Lefort note que « les ouvriers polonais n'attendent pas seulement du pouvoir des normes qui leur donneraient satisfaction, ils se donnent une capacité d'initiative indéfinie, leur revendication ne vise pas seulement un objet, elle est revendication de la revendication. »[397]

Ce que les ouvriers polonais veulent, c'est le droit même de revendiquer, autrement dit un commencement de démocratie.

Le modèle socialiste soviétique

Lefort note que la critique du totalitarisme « accrédite l'image d'un système d'oppression sans faille. (Les) contradictions sont d'autant plus remarquables, à l'Est, qu'elles sont dissimulées, d'autant plus redoutables qu'elles sont artificiellement contenues. C'est contribuer d'une certaine manière à cette dissimulation que de forger l'image de régimes qui auraient acquis la maîtrise de l'oppression. »[398]

Pour concevoir le modèle du socialisme soviétique, il est nécessaire de « distinguer ce qu'il est théoriquement, conformément au projet qui l'énonce, de ce qu'il est en fait ».[399]

La société

« Il n'y a pas de société concevable sans référence à l'ordre du pouvoir, de la loi, du savoir et sans un aménagement singulier de ses divisions - de la division des sexes et des générations à celle des groupes. » « Interroger le politique..., c'est aussi tenter d'interroger les principes générateurs d'un type de société, en vertu de laquelle celle-ci peut se rapporter à elle-même d'une façon singulière, à

---

[397] Reculer les frontières du possible, p. 427 daté 1981.
[398] ibid. p. 432.
[399] ibid. p. 432.

travers ses divisions et aussi...se déployer historiquement d'une manière singulière. »[400]

Nous avons, dans ce texte, une définition de la société qui ne contredit pas celle des sociologues mais qui refuse de ramener la société à sa positivité. La dimension de la loi, du pouvoir et du savoir, l'interrogation sur les principes générateurs du type de société ne peuvent être éludés et s'ajoutent à la recherche documentaire et sur le terrain.

Psychanalyse et politique (au sens du politique) (1)

Lefort donne ensuite, au paragraphe suivant, une brève indication sur la fonction de la psychanalyse dans la recherche sociologique : « La réflexion politique sur la psychanalyse.. me semble féconde si nous tentons de restituer l'aventure de la psychanalyse dans les horizons d'une aventure socio-historique. Il s'agit de penser un ordre symbolique qui permette de déchiffrer un ensemble d'oppositions et d'articulations que nous repérons empiriquement ».[401]

Après avoir relevé que la pensée de Freud ébranle « les relations convenues entre l'un et l'autre, la question du pouvoir, du savoir et de la loi, Lefort ajoute que la découverte de la psychanalyse est liée à un événement : la dissolution des repères de la certitude. Cet événement s'est imposé dans une révolution, la révolution démocratique, qui a sapé les fondements d'une distinction qui fut toujours - dans toutes les formations sociales antérieures - « ancrée dans la nature ou, ce qui revient au même, sacralisée par le mythe ou la religion. »[402]

Texte capital, congruent au précédent, par lequel Lefort ouvre à la sociologie une perspective que, jusqu'à maintenant, elle refuse : ajouter, complémentairement aux études positivistes, au moins pour certaines recherches, la dimension de l'ordre symbolique inconscient.

---

[400]Démocratie et avènement d'un «lien social » p. 462 daté 1982.
[401]ibid. p. 462.
[402]ibid. p. 463.

Social (2)

Lefort complète sa définition de la société, en rappelant que « rapportée à elle-même, sous l'effet de la représentation d'une nation, d'un peuple homogène, (elle) est une société particulièrement confrontée à l'hétérogénéité des intérêts, des croyances, des opinions, des normes en général, une société dans laquelle la légitimation du conflit proprement politique fait signe vers la légitimation du conflit dans la société et la culture. »[403]

État

Lefort rappelle le célèbre passage de Tocqueville sur l'État tutélaire. « La puissance de l'État, dit-il, nous pouvons la repérer à travers les grandes bureaucraties modernes. » « En lui (l'État), ajoute-t-il reprenant Tocqueville, le pouvoir se donne comme une instance anonyme, vouée à prendre en charge tous les détails de la vie sociale, de la production à l'hygiène et aux loisirs. » Il cite Tocqueville : « Chaque individu souffre qu'on l'attache, parce qu'il voit que ce n'est pas un homme, ni une classe, mais le peuple lui-même qui tient l'autre bout de la chaîne ». Et Lefort commente : « Ce qu'il donne alors à penser c'est l'étrange glissement qui se fait entre se donner à personne - formule même de la liberté -, se donner à quelque chose qui est comme soi-même et se réenchaîner à un pouvoir impersonnel et sans limite, en ce sens qu'il n'est plus celui d'un grand Autre. »[404]

Lefort relève ici rapidement la rupture qui s'est faite entre un monarque de droit divin (le dieu étant le grand Autre) et un État fondé sur la souveraineté du peuple et donc sur un pouvoir impersonnel et sans limite. Reste à se demander, à notre avis, quelle est la fonction de l'État. N'est-elle pas d'exécution, mais limitée par le législatif ? L'élargissement de la surface de l'État au judiciaire et aux différents Conseils (Constitutionnel, d'État, cour des Comptes, etc.) qui effectivement s'intéressent à tous les

---

[403] ibid. p. 466.
[404] ibid. p. 467.

secteurs de la vie sociale (tout comme le législatif et l'exécutif) n'est-il pas dommageable à la représentation qu'on s'en fait ? Enfin oublier que le politique explicite de la politique fait autorité sur les institutions qui manifestent le pouvoir politique et plus particulièrement celui du législatif et de l'exécutif, n'est-ce pas aussi dommageable à la représentation de l'État qui, du coup, se trouve élargie à beaucoup plus qu'il n'est réellement (c'est-à-dire élargie au-delà du législatif et de l'exécutif) ?

Définition du capitalisme

« Nous refusons, dit Lefort, le modèle du capitalisme occidental s'enfermant sous la direction de l'impérialisme américain... » [405]

Compte tenu du langage employé à l'époque à laquelle Lefort fait allusion, on ne peut que souscrire à son refus. Avec, pour nous, aujourd'hui cette réserve : c'est qu'il s'agit bien du capitalisme, et non de la société moderne notamment économique, le capitalisme étant l'un des excès global (ou globalisant) de cette société moderne, le totalitarisme étant, au moins au départ, un autre de ses excès ; mais il fut, lui, global et en un sens directement destructeur de cette société (de ce type de société) liée à la démocratie.

Nous voulons dire que le capitalisme se glisse insidieusement en nous et rend excessifs des phénomènes que nous produisons en principe dans la norme, cette production mettant peu à peu au pouvoir une élite permanente économique liée à la politique. Le totalitarisme, lui, s'est imposé d'en haut et c'est par l'inculcation directe (ou par la force) qu'il a assujetti les corps, les pensées et les âmes.

Conception de la démocratie

« Lorsqu'un pouvoir et des partis politiques aident, pour mieux accréditer la légitimité, à des revendications qui ne sont dictées que par l'intérêt d'une catégorie en feignant de les tenir pour justes, ils précipitent le processus de

---

[405] Le peuple et le pouvoir p. 471 daté 1982..

corruption de la démocratie. Car, à la longue, les droits eux-mêmes apparaîtront comme des intérêts. La notion d'espace public se dérobera. Alors la société, devant l'image de son morcellement et d'un pouvoir trivial à la remorque des intérêts, sera toute prête à accueillir un langage d'extrême-droite ou d'extrême-gauche, annonciateur d'un ordre nouveau. »[406]

Le texte parle de lui-même et n'appelle aucune paraphrase, sinon que Lefort nous rappelle qu'aucun pouvoir (politique ou non) ne peut se dispenser de sa référence à la distinction entre le juste et l'injuste.

Syndicat (CFDT)

À propos de la réaction des intellectuels aux événements de Pologne en 1981-1982, Lefort écrit : « Ils (certains intellectuels) ont cherché à dépasser le recours conventionnel au manifeste et ils sont naturellement entrés en contact avec ce qui, à mes yeux, reste la seule force politique qui ne faiblit pas, qui ne ruse pas devant la dernière offensive totalitaire - la CFDT...C'est quand même un signe bien intéressant que ce ne soit pas vers un parti politique, mais auprès du syndicat qui, d'une certaine manière, est le plus divers, le plus indépendant, le moins bureaucratisé, le plus sensible au danger bureaucratique qui menace sa propre organisation, que s'est opéré le rapprochement ». Et Lefort ajoute : « Edmond Maire (secrétaire général de la CFDT à l'époque) et ses proches sont des militants qui n'ont jamais navigué dans les eaux plus ou moins crasseuses du progressisme, j'entends par là qu'ils n'ont jamais été des compagnons de route du parti communiste. »[407]

Quelle que puisse être l'appréciation à porter aujourd'hui sur le rôle syndical de la CFDT, on peut retenir, d'une part, le fait que - comme l'avenir l'a montré - c'est des syndicats que les intellectuels se rapprochent, plus que des partis politiques, et que, d'autre part, l'éloignement vis-à-vis du parti socialiste français au profit des syndicats trouve aujourd'hui sa cause lointaine dans les

---

[406] ibid. p. 474.
[407] La Pologne et le réalisme des socialistes p. 482-483, daté 1982.

compagnonnages de route, aux pires moments du totalitarisme en URSS, avec le parti communiste.

C'est du social qu'il s'agit, autrement dit du lien social dans le local, saisi dans une petite collectivité. Lefort sait gré à Edgard Morin d'avoir su, par des approches souples (observations, entretiens, journaux, etc.), à la fois cerner la singularité de Plodémet, village bigouden, et montrer ses rapports avec la société moderne française dans laquelle il est englobé. C'est ce va-et-vient de la réflexion qui rend l'ouvrage de Morin socio-anthropologique. Le livre de Debord *La Société du spectacle* sert au fond à Lefort de repoussoir, si l'on ose dire, pour montrer ce qu'est une « fiction rationnelle », lorsqu'elle prétend rendre compte d'un type de société, en l'occurrence la société moderne. La prétendue auto-institution du social fait corps avec l'idée d'une société rassemblée, un lieu de pouvoir absolu en extériorité et une matérialisation de la transcendance.

Lefort ne fait pas de la société contre l'État un idéal. Il montre qu'elle s'attache à se conserver, en refusant à l'intérieur d'elle-même un pouvoir coercitif. Mais la société contre l'État, articulée à un imaginaire extérieur (ancêtres, héros, mythes), ne tente pas plus de coïncider avec elle-même que la société moderne.

Posant de nouveau le problème de la révolution, il montre qu'elle se développe dans un type de société donné, qu'elle peut se pluraliser par exemple par des conseils ouvriers. L'institution du social en société moderne est à saisir dans l'historicité de ce type de société. Les événements s'y découvrent, qui témoignent d'un rapport au changement. L'historicité de la société moderne ne peut être prise en charge qu'en référence à ce qui lui est étranger. Différence à interroger, qui renvoie à d'autres types de société.

Le conservatisme de la société à ancêtres, héros et mythes interdit des transformations radicales. En revanche, avec l'État et la liberté politique, ce sont les revendications qui apparaissent, allant jusqu'à la revendication de la revendication. La démocratie a toujours, selon Lefort, un côté sauvage, incernable, indéfinissable. C'est de la revendication et en elle qu'elle tire et puise sa légitimité.

Une société (nous dirions : un ensemble social, LMB) interroge le politique, c'est-à-dire les « principes générateurs » du type de société où elle se situe ; elle peut alors se rapporter à elle-même (et non coïncider avec elle-même) et « se déployer historiquement » d'une manière singulière.

La psychanalyse est une aventure qui se replace dans les horizons d'une aventure socio-historique. La découverte de la psychanalyse est liée à un événement : la dissolution des repères de la certitude. Or c'est dans une révolution démocratique que cet événement s'est imposé. Au grand Autre (Dieu ou la nature) s'est substitué « un pouvoir impersonnel et sans limite. »

Quand les droits apparaissent comme des intérêts, le processus démocratique se corrompt. Le syndicalisme peut contribuer à rappeler aux intellectuels la réalité de la vie démocratique.

Chapitre XIV
1968 ET APRÈS ?

Le titre de ce chapitre est un peu restrictif, puisqu'il y est traité, non seulement de 1968 en 1988, du MAUSS en 1993, de l'arrêt des élections en Algérie en 1992, du Front National (1992), mais aussi de la résistance des salariés aux XIX° et XX° siècles contre le capitalisme, du libéralisme économique et du libéralisme politique dans la même période et des difficultés actuelles de l'intégration sociale.

Pour Lefort, Mai 68 n'est pas une révolution, mais ébranle la société. Le MAUSS a su mener la bataille contre l'utilitarisme, mais oublie (à l'époque, 1993) le politique. Les élections en Algérie en 1992 devaient être arrêtées. Le Front National veut fonder un ordre nouveau. La résistance des salariés aux XIX° et XX° siècles a permis aux individus de conquérir des avantages à partir de l'industrialisation. Libéralisme économique et libéralisme politique convergent, mais aux dépens du second. Les difficultés actuelles de l'intégration (statut de l'enfant, précarité des mariages, etc.) tiennent à la décomposition de l'idéologie bourgeoise liée à la dislocation de l'ancienne structure de classes.

Mai 68 : effervescence révolutionnaire

Lefort pense qu'il n'y eut pas de révolution en 68 et il en donne les raisons : l'agitation circonscrite aux étudiants, la revendication limitée des ouvriers et employés. « Reste que, écrit Lefort, l'effervescence que connut, un moment, la société, parce qu'elle ne débouchait ni sur une insurrection, ni sur une guerre civile (j'irai jusqu'à dire, pour satisfaire ceux qui s'en moquent, qu'elle ne laisse aucun résultat tangible à son terme) rappelle par certains traits l'effervescence révolutionnaire, celle de l'Angleterre au milieu du XVII° siècle, celle des États-Unis ou de la France au XVIII° siècle, celle de la Russie au XX° siècle. Cette effervescence n'est sans doute qu'une composante des révolutions,...mais...elle donne figure, pendant un temps plus ou moins long, à une démocratie sauvage, dont la trace peut se perdre, se perd toujours, mais qui révèle des aspirations spécifiques au monde moderne. »[408]

Le résultat tangible fut quand même, quoi qu'en dise Rancière, un changement de moeurs et de manières, ce qui n'est pas négligeable. Quant à l'idée de démocratie sauvage - et, sans aucun doute, excessive - , quel rapport a-t-elle avec ce que Lefort appelle le capitalisme sauvage ? Nous posons seulement la question.

Sens de l'indépendance et espace public

Critiquant Lipovetski et prolongeant Tocqueville, Lefort tente de caractériser le sens de l'indépendance, notamment en 1968 : « Le sens de l'indépendance aiguise le désir de penser et d'agir en récusant les contraintes jugées arbitraires. Plus il se répand parmi les hommes, plus la société devient active, plus riche le débat public, plus vivant le tissu des relations entre les individus et les groupes. Bref libertés individuelles et libertés politiques se soutiennent les unes les autres. »

Et il ajoute : « (Dans le moment de Mai), l'affirmation des individus en tant qu'individus qui se révélait dans leurs initiatives et dans leur refus de se laisser assujettir à des règles arbitraires ou de se laisser diriger par des révolutionnaires professionnels parlant la même langue de bois, cette affirmation allait de pair avec la volonté d'aménager un grand espace public dans lequel des réponses puissent être données à des questions d'intérêt commun. »[409]

---

[408] Relecture - Sur Mai 68 p. 591-592 daté 1988.
[409] ibid. p. 595.

Vingt ans après, Lefort met en pleine lumière ce qui fut l'une des finalités essentielles du mouvement de Mai 1968.

Mai 68 : la démocratie

« Si (Mai 68) ne fut pas une révolution..., c'est, avant tout, parce que la démocratie est ce régime dans lequel le conflit, si intense soit-il, trouve normalement sa place ; ce régime qui consent à se laisser ébranler, ne désarme pas l'espoir du changement, *ce régime ne saurait* - à moins d'être détruit non par une révolution, mais par un mouvement totalitaire - *se confondre avec le système capitaliste* (souligné par nous, LMB). ni avec la domination de la bureaucratie, ni avec l'empire de la technique, quoiqu'il leur soit inextricablement liés). »[410]

Ce texte est pour nous essentiel. Lefort y affirme que la démocratie ne peut être confondue avec le système capitaliste (nous ajouterons : qu'il soit sauvage ou « civilisé »). Il en est donc, selon nous, l'un des excès, tout comme la domination bureaucratique et l'empire de la technique. Ce qui ne veut pas dire qu'il y a une alternative à l'excès capitaliste - alors qu'il y en a une à l'excès totalitaire -, puisque, comme le dit Lefort, le régime démocratique est inextricablement lié à l'excès capitaliste. Tout au plus est-il possible de rogner, de craqueler cet excès capitaliste, en pratiquant au mieux, à travers toutes les dimensions de la société moderne comme type de société, la démocratie et, simultanément, en tentant de réinventer un socialisme qui la comporte.

Pluralité des imaginaires, principe des droits
(le FIS algérien).

Face à l'interruption des élections en Algérie en 1992, Lefort réagit vivement (nous en fûmes témoin) et approuva aussitôt cette interruption. Dans le même temps, un Algérien - qui était pourtant son élève - la condamnait. Lefort apporte ici deux arguments à son choix : « Si la menace que font peser (les) adversaires de la démocratie reste contenu par les institutions, la réponse est non (on ne

---

[410] ibid. p. 599.

doit pas interrompre les élections). La présence de ces ennemis peut même servir d'aiguillon salutaire. Mais si le danger existe de voir le pouvoir tomber entre les mains de gens pour qui l'idée de libertés politiques et de libertés individuelles n'a aucun sens, la réponse est oui, sans hésitation ».

Après s'être indigné contre ceux qui comparaient l'interruption des élections en Algérie par l'armée à l'écrasement par les dirigeants chinois de la révolte de la place Tienammen à Pékin, Lefort conclut : « L'opinion de la majorité, contrairement à une thèse répandue et perverse, ne saurait être un critère absolu pour juger du caractère démocratique d'un régime. La démocratie suppose l'acceptation de la pluralité des intérêts et des croyances et le respect des droits de l'homme. Aucune majorité ne peut s'arroger la toute-puissance et imposer sa loi à l'ensemble de la population. C'est là un principe constitutif de toute république démocratique. Si une telle majorité se dessine, il revient à ceux qui ont le sens de leur responsabilité politique de la combattre »[411]

C'est l'excès politique qui est ici visé et non l'excès économique. Il y a un degré d'excès à partir duquel la démocratie peut disparaître. Si ce degré d'excès est franchi, l'excès s'accomplit et la démocratie est détruite. Ajoutons qu'à notre avis la démocratie algérienne actuelle est très imparfaite (avec des aspects dictatoriaux). Elle tente néanmoins de demeurer, à des degrés divers, un cadre de vie.

Le Front National

« (Le Front National) a réussi à bâtir, depuis quelques années, une organisation véritable, à créer une chaîne entre militants, sympathisants et électeurs potentiels. Toutefois, dans le cadre de notre société, il ne peut se permettre d'user de moyens ouvertement illégaux, il se réclame même de la démocratie...Cependant, deux traits du fascisme sont manifestes : le Front National...cherche et réussit à apparaître comme en dehors (souligné) du champ politique. L'image de sa rupture avec toutes les formations fait

---

[411] Il fallait arrêter le FIS p. 480-481 daté 1992.

entrevoir celle d'une rupture dans l'histoire, celle de la création d'un ordre nouveau (souligné) ».[412]

Ce qu'il est important de retenir de ce texte, c'est non pas l'organisation du FN à l'époque (qui semble avoir quelque peu subi les contraintes des dernières élections), mais le fait que cette organisation cherche et réussit à apparaître en dehors du champ politique, qu'elle se veut en rupture historique et créatrice d'un ordre nouveau.

Le problème est qu'il n'est pas sûr qu'à l'extrême gauche cette rupture ne soit pas aussi souhaitée, car l'anticapitalisme actuel, dans la mesure où il confond capitalisme et société moderne démocratique, prétend offrir une alternative, en refusant de voir, répétons-nous, que le capitalisme est l'excès de cette société démocratique moderne, que, comme le dit Lefort, il s'en distingue, mais y demeure inextricablement mêlé. C'est contre et à côté de l'excès qu'il faut, à notre avis, situer et pratiquer la démocratie, réinventer le socialisme, et non contre un fantasme (le tout-capitalisme) appelant un autre fantasme (l'alternative).

Le MAUSS
(Mouvement Anti-Utilitariste dans les Sciences Sociales)

Lefort résume les caractéristiques du MAUSS : c'est un mouvement militant, soumettant à la critique les préjugés utilitaires. Il fait dialoguer les « gens » des sciences sociales. La revue qu'il édite ne craint pas de laisser apparaître les divergences de ses animateurs. Enfin, elle n'apporte ni rénumération matérielle, ni rénumération symbolique. Lefort note le plus important : « Le nom (de Marcel Mauss) vient indiquer une filiation, la reconnaissance d'une dette envers un initiateur, celui qui a décelé dans le don un « fait social total »... Chez vous (les maussiens), pas de goût pour l'orthodoxie ».[413]

---

[412]La politique est toujours en défaut, sinon en état de crise, p. 690, daté 1992.
[413]Réflexions sur le projet politique du MAUSS p. 717 daté 1993.

Le MAUSS (critique de Lefort) (1)

Lefort crédite également le MAUSS de ne pas vouloir renoncer à la distinction des disciplines en sciences sociales - quand leur confusion semble fort à la mode.

Mais il reproche au MAUSS des simplifications, la distinction entre le formel et l'informel chez Latouche, celle entre socialité primaire et socialité secondaire - qui est chez Caillé, mais aussi chez Gurvitch. S'il critique ces distinctions, c'est, ajoute-t-il, « parce qu'elles étayent la critique de l'utilitarisme et la thèse d'un paradigme alternatif ».[414]

Le MAUSS (critique de Lefort) (2)

Après avoir très longuement montré la théorie de Tocqueville sur l'individu démocratique, rappelé l'incertitude de la société moderne démocratique (qu'il appelle capitalisme, même s'il la distingue de lui), Lefort tente de sérier ses objections au MAUSS, surtout dans la manière dont ce mouvement conçoit l'utilitarisme. En ce qui concerne l'utilitarisme, il les rassemble dans les paragraphes suivants. « La critique (du MAUSS à l'utilitarisme) serait mieux fondée si vous reconnaissiez que l'utilitarisme est lié à une dénégation du politique - Caillé a parlé, depuis, de l' »oubli du politique » dans un livre dédié à Lefort, LMB - et si vous vous interrogiez sur la démocratie - ce qui fut fait, mais sans grand succès, LMB -, si vous démontriez comment elle se prête à son développement (celui de l'utilitarisme) et quelles sont ses ressources propres de le tenir en échec. Peut-être alors cette interrogation permettrait-elle d'avancer dans la difficile explication des rapports, à notre époque, entre démocratie et économie de marché. »[415]

« Ne faut-il pas comprendre que l'utilitarisme est le signe d'un imaginaire dogmatique, d'un obstiné rejet de l'idée d'une loi qui soit autre chose qu'une convention, d'un pouvoir qui ne soit pas seulement une fonction

---

[414]ibid; p. 718.
[415]ibid. p. 730..

instrumentale, d'un mode de reconnaissance qui doive toujours rester en quête de ses fondements, bref d'un refus de toute idée de transcendance ? »[416]

Lefort reprend, à propos du don, ce que Caillé analyse dans l'utilitarisme : son extension et sa dilatation (dont il pense, lui Caillé, qu'il ne l'a pas montrée abusivement), la distinction que fait Caillé entre utilitarisme pratique vulgaire et utilitarisme distingué qui ne semble guère pertinente à Lefort. Mais c'est sur le don qu'il insiste.

D'abord Lefort redit ce qu'il avait dit, nous semble-t-il, dans *L'Echange et la lutte des hommes* au début des années cinquante : « On ne donne pas pour recevoir, on donne pour donner », en quoi il est d'accord avec Caillé. De même l'est-il lorsqu'il dit que « les hommes n'ont pas seulement plaisir à recevoir, mais tout autant à donner, entreprendre, procréer, et qu'ils sont par ailleurs (c'est nous qui soulignons) soumis à la dette qui leur fait obligation de rendre ce qu'ils ont reçu ». De même, Lefort rejoint Caillé quand « il met l'accent sur la relation des acteurs, en récusant l'idée d'un système qui nous dispenserait de nous intéresser à leurs mobiles ». Enfin, il refuse, comme Caillé, de voir dans le don maussien « une forme de survivance plus ou moins archaïque. »[417]

Fort justement et contre Caillé - avec qui, sur ce point, nous n'avons jamais été d'accord - il conteste que la triple obligation (donner, recevoir et rendre) soit seulement du registre de la socialité primaire, c'est-à-dire du champ des relations de personne à personne. « Ces personnes, ces relations sont, dit Lefort, investies de significations générales (souligné) ; celles-ci ne s'éclairent que si nous tentons de comprendre un certain mode d'institution du social, j'oserais dire une forme politique (souligné) de société ».[418]

Pour notre part, nous ne suivons, sur ce point, ni Lefort, ni Caillé. Car, même dans le don maussien, les relations ne se font pas seulement (c'est le cas parfois) de personne à personne, mais de groupe à groupe, les échangistes-

---

[416]ibid. p. 730.
[417]ibid. p. 732.
[418]ibid; p. 733.

personnes représentant toujours leur groupe. Les mobiles des acteurs sont le plus souvent - il suffit de relire *Les Argonautes du Pacifique* - des mobiles de groupe, mobiles portés par des personnes (le chef ou d'autres).

Enfin, Lefort incrimine quelque peu le MAUSS en faisant référence à La Boétie et à son Discours de la servitude volontaire, de ne pas montrer la négativité possible du don. Le reproche est quelque peu injustifié. Le MAUSS n'en a jamais douté et l'a montré, notamment dans des articles sur le Rwanda, sans pour autant y voir un développement du paradigme de l'utilitarisme.

Ce que nous reconnaissons à Caillé et au MAUSS - où nous étions et dont nous faisons toujours partie -, c'est l'incontestable audace qu'il y avait et qu'il y a encore à disqualifier l'utilitarisme excessif et à donner au don sa vraie place dans ce que nous appelons pour notre part des « codes inauguraux », c'est-à-dire des sublimations collectives qui semblent bien apparaître partout et toujours : le sacré, la prohibition de l'inceste, et d'autres non repérés. Désormais, il faut y reconnaître le don et ses variations. Mais Lefort l'avait dit mieux que personne dans *L'Echange et la lutte des hommes*, en montrant que c'était en allant jusqu'à détruire des objets de la nature ou des objets fabriqués à partir de ce qu'elle produit - don sans retour, don à personne, aurait dit Duvignaud - que des êtres humains pouvaient, dans le potlatch, se reconnaître entre eux comme tels.

Nous rêvons de petits groupes de chercheurs(euses) qui travailleraient empiriquement, en analyse de discours, sur des phénomènes de don. On y verrait peut-être apparaître une utilité culturelle à laquelle personne ne pense. L'article de Lefort et les travaux de Caillé et du MAUSS ouvrent, à notre avis, des pistes en ce sens.

Résistance organisée des salariés

Lefort fait apparaître le capitalisme pour ce qu'il est (selon nous, un excès dans et de la société démocratique) et la société moderne pour ce qu'elle est : à la base elle est le droit d'avoir des droits, comme le dit Hannah Arendt. Lefort écrit : « Les avantages qu'ont tirés de l'industrialisation un nombre croissant d'individus n'ont pas été seulement l'effet du développement d'un capitalisme qui, en fait, était aveugle, ils ont été pour une part conquis à la faveur de la résistance organisée des salariés aux conditions impitoyables qui leur étaient faites ». Or Lefort ajoute lui-même que « cette résistance a bénéficié, à un degré sous-estimé par Marx, d'une culture politique, déjà en gestation sous l'Ancien Régime, façonnée par la bourgeoisie, dans laquelle était diffusée l'idée des droits de l'homme. »[419] Mais cette « culture politique » n'est-elle pas déjà au moins l'amorce de la société moderne notamment économique qui va s'accomplir, en France, sous la Révolution et plus encore sous l'Empire, avec la création d'une classe ouvrière ?

Lefort reprend la question, si l'on peut dire par un autre bout, lorsqu'il fait remarquer, s'appuyant sur les dires d'économistes, que la crainte des pays et États d'augmenter l'importation et l'endettement aux dépens des exportations pourrait être jugulée en accordant à tous les pays des liquidités à seule fin d'importations. Ces liquidités assureraient, et précisément aux pays qui en ont besoin, une croissance équilibrée, tout en accroissant les exportations des pays développés (ce fut, comme le rappelle Lefort, un peu la finalité du plan Marshall dont nous avons montré la signification dans une recension de la revue du MAUSS). Or, dit Lefort, à quoi un tel projet se heurte-t-il ? « À la furieuse rivalité qui déchire les grandes puissances, ces États dont certains prétendent que le rôle risque de s'effacer, et, plus généralement, à l'absence d'un projet politique face à la dynamique sauvage du capitalisme. On

---

[419] *Démocratie et globalisation*, p. 797, daté 1995.

discuterait en vain de la logique de la globalisation si l'on négligeait le contexte de la politique internationale. »[420]

« Dynamique sauvage du capitalisme » : y aurait-il une dynamique du capitalisme qui ne soit pas sauvage ? Nous pensons que non. Quand celle-ci se déchaîne, elle ruine et détruit les individus, des groupes, des pays (la Malaisie). Ce n'est pas ou pas seulement la résistance à cette dynamique sauvage qui conjure les effets du capitalisme, mais le fait que la société moderne démocratique se met en place, prend de l'importance y compris au niveau de la globalisation, obligeant, dans la crise récente (2008) les pays à une politique de renflouement non seulement des banques, mais des entreprises et des salaires, renflouement qui évite l'ampleur de la crise de 1929.

Or ce renflouement n'est pas seulement économique, il est politique, avalisé par les États et par l'opinion publique. Si le capitalisme y trouve son compte, ce n'est qu'indirectement. Le renflouement était et est devenu obligatoire pour que les sociétés civiles et économiques ne s'effondrent pas. Car on ne peut oublier que l'économique est encastré dans le social.

Convergence du libéralisme économique et du libéralisme politique

Elle se manifeste dans la critique de l'État-Providence. Elle est fondée sur les droits qui sont jugés constitutifs de la démocratie - droits-liberté - et sur les droits sociaux et culturels, nommés droits-créance. L'institutionnalisation de ces derniers marque-t-elle une perversion de la démocratie ?

C'est à cette question difficile que Lefort tente de répondre. On peut s'inquiéter de la prolifération des droits-créance. Mais certains ont été conquis dans le cours du temps et paraissent découler de droits fondamentaux : droits d'association, syndical, de grève, des femmes.

L'interprétation libérale des droits, dit Lefort, méconnaît l'avènement d'une nouvelle forme de société. Les individus se définissent par leur participation à un

---

[420]ibid. p. 798.

monde commun et à un espace dont l'ordre n'est plus préétabli.

Le premier libéralisme défendait la formule d'un gouvernement représentatif qui, en tant que tel, restait toujours en quête de sa légitimation dans une société plurielle et conflictuelle... C'est un peu, selon nous, celui de Benjamin Constant (qui, pourtant, se rallia aux théories de Jean-Baptiste Say postulant - beaucoup plus rigoureusement qu'Adam Smith - la « main invisible »).

Mais le second libéralisme - celui, par exemple, selon nous, du second Guizot - a cherché a enrayer ce processus, à restreindre la communauté politique aux limites d'une fraction de catégories supposées énoncer leurs droits en connaissance de cause. Son projet était de conjurer le péril du nombre, de substituer à l'ordre aristocratique un autre ordre hiérarchique, fondé en raison sur la définition des supériorités et sur la séparation entre le monde régi par les règles et le monde trouble des classes dangereuses.

La démocratie libérale est devenue une démocratie de masse. Le libéralisme entretient néanmoins l'idée que la démocratie se définit comme un système strictement juridico-politique, qu'elle se réduit aux frontières de l'État de droit, qu'elle doit être à l'abri des mouvements sociaux.

Nous avons résumé jusqu'ici dans cette rubrique, en paraphrasant le plus souvent Lefort, ce qu'il dit sur le libéralisme.

Le suffrage universel a bouleversé la donne. « La représentation - au sens politiique du terme, c'est-à-dire l'Assemblée nationale et le Sénat, LMB - procure à l'ensemble de la société une visibilité, lui renvoie les signes de ses oppositions internes, de ses articulations, de sa configuration ». »[421] « De plus, l'efficacité des organes de représentation tels que commune, canton, etc. dépend de l'intensité des relations sociales, c'est-à-dire de l'insertion des individus, en dépit des inégalités, dans une communauté politique. »[422]

Nous avons pillé le texte de Lefort (de la p.799 à la p. 802)- sans mettre le plus souvent de guillemets. Il montre

---

[421] ibid. p. 802..
[422] ibid. p. 802.

non seulement les limites du libéralisme politique lié au libéralisme économique, mais surtout comment le suffrage universel et la démocratie de masse ont transformé et continuent de transformer l'espace social et politique (au sens du politique) plus ou moins clos en une communauté politique ouverte.

Aggravation des difficultés de l'intégration sociale

Lefort énumère les différents facteurs (augmentation de l'indépendance de l'enfant, précarité des mariages, etc.) qui aggravent les difficultés de l'intégration sociale et il note que le processus lui semble irréversible. Ce processus se constitue, comme nous l'avons dit à partir de la réflexion de Lefort, avec celui de la décomposition de l'idéologie bourgeoise liée à la dislocation de l'ancienne structure de classes. Mais Lefort relève l'apparition de nouvelles représentations idéologiques qui contribuent à façonner les comportements.. « Mais, dit-il, qu'il s'agisse d'une version réactionnaire de l'idéologie (naufrage de toutes les valeurs) ou d'une version progressiste (banalisation de tout changement dénommé culturel), elle fait méconnaître que l'individu - et nous ajouterons : le groupe, LMB - est toujours confronté à l'idée de loi, à l'idée d'autorité et à l'idée de vérité - la loi demeurant irréductible aux normes collectives en vigueur, l'autorité étant autre chose que l'autoritarisme, et la vérité sans commune mesure avec la consommation de l'information. »[423]

Lefort conclut son propos en disant qu' « une société démocratique dont les articulations et les lignes de développement deviennent de moins en moins déchiffrables risque de jeter un nombre croissant d'individus dans le désarroi et de provoquer une furieuse demande d'ordre et de certitude au bénéfice de nouveaux démagogues ».[424]

Lefort parle, à propos des événements de 1968, d'effervescence révolutionnaire, donnant figure à un « désordre sauvage, révélant des aspirations spécifiques au monde moderne ». Il y eut aussi une révolte contre

---

[423] ibid. p. 804.
[424] bid. p. 805.

l'autoritarisme et contre des traditions périmées. Ces événements étaient possibles dans un régime « qui ne se confond pas avec le capitalisme ».

Le texte sur 1968 est de 1988. Quelques années plus tard, en 1992, à propos de l'arrêt des élections en Algérie, Lefort approuve cet arrêt, le peu de démocratie algérienne risquant d'être subverti dans ses institutions et ses libertés par le fondamentalisme islamiste. La comparaison avec Tienammen lui semble particulièrement malvenue. À propos du Front National, en 1992, Lefort montre que le FN recherche et réussit à apparaître comme hors du champ politique et comme créateur d'un ordre nouveau (proche du fascisme et du nazisme, LMB). En 1993, critiquant le MAUSS (qu'il a d'abord complimenté pour son hétérodoxie et pour son honnêteté intellectuelle et matérielle), Lefort note fort justement que ce ne sont pas seulement des personnes qui échangent dans l'échange par don, mais des personnes dans des groupes. Formel/informel, socialité primaire/socialité secondaire étayent, selon lui, au MAUSS « la critique de l'utilitarisme et la thèse d'un paradigme alternatif. »

Enfin, il est vrai, et, sur ce point, la critique de Lefort, à l'époque, était juste, que le MAUSS oubliait un peu le politique et ne posait pas, derrière la critique de l'utilitarisme, la question de la loi.

La résistance organisée des salariés bénéficie, selon Lefort, « d'une culture politique déjà en gestation sous l'Ancien Régime, dans laquelle était diffusée l'idée des droits de l'homme ». Il note que c'est la furieuse rivalité des grandes puissances qui empêche les pays qui en ont besoin de recevoir des liquidités favorisant leurs importations et plus tard leurs exportations. La crise récente (2008) a un peu diminué cette rivalité.

La convergence entre libéralisme économique et libéralisme politique qui permet de critiquer, au nom du libéralisme politique, l'État-providence, méconnaît, dit Lefort, « l'avènement d'une nouvelle forme de société où les individus se définissent par leur participation à un monde commun et à un espace dont l'ordre n'est plus préétabli ». L'aggravation des difficultés d'intégration sociale ne tient pas seulement à des facteurs tels que l'indépendance de l'enfant ou la précarité des mariages, mais au fait qu'est méconnue la confrontation de l'individu à l'idée de loi, à l'idée d'autorité et à celle de vérité, « la loi n'étant pas les normes collectives, l'autorité n'étant pas l'autoritarisme, et la vérité la consommation de l'information ».

Chapitre XV
LE POUVOIR

Lefort, qui s'est toujours posé la question du pouvoir politique, en parle plus directement à partir du moment où le totalitarisme, grâce aux dissidents, notamment Solyenitsyne, apparaît dans sa nature propre. Se dessine alors en quelque sorte à contre-jour la question du pouvoir démocratique.

Mais ce pouvoir démocratique est travaillé par la division du social, celle entre dominants et dominés, dont aucune société ne peut faire abstraction et que, selon nous, aucune lutte ne peut faire complètement disparaître. La société se divise entre ceux qui veulent opprimer et ceux qui ne veulent pas l'être. Mais, entre ces deux extrêmes, les gradations de la domination s'expriment jusqu'au moment où cette dernière, passant à l'excès, opprime, exploite, écrase. Jusqu'au moment où ceux qui la subissent légalement et légitimement selon leur vouloir en viennent à la subir illégalement et illégitimement malgré eux ou l'acceptent en se faisant relais du dominant (la servitude volontaire).

Mais cela n'est pas, à proprement parler, la problématique de Lefort, ni celle de Machiavel, qui ne développent pas dans un tel sens la division dominants/dominés comme division du social. Lefort tire, si l'on peut dire, de cette division sa réflexion sur le pouvoir démocratique qui ne peut être approprié par personne, qui désigne un lieu vide, et comporte « une mise en jeu périodique de son exercice ». Le peuple demeure pôle de négativité, de non-pouvoir. Lefort reproche au socialisme français de « charrier un dogmatisme pseudo-révolutionnaire ». Il demeure cependant préférable (comme on peut le voir en 2008) à la présence de la droite au pouvoir.

Désormais, nul individu ou groupe en démocratie ne peut être consubstantiel au pouvoir. La lecture du livre de Guizot *Des moyens d'opposition et de gouvernement en l'état actuel de la France* (1821) confirme Lefort dans l'idée qu'il y a un pouvoir auquel la société adresse une démocratie. Pouvoir et société sont dans un rapport dialectique. C'est au pouvoir de l'opinion que le pouvoir politique adresse son investigation, déchiffrant le social. La référence au pouvoir et à la loi porte, malgré ce que dit Guizot, la critique de la croyance à la légitimité absolue du pouvoir. Le pouvoir de la parole et de l'interpellation s'est paradoxalement révélé en 1968. Liberté politique et liberté individuelle, récusation d'un ordre bon en soi indiquent a contrario où se situe la perversion de la démocratie. Le rapport entre souveraineté et nation, souveraineté et État ne va pas sans un rapport aux droits. Que le pouvoir n'appartienne à personne n'est pas un fait acquis, mais « une obligation inconditionnée ». Le capitalisme est un « défi au pouvoir démocratique ».

La question du pouvoir

Au début d'un texte qui rappelle son itinéraire, Lefort aborde la question du pouvoir. Il s'agit, à n'en pas douter, du pouvoir politique (au sens du politique) et d'un pouvoir social et politique qui demeure à analyser. « Il m'est apparu que, pour Machiavel, la société est toujours divisée entre dominants et dominés ; que cette division ne peut être imputée à des conditions de fait (degré de développement des forces productives) et qu'elle se combine avec la division du pouvoir et de l'ensemble social. »[425]

Et il ajoute, après avoir montré que le pouvoir se dérobait derrière les institutions, s'institutionnalisait : « Le sens de la question que nous pose le pouvoir (est) qu'il

---

[425] Aperçu d'un itinéraire p. 348 daté 1978.

surgit de la division du social et tout à la fois reste pris en elle ».[426]

Il s'agit bien du pouvoir politique (au sens du politique), celui que, pour marquer son surgissement dans la division du social et le fait qu'il reste pris en elle, nous appelons le pouvoir social et politique. Lefort dit là l'essentiel de ce pouvoir et il est, à notre connaissance, le premier à l'avoir découvert. Car c'est bien de l'échange que surgit le pouvoir explicite social et politique et que, par lui (l'échange), il demeure dans la division du social telle qu'en témoignent les rapports sociaux.

Le pouvoir démocratique (1)

« La démocratie implique en premier lieu que le pouvoir ne peut être occupé par personne, qu'il indique un lieu vide. En second lieu, qu'il y a une remise en jeu périodique de son exercice et une institutionnalisation de la compétition. En troisième lieu, que les prérogatives du pouvoir, si importantes soient-elles, sont limitées, que le système politique (au sens étroit du terme) a des frontières. Trait décisif : ce qui relève du pouvoir est une chose, ce qui relève de la loi une autre, ce qui relève du savoir encore une autre. » « Il est vrai, ajoute-t-il, que le pouvoir essaie de mettre la main dessus (ces domaines) et de les soumettre à son contrôle. »[427]

Lorsque Lefort dit que le pouvoir indique un lieu vide, il parle, à notre avis, tout autant de ce que nous appelons le pouvoir social et politique que du pouvoir politique au sens strict du terme. Mais, dans son argumentation, il insiste sur ce dernier (le pouvoir politique, celui de la politique), pour montrer que, même si ce dernier veut contrôler les domaines de la loi et du savoir, en démocratie ces domaines demeurent distincts, avec leurs propres normes, ce qui contribue à distinguer radicalement la démocratie du totalitarisme.

---

[426] ibid. p. 349.
[427] ibid. p. 351.

Le pouvoir du peuple

Pour Lefort, le peuple demeure pôle de négativité, de non-pouvoir (au sens de la politique). Il institue le pôle indéfini de la contestation. Le peuple ne peut pas « gagner », il cesserait d'être peuple. Quand, dit-il, ceux qui étaient en bas sont passés en haut, reste le monde d'en bas, le monde du non-pouvoir.

Nous reproduisons sans guillemets les phrases de Lefort, puisque nous puisons dans le texte sans chercher à le citer littéralement.

Plus haut, il dit : « Le désir du peuple est au fondement de la loi, parce qu'il est désir de ne pas être opprimé, parce que le peuple est par excellence le pôle du non-pouvoir. »[428]

Plus haut encore, il note l'irréductibilité des luttes sociales à la lutte pour la conquête du pouvoir.

Si nous poursuivons l'analyse de cette rencontre (le terme n'est pas dans le texte) du peuple avec le pouvoir, notons cette remarque de Lefort : « Le pouvoir abordera toujours la société depuis son propre lieu et dans, si je puis dire, le cadre de représentations que lui impose sa position nécessairement en surplomb, sa distance par rapport à la vie des gens dans la société. »[429]

Et l'on voit réapparaître le peuple dont nous étions parti : « Ce pouvoir est obligé de tenir compte de, il est constamment exposé à des revendications d'un type nouveau, des revendications qui font entrer en scène des groupes sociaux et cela pas seulement dans le champ de la production (sous-entendu économique, LMB) ». « C'est du coeur même de la société qu'émergent les revendications qui limitent le pouvoir en faisant peser sur lui une menace. »[430]

Enfin Lefort répète « qu'il faut se débarrasser du fantasme qu'il y a, à l'horizon, une société homogénéisée, aplatie, parce que nous savons bien que c'est justement quand il y a cet aplatissement que le pouvoir est non pas

---

[428] ibid. P. 355.
[429] ibid. p. 354.
[430] ibid. p. 354.

aboli, mais qu'il resurgit dans son extériorité de façon fantastique (le totalitarisme). »[431]

Il s'agit ici du pouvoir politique (au sens de la politique). Reste, répétons-le, à analyser le pouvoir social et politique (au sens du politique). Quand Lefort parle de non-pouvoir du peuple, c'est évidemment par rapport au pouvoir politique (au sens de la politique) que, dans le meilleur des cas, le démocratique, le peuple a donné momentanément, par le suffrage universel, à des personnes, pour le redonner de la même manière momentanément à d'autres personnes. Il n'y a pas, à notre avis, à proprement parler, de non-pouvoir social et politique. Mais Lefort dit bien que le pouvoir indique le lieu d'un manque. Or le pouvoir social et politique apparaît explicitement dans l'échange et, selon nous, fondé sur une présence et un manque perpétuels : je donne, tu reçois, tu redonnes (rends) ou tu donnes à un autre, qui fait sans cesse disparaître sinon l'objet (un objet de savoir ne disparaît pas : je sais toujours, après l'avoir donné, ce que je donne à savoir), mais le statut de l'objet : mon objet n'est plus à moi, il est partagé avec d'autres.

Mais nous outrepassons ici le propos de Lefort qui s'est intéressé principalement au pouvoir politique (au sens de la politique).

Le pouvoir démocratique (2)

Lefort donne, en 1982, un exemple de pouvoir démocratique tel qu'il se manifeste en France, comme pouvoir socialiste. « Le socialisme français n'est pas seulement hétérogène, mais hétéroclite. Il charrie un dogmatisme pseudo-révolutionnaire (à ses confins perméable au totalitarisme) qui fait bon ménage avec un autoritarisme technocratique, un libéralisme politique, un réformisme imaginatif, une sensibilité nouvelle à l'exigence démocratique, un opportunisme au service du partage et de la conservation des places. Et tout tient ensemble jusqu'à présent (1982) grâce à l'habileté et au prestige d'un homme qui arbitre, décide, et dont nul ne sait assurément où il se loge. »[432]

---

[431] ibid. p. 354.
[432] Le socialisme à la française p. 449 daté 1982.

On peut noter que, dans cette liste, tout n'est pas négatif. C'est le mélange qui paraissait douteux à Lefort et qui, selon nous, l'est toujours. Lefort ajoute : « L'avenir du pouvoir socialiste ne dépend pas surtout de l'abandon de sa doctrine (le marxisme), encore lui faudrait-il manifester un esprit d'invention, donner figure à la démocratie, faire passer un nouveau souffle dans la vie publique. Or ce que nous entrevoyons de son histoire et de sa physionomie présente ne donne pas beaucoup d'espoir. À cet espoir nous nous agrippons pourtant, si forte est notre répulsion devant l'image d'une restauration de la droite ».[433]

Tel est le pouvoir démocratique en France lorsque la droite n'est pas restaurée. Décevant, non seulement pour les raisons que donne Lefort, mais, selon nous, parce que, comme beaucoup d'autres, il confond capitalisme et société moderne démocratique. Si, comme nous le pensons, le capitalisme est l'excès de cette société, excès accompli et continuant de s'accomplir, le socialisme ne peut être qu'anticapitaliste. Mais sa lutte contre le capitalisme ne consiste pas seulement en résistance et en revendications, mais aussi, partout où c'est possible et tout particulièrement au Parti socialiste, à penser et à continuer de mettre en oeuvre la société démocratique et le socialisme.

Lieu du pouvoir comme lieu vide

Le lieu du pouvoir comme lieu vide, Lefort le met en évidence dans le pouvoir politique (au sens de la politique), où la périodicité de son apparition et de sa disparition vient confirmer qu'il ne peut être approprié par personne. Mais nous pensons que, dans le pouvoir social et politique (au sens du politique), c'est la répétitivité de son apparition et de sa disparition qui confirme, au moins en société démocratique, dans la vie sociale, sa non-appropriation. Dans cette société, lorsque cette appropriation se produit, c'est le versant autoritariste sinon totalitaire qui, dans le pouvoir politique (au sens de la politique), peut apparaître. Dans le pouvoir social et politique, n'apparaît pas seulement le versant capitaliste, mais, plus largement,

---

[433] ibid. p. 449.

l'excès de domination sociale et politique (sur les femmes, les enfants, les vieillards, les handicapés, les SDF, les désocialisés, les moins nantis dans les pays pauvres, etc.), excès qui s'accomplit et tend à se fixer.

Mais revenons au pouvoir politique. Nous citons très longuement le texte de Lefort ; on trouve dans d'autres parties de son oeuvre, cette définition du pouvoir politique comme indiquant un lieu vide, notamment dans *Essais sur le politique*. Lefort note qu'il en a déjà parlé auparavant (avant 1982). *Essais sur le politique* est de 1986. Mais la datation n'importe guère ; ce qui est important c'est que cette découverte de Lefort a été reconnue par des philosophes et des sociologues, alors que nombre de ses découvertes : par exemple le totalitarisme comme type de société, ou l'atemporalité des droits de l'homme sont passées plus ou moins inaperçues quand elles n'ont pas été dénigrées (le totalitarisme). C'est l'une des caractéristiques essentielles de la société démocratique qui s'est trouvée mise en lumière, avant que le totalitarisme en URSS ne s'effondre.

« Ce qui émerge, dit Lefort, c'est la notion nouvelle de lieu du pouvoir comme lieu vide. Ceux qui exercent l'autorité politique (nous dirions plutôt le pouvoir politique, LMB) sont désormais de simples gouvernants. Ils ne sauraient s'approprier le pouvoir, l'incorporer (comme c'était le cas sous l'Ancien Régime, LMB). Bien mieux, son exercice est soumis à la procédure d'une remise en jeu périodique. »[434] Il y a institutionnalisation du conflit « tandis que le pouvoir apparaît en dehors, au-dessus de la société civile. Il est supposé s'engendrer de l'intérieur de celle-ci ; tandis qu'il apparaît comme l'organe instituteur d'une cohésion, garant d'une unité territoriale, garant de l'identité nationale dans le temps, il conserve l'empreinte du conflit politique qui s'avère constitutif de son exercice, c'est-à-dire l'empreinte de la division. »[435]

Nous ajoutons qu'à notre avis majorité et minorité, contrôle des Conseils (Constitutionnel, d'État, etc.) sont

---

[434]Démocratie et avènement d'un lieu vide p. 465 daté 1982.
[435]ibid. p. 465.

des signes réels de l'empreinte de la division dans le pouvoir politique.

Lefort écrit ensuite : « Voilà qui mérite attention : la notion d'un lieu que j'appelle vide, parce que nul individu ou groupe ne peut lui être consubstantiel, la notion d'un lieu infigurable, ni au dehors, ni au dedans ; la notion d'une instance proprement symbolique, en ce sens qu'elle n'est plus localisable dans le réel. Mais encore faut-il observer que, pour la même raison, s'affirme la référence à un pôle inconditionné ; ou, à mieux dire, la société se trouve mise à l'épreuve de la perte de son fondement. »[436]

Les médias s'acharnent à vouloir figurer, localiser le pouvoir politique, en faisant défiler les gouvernants : président, chef de l'exécutif, ministres. Que ce soit pour la société française, ou pour celles qui lui sont extérieures, la valse des ministres (voulue plus lente) et la périodicité de la disparition du président confirment ce que dit Lefort. De même que la société démocratique s'est vouée par elle-même à une indétermination radicale qui l'oblige à interroger ses propres principes, de même le pouvoir politique, désincorporé, ne se fixe que pour un temps, sans autre substantialité que le corps de gouvernants mobiles.

Lefort poursuit : « Avec la désincorporation du pouvoir, s'opère une désintrication entre la sphère du pouvoir, la sphère de la loi et la sphère de la connaissance. La même raison fait que le droit se laisse reconnaître comme tel, que se déploie pleinement, dès lors, la dimension d'un devenir des droits et que le savoir se fait reconnaître comme tel, que se déploie pleinement la dimension d'un devenir des connaissances. et que, simultanément, le fondement du droit, le fondement du savoir se dérobent ou, à mieux dire, que le droit et le savoir s'avèrent, dans leur mouvement même, en quête continue de leur propre fondement. D'autre part, la formation d'une scène politique, scène sur laquelle s'exerce la compétition pour le pouvoir, va de pair avec le mouvement qui donne pleine consistance à la société civile, celle-ci s'avérant de part en part la même, à travers ses divisions. »[437]

---

[436] ibid. p. 465.
[437] ibid. p. 465.

La désintrication du pouvoir, du savoir et de la loi est, pour nous, un phénomène du politique. Que le pouvoir politique (au sens de la politique) en soit marqué, nous n'en doutons pas. Reste que ce qui relève de la sphère du droit et de la connaissance (autrement dit, de la loi et du savoir) ne relève pas directement de la politique. Lefort le note, puisqu'il dit : « D'autre part...le pouvoir politique donne sa cohésion à la société civile », mais, tout comme la scène politique est travaillée par la compétition pour le pouvoir, cette scène, en se formant, « va de pair », autrement dit coexiste avec le mouvement qui rend cohérente la société civile, lui donne identité (pas seulement nationale) à travers ses divisions. Si la politique est toujours à distance du social, elle se nourrit du social par le politique (lorsqu'il devient ce que nous appelons le politique de la politique), mais aussi par le mouvement de la société civile qui sans cesse le confronte à sa propre indétermination.

Pouvoir et société (Guizot)

Lefort commente le livre de Guizot *Des moyens d'opposition et de gouvernement en l'état actuel de la France* (1821). Deux points attirent notamment son attention : ce que Guizot dit des rapports entre pouvoir et société, et ce qu'il dit des rapports entre savoir, autorité, pouvoir : « L'analyse de la société, l'analyse du pouvoir, écrit-il, se combinent (chez Guizot) avec la recherche d'une action au service de la demande que porte en elle-même la société, de la demande que porte en lui-même le pouvoir, pour devenir conformes à leur nature. La société et le pouvoir s'avèrent destinés à la fois à s'accomplir et à se révéler à eux-mêmes à travers les hommes qui débattent et décident de ce qui est exigé, en chaque occasion, ici et maintenant (souligné). »[438]

Plus loin, il ajoute, toujours commentant le livre de Guizot : « La question de la nature du pouvoir ne fait qu'un avec celle de la nature de la société ; elle ne trouve réponse que si l'on en vient à admettre ce paradoxe que le pouvoir s'engendre, pour une part, du sein de la société et

---

[438] Guizot théoricien du pouvoir p. 571 daté 1987.

que celle-ci ne s'institue que du fait de son surgissement et ne s'ordonne que grâce à son action. »[439]

Lefort parle de dialectique du politique et du social. On pourrait parler, selon nous, plus précisément de dialectique du politique, de la politique et du social. Il ne s'agit pas encore du second Guizot, l'homme qui s'efforcera (en vain) de protéger des classes dangereuses la bourgeoisie, mais du premier Guizot qui se révèle - à la faveur d'un événement (l'assassinat du duc de Berry) suivi de la chute du ministère Decazes jugé trop libéral - un théoricien averti, non du mouvement démocratique, mais des nouveaux rapports entre le pouvoir et la société.

À propos du savoir, de l'autorité et du pouvoir, Lefort commente ainsi le texte de Guizot : « À l'entendre, le pouvoir n'est actif qu'autant qu'il puise la ressource de son action dans le mouvement social ; ce qui suppose qu'il s'applique à le déceler. »[440] Or, peut-on se demander, comment le pouvoir (politique) peut-il puiser les ressources de son action dans le mouvement social ? Lefort répond, toujours commentant Guizot, en faisant intervenir l'autorité (qui apparaît ici, à notre avis, distincte du pouvoir et légitimant celui-ci à travers les institutions politiques) : « L'autorité qui s'exerce en vue de l'intérêt public, qui tend à la plus grande efficacité, et ne renonce à aucune de ses prérogatives, qui assure pleinement la responsabilité de sa charge, qui connaît son insertion dans la société, la dépendance dans laquelle elle se trouve vis-à-vis de celle-ci, cette autorité a prise sur la société du fait qu'elle s'y est prise - qu'elle s'y soit prise. Et ce savoir n'est jamais définitivement acquis ; il ne se délivre pas d'une explication dont la double fin est de faire apparaître les foyers auxquels s'alimente le pouvoir et de révéler à la société elle-même sa force et son droit. »[441]

Il s'agit de l'autorité politique et non de l'autorité sociale et politique. Mais, comme le dit Lefort, « Guizot suggère l'image d'un seul espace dédoublé tel que, suivant

---

[439] ibid. p. 573.
[440] ibid. p. 575.
[441] ibid. p. 578.

une direction, le politique s'investit dans le social et, suivant l'autre, le social s'investit dans le politique. »[442]

Pour nous l'investissement du politique dans le social est celui du politique de la politique, dont une certaine fixité assure l'autorité politique, l'institution politique, le pouvoir politique, l'État et, dans cette direction, un investissement de ce politique de la politique dans le social, malgré la distance entre le social et la politique. À l'inverse, l'autorité sociale et politique (au sens du politique) légitime « donne » à l'autorité politique sa place et son exercice, en la mettant à distance d'elle-même. C'est au niveau de la politique que la transformation du social et du politique en politique de la politique se fait grâce en somme au « don sans retour » du social à la politique.

Mais nous outrepassons le commentaire de Lefort qui repère principalement l'investissement du social dans le politique au niveau de la politique.

Le pouvoir investigateur

Lefort montre ce que Guizot a bien compris (après Madame de Staël et Benjamin Constant) le pouvoir de l'opinion. « Exigeant qu'on fasse droit aux opinions, il (Guizot) précise aussitôt qu'il faut, pour les traiter, tenter de découvrir les sentiments qu'elles expriment. Le pouvoir, remarquons-nous, est un organe d'investigation, de déchiffrement du social. (Son) intelligibilité (du social), (la société) la gagne quand le pouvoir réussit à extraire du langage commun le sens qui l'habite. En d'autres termes, l'important pour le pouvoir est de distinguer le contenu latent du contenu manifeste de l'opinion. Si le social n'est pas une surface, s'il a une profondeur, il faut saisir sous l'apparence le devenir de la pensée. »[443]

Il s'agit, là encore, du pouvoir politique. C'est lui qui peut, et doit, être un investigateur du social, de ses opinions, de ses sentiments, de sa pensée. Lefort montre, à la suite de ce texte, comment Guizot prétend désormais, par cette investigation, faire apparaître le « credo populaire » : suffrage universel, souveraineté populaire et

---

[442] ibid. p. 376..
[443] ibid. p. 578.

pouvoir « humble », credo qu'il critique, traçant ainsi « une ligne de clivage entre l'idéologie et la conscience sociale ». Mais cela n'efface pas pour autant son intuition de la nécessité d'un pouvoir investigateur du social.

La référence au pouvoir et à la loi

À n'en pas douter, Guizot pense que la souveraineté de droit n'existe pas sur terre ; elle ne peut résider ni dans le pouvoir, ni dans le peuple ; « elle n'est pas une invention de l'homme. Dieu seul est souverain ».

Lefort remarque que l'intervention de Dieu n'est pas nécessaire à la thèse de Guizot : « Il lui suffit d'établir que la société, l'homme comme être social, sont inconnaissables à défaut d'une référence au pouvoir et à la loi. Le lien de l'homme avec l'homme implique, nous dit-il, une réciprocité de l'un par l'autre, une reconnaissance dont l'institution ne saurait lui être imputée. L'origine de la loi se chercherait en vain dans la société, car, quel que soit le caractère des lois positives, elles dérivent d'une notion originaire et universelle de la loi. De même, la naissance du pouvoir ne peut être repérée, car, de quelque manière qu'il soit représenté, et quel que soit son exercice, il marque la place de l'énonciation et du garant de la loi. »

Lefort ajoute : « Plutôt que l'affirmation d'une souveraineté divine (à laquelle croit Guizot), c'est la critique de la croyance à la légitimité absolue d'un pouvoir humain qui commande l'intelligence de la société politique. »[444]

Il s'agit toujours du pouvoir politique, mais il nous semble que la remarque est valable - ce serait à démontrer - pour le pouvoir social et politique (au sens du politique) lorsqu'il s'assortit de l'agressivité, de la contrainte, de la force, de la violence, de la puissance, de la domination. S'il peut avoir une légitimité, elle n'est jamais absolue.

Pouvoir de la parole et de l'interpellation

À propos de Mai 68, Lefort analyse, nous semble-t-il, le pouvoir de la parole et de l'interpellation et en montre les

---

[444]ibid. p. 583.

effets nouveaux : « S'impose l'idée que c'est ici et maintenant, face aux autres - dans une situation qui relève souvent de la mise en scène - que s'offrent les chances de l'action. De là la pratique de l'interpellation, de la provocation (qui n'a que rarement tourné à la persécution), dont l'objectif est de faire apparaître ce que dissimule le discours convenu et, par delà la croyance, l'ordre qui le soutient. »[445].Lefort voit dans ce pouvoir de la parole « une exigence nouvelle de ramener au registre du sensible ce qui était du domaine de la pure théorie. De cette exigence-là portent l'empreinte, me semble-t-il, les changements qui se sont produits depuis 68 entre les femmes et les hommes, entre les parents et les enfants, entre les maîtres et les élèves, de même que dans le mode de lutte contre le racisme. »[446]..

Lefort s'oppose (non explicitement) à Rancière qui ne voit pas dans Mai 68 un changement des mœurs. Or, à notre avis, ce pouvoir de la parole et de l'interpellation a eu notamment cet effet de changer assez profondément les moeurs.

La perversion de la démocratie

« L'appréciation de cette perversion, dit Lefort, suppose que nous soyons capables de repenser les principes qui assurent la mise en forme d'une société politique différente de toutes les sociétés antérieures et dont, en particulier, l'originalité est de récuser la concorde et l'image d'un ordre bon en soi. »[447]

Et il ajoute : « Ceux-là (ceux qui ont connu la dictature et l'expérience totalitaire) tiennent pour le bien le plus précieux les libertés politiques et les libertés individuelles ; ils mettent leur espoir dans un régime où serait institué un parlement issu du suffrage universel, où les élections ne seraient pas sous le contrôle d'un gouvernement, où la pluralité des partis et des associations serait advenue, où la justice serait reconnue indépendante du pouvoir, etc.. »[448]

---

[445] Relecture Sur Mai 68 p. 596 daté 1988.
[446] ibid. p. 397.
[447] Démocratie et représentation p. 615, daté 1989.
[448] ibid. p. 616.

Autrement dit, « « la « fiction démocratique » et le « totalitarisme larvé » apparaissent tels à ceux qui n'ont connu ni la dictature, ni le totalitarisme » et, ajouterons-nous, ni l'État français pétainiste, ni le gouvernement colonial français en Algérie.

Nation et souveraineté

Parce que le problème rejoint - mais il faudrait savoir comment - celui du pouvoir politique, nous retenons ici une question que Lefort pose, celle des rapports entre nation et souveraineté. « Si l'on se réfère à la Déclaration des droits de l'homme, dit-il, on observe que l'article 3 stipule que le principe de la souveraineté réside essentiellement dans la nation, mais qu'il est précédé d'un article qui fixe le but de toute association politique, à savoir la conservation des droits naturels et imprescriptibles de l'homme. »[449]

Plus loin, il en vient à la souveraineté de l'État. « C'est une chose d'examiner la souveraineté de l'État, en considérant celui-ci sous sa face externe, si j'ose dire, sur la scène internationale et c'en est une autre de le considérer sous sa face interne et de le replacer dans le cadre d'une société politique. De ce dernier point de vue, il convient de se demander quelles sont les caractéristiques, c'est-à-dire quelle est la source de l'autorité politique, si elle est ou non limitée, quelle est l'étendue de ses prérogatives et de ses compétences. »[450]

Et l'on retrouve un peu plus loin ce qu'on pourrait appeler le rôle du pouvoir politique par rapport à l'État-nation: « Les États deviennent des acteurs de premier plan dans la compétition internationale. La raison en est que c'est dans le cadre de la nation que se posent les problèmes de la gestion des ressources, celui de l'emploi, celui du droit au travail, celui de la protection sociale, celui de l'intégration des différentes couches de la population. Autant de problèmes qui ont une portée politique et cela en particulier dans les pays (démocratiques)...et c'est toujours au nom de la défense de la nation que la décision politique cherche sa justification. »[451]

---

[449] Nation et souveraoineté p. 963 daté 1999.
[451] ibid. p. 967.

Les différentes tâches qui incombent au pouvoir politique sont intégrées. Elles ne peuvent se désarticuler de celles de la « défense de la nation » et de la « souveraineté de l'État. »

Démocratie : pouvoir désignant un lieu vide

« Dès lors qu'il n'est pas nommable, figurable, dès lors que nul ne saurait occuper la position d'un grand médiateur et d'un grand juge, ce lieu (du pouvoir) est tacitement reconnu comme lieu vide (souligné). L'écart du symbolique et du réel n'est pas seulement maintenu : le symbolique se soustrait au figuratif. »[452]

Pouvoir et droit

Dans les phrases qui suivent, Lefort montre le rapport entre pouvoir et droit. Là encore il innove, voyant dans la démocratie un régime où le pouvoir en ce qu'il désigne (un lieu vide) fait obligation par exemple de garantir les droits civils : « Ne nous arrêtons pas à l'idée d'une société dans laquelle les lois sont toutes relatives aux nécessités changeantes de son organisation. Que le pouvoir n'appartienne à personne ce n'est pas un fait acquis, c'est le produit d'une obligation inconditionnée, c'est-à-dire à défaut de laquelle le régime serait détruit. Le dispositif juridique en vertu duquel l'exercice de l'autorité publique dépend du suffrage requiert une compétition périodiquement renouvelée entre les partis, le maintien d'une opposition dans les assemblées représentatives ; la garantie des droits civils ne fait que tirer les conséquences de cette obligation. »[453]

Le pouvoir n'appartient à personne veut dire qu'il appartient à la communauté des citoyens. En revanche, dire que le pouvoir désigne un lieu vide, c'est affirmer la souveraineté du peuple, admettre tacitement que la nation n'est pas réductible à une communauté ; l'exercice du pouvoir est toujours dépendant du conflit politique

---

[452] Le pouvoir, p. 991, 2000.
[453] ibid. p. 991.

(divergence des intérêts, des expériences, des opinions dans la société).

Nous ne faisons que paraphraser ici la suite du texte de Lefort que nous avons cité.

Le pouvoir, la loi et le savoir

« Là où s'indique un lieu vide, il n'y a pas de condensation possible entre le pouvoir, la loi et le savoir, ni d'assurance possible de leurs fondements. L'exercice du pouvoir est matière à un débat interminable, débat qui se reporte sur les fins de l'action politique, sur le légitime et l'illégitime, sur le vrai et le faux, ou le mensonger, enfin sur la domination et la liberté. La démocratie est ce régime où sont dissous les repères derniers de la certitude. »[454]

Nous ferons remarquer à titre d'hypothèse que, dans l'inconscient social et dans l'inconscient politique (le métasocial et le métapolitique, si l'on veut); pouvoir, savoir et loi sont condensés et même confondus. C'est le travail de la conscience sociale qui, par la distinction du social et du politique, déjà par la rupture ou distance maximale du social d'avec la politique, par le don de la politique à certaines personnes, fait émerger en démocratie, mais non en dictature, en despotisme ou en totalitarisme, la dissociation de la loi, du pouvoir et du savoir, d'abord au niveau du social et à celui du politique, puis à celui de la politique, et dissout les repères derniers de la certitude.

Lefort revient en final de cet article sur ce que nous appelons le capitalisme, c'est-à-dire un excès global dans la société moderne économique et démocratique : « C'est l'expansion du marché, dit-il, supposé auto-régulateur à l'échelle de la planète, qui porte un défi au pouvoir démocratique. »[455].On ne peut mieux distinguer le capitalisme de la société moderne.

La division entre dominants et dominés « ne peut être imputée, dit Lefort, à des conditions de fait (degré de développement des forces productives) et elle se combine avec la division du pouvoir et de l'ensemble social. Le pouvoir (politique) surgit de la division du social et reste

---

[454]ibid. P. 992..
[455]ibid. p. 992.

pris en elle. » À ce niveau, il s'agit, pour nous, d'abord du pouvoir social et politique, avant que le pouvoir politique au sens de la politique n'actualise la division. Le pouvoir démocratique, non seulement désigne un lieu vide, mais voit ses prérogatives limitées. Se profile la distinction entre loi, savoir et pouvoir.

« Le désir du peuple est au fondement de la loi ». En tant que tel, parce qu'il est désir de ne pas être opprimé, il est pôle de négativité, de non-pouvoir. Les luttes sociales sont irréductibles à la lutte pour la conquête du pouvoir. Le pouvoir est en surplomb, à distance. Il est constamment exposé à des revendications mettant en scène des groupes sociaux et faisant peser sur lui une menace. Lorsque la société s'aplatit, resurgit dans son extériorité, d'une façon fantastique, le pouvoir (par exemple totalitaire). L'avenir du pouvoir socialiste ne dépend pas seulement de l'abandon de sa doctrine (le marxisme-léninisme), mais de la manifestation d'un esprit d'initiative donnant figure à la démocratie et au socialisme.

Le pouvoir démocratique apparaît comme l'organe instituteur d'une cohésion. Il s'accompagne de la notion « d'un lieu infigurable, ni au dehors, ni au dedans, de la nation, d'une instance proprement symbolique en ce sens qu'il n'est pas localisable dans le réel ».

La société démocratique apparaît de ce fait vouée à une indétermination radicale qui l'oblige à interroger ses propres principes.

Avec la désincorporation du pouvoir s'opère une désintrication entre la sphère du pouvoir, la sphère de la loi, la sphère de la connaissance. Se déploie la dimension d'un « devenir des droits « et celle d'un « devenir des connaissances. » La formation d'une scène politique sur laquelle s'exerce la compétition pour le pouvoir « va de pair avec le mouvement qui donne pleine consistance à la société civile, celle-ci s'avérant de part en part la même malgré ses divisions ».

Pour Guizot, la société et le pouvoir sont destinés à s'accomplir et à se révéler à eux-mêmes à travers des hommes qui débattent et décident de ce qui est exigé en chaque occasion. Le pouvoir, selon Guizot, s'engendre pour une part du sein de la société et celle-ci ne s'institue que du fait de son surgissement et ne s'ordonne que grâce à son action. L'autorité politique - distincte, à notre avis chez Guizot, du pouvoir politique - a prise, comme le pouvoir, sur la société du fait qu'elle s'y est prise - qu'elle s'y soit prise. Ce savoir n'est jamais définitivement acquis. Son explication a une double fin ; elle fait apparaître les foyers auxquels s'alimente le pouvoir et elle révèle à la société elle-même sa force et son droit.

Le pouvoir de l'(opinion exige que le pouvoir politique fasse droit aux opinions, qu'il tente de découvrir les sentiments qu'elles expriment. Cela en tant que tel, en tant qu'il est un « organe d'investigation », de « déchiffrement du social ».

Reste que la démonstration de Guizot - qui va loin - est limitée par le fait qu'il ne reconnaît qu'à des supériorités la capacité de découvrir ce qui est bon pour le peuple.

L'interpellation, la provocation comme pouvoir de la parole ont pour objectif; selon Lefort, de faire « apparaître ce que dissimule le discours convenu et, par-delà la croyance, l'ordre qui le soutient ».

Que le principe de la souveraineté réside dans la nation ne peut occulter le fait que le but de toute association politique est « la conservation des droits naturels et imprescriptibles de l'homme » comme le dit la Déclaration des droits. La souveraineté de l'État exige une interrogation sur la source de l'autorité politique, sur l'étendue de ses compétences et de ses prérogatives.

Le pouvoir n'appartient à personne veut dire qu'il appartient à la communauté des citoyens. Dire que le pouvoir désigne un lieu vide, c'est affirmer la souveraineté du peuple, admettre tacitement que la nation n'est pas réductible à une communauté et que l'exercice du pouvoir est toujours dépendant du conflit politique.

Là où s'indique un lieu vide, il n'y a pas de condensation possible entre le pouvoir, la loi et le savoir, « ni d'assurance possible de leurs fondements ».

C'est l'extension du marché supposé autorégulateur à l'échelle de la planète, c'est-à-dire l'une des faces du capitalisme, qui porte un défi au pouvoir démocratique.

Chapitre XVI

LES DROITS DE L'HOMME

Peut-on dire que les droits de l'homme sont consubstantiels à la démocratie ? En un sens oui, puisqu'elle n'est pas imaginable sans eux, au moins la démocratie moderne. Mais cela ne doit pas faire oublier qu'ils peuvent apparaître dans des régimes et des sociétés qui ne sont pas démocratiques et qui, comme le totalitarisme, appartiennent néanmoins à la modernité. Les droits n'y apparaissent pas en tant que tels, mais, comme le montrent les dissidences (soviétique, chinoise...), ils tentent d'y instituer une nouvelle dynamique qui puisse, un jour, engendrer leur reconnaissance et, peut-être, plus tard le minimum de démocratie. Quand la démocratie disparaît complètement ou n'apparaît pas du tout, cela se voit. Le régime de Vichy, anti-démocratique, reconnu, à l'extérieur dans l'international, par certaines nations comme légal et légitime, ne pouvait plus l'être à l'intérieur du pays, puisque les institutions démocratiques y avaient été supprimées. Les droits des personnes et des groupes n'étaient respectées qu'en apparence, la dénonciation y fleurissait (plus de quatre millions en quatre ans).

Lefort a dit l'essentiel de ce qu'il pensait des droits de l'homme dans le premier chapitre de *L'Invention démocratique*. Il y revient dans des textes postérieurs, mais auparavant, avant 1981, il avait fustigé Maurice Druon et ses déclarations intempestives sur l'Union soviétique. Sur l'état de droit, il montre que les droits peuvent « mettre en demeure » la légitimité de l'État. La résistance se fonde, par les droits, sur le « refus inconditionnel de toute oppression. » Reprenant ce qu'il disait sur Marx, dans *L'Invention démocratique* Lefort critique sa conception restrictive des droits comme illusion du politique et illusion des droits dans la révolution politique bourgeoise. Cela vient, à notre avis, de l'erreur de Marx qui, comme aujourd'hui chez d'autres, lui fait considérer le type de société moderne qui s'accomplit sous ses yeux comme entièrement constitué et pris dans le capitalisme.

La méconnaissance des droits par Marx aboutit à un effacement de la dimension de la loi dans les droits. Le pouvoir et les droits supposent un discours juridique sans cesse renouvelé. L'espace public met en relation des individus et s'ouvre à plus qu'un petit nombre. La place de l'individu y est reconnu, il peut dire je, penser, parler de sa place.

Droits de l'homme et décision

Dans une note de la p. 380, Claude Mouchard, qui a présenté et organisé, nous l'avons dit en introduction, le livre *Le Temps présent*, écrit : « Dans l'acte final de l'accord d'Helsinki (1975), la « troisième corbeille » inclut la possibilité de changer les frontières de façon pacifique, l'obligation pour les États de respecter les droits de l'homme, et une plus libre circulation des idées et des informations. »

Lefort prend à parti d'une manière ironique un article de Maurice Druon, ancien ministre de la Culture. La thèse de ce dernier est que l'accord d'Helsinki ne devrait produire aucun effet « pour l'excellente raison qu'il n'était rien..., rien d'autre que le gel des situations acquises ». « Avant de prendre aucune décision, écrit Druon, poser la question : qu'arriverait-il ? ». « Pour qu'il n'arrive rien, commente Lefort, prenons décision nulle. La décision nulle étant celle qui s'applique à un état de chose déjà décidé...Il était sans aucune importance (selon Druon) que l'Accord fut paré de mots sur les droits de l'homme empruntés à l'opinion ». Plus loin, Lefort ajoute, commentant toujours Druon : « Ce qu'il (Druon) insinue, c'est que, clairement conscients de leur vanité (celle des mots sur les droits de l'homme), les Occidentaux en usèrent, malgré les réticences de leur partenaire (l'Union soviétique), pour lui faire entendre, à leur manière propre, qu'il était maître chez lui. »[456]

À contrario est posé ici le problème des droits de l'homme par rapport à la décision (aux décisions des États). Druon affirme au fond que les Soviétiques sont maîtres chez eux et qu'en fin de compte les Occidentaux l'admettent. Cependant, les conséquences de l'Accord d'Helsinki et de l'adoption de la « troisième corbeille » ont montré que, précisément, une faille était créée dans ce processus de décision absolue : celle qui introduisait, par l'URSS elle-même, l'adoption de l'obligation pour les États de respecter les droits de l'homme. Les dissidents ne l'ont pas oublié ; ils ont su faire valoir que la limite imposée par les droits de l'homme empêchait le gouvernement soviétique d'être maître chez lui, c'est-à-dire notamment d'emprisonner les opposants.

Lefort s'est servi du texte de Druon pour montrer ce qui, à l'époque et encore aujourd'hui, n'était pas et n'est pas évident pour beaucoup : le pouvoir des États ne peut subvertir légalement et légitimement les droits (en l'occurrence universalisés par la Déclaration de l'ONU de 1948).

État et droit

Après avoir noté que - ce qu'on perçoit rarement, dit-il - l'État est d'autant plus faible symboliquement que cette faiblesse va de pair avec une contestation « désarmée », « aveugle », « qui ne compte que sur les effets de la violence », Lefort écrit : « L'État démocratique ne peut intervenir qu'en énonçant les principes de son action et, pour ce faire, il a besoin d'une approbation de la société auprès de laquelle il est en quête de légitimité...C'est un signe que l'État ne peut pas se soustraire à cette légitimité indéfinie dont le foyer est dans la société. C'est là que j'en viens à cette notion des droits de l'homme, droits pris dans leur sens le plus extensif. C'est, me semble-t-il, en contournant la puissance de l'État par la revendication de

---

[456] Un monument druonesque p. 381 daté 1978.

droits que l'on peut le mettre en demeure de mettre en jeu sa légitimité. »[457]

Il faut rappeler, à notre avis, que la puissance de l'État, comme le dit lui-même Lefort, n'a pas de sens sans ce que nous appelons le politique de la politique, c'est-à-dire notamment les principes explicites des droits. La revendication de droits ne fait qu'obliger l'État - dans les meilleurs des cas - à se souvenir que sa légitimité repose sur les droits.

Droits de l'homme et résistance

Lefort remarque que le PC français concédait que le régime (en URSS) devait faire place aux droits de l'homme « pour prendre un visage humain ». Il remarque également que les petites formations « gauchistes » françaises s'irritent des campagnes menées au nom des droits de l'homme, en faisant ressortir que « ces derniers se désintéressaient des besoins élémentaires des opprimés, notamment dans ce qu'on appelle le Tiers Monde. ».

« Ceux qui affirment la solidarité avec les dissidents soviétiques ou avec ceux de l'Europe de l'Est...parlaient et parlent toujours d'une « nouvelle résistance » (souligné) qui, alors qu'elle serait privée de moyens d'action dans les États modernes, trouverait son fondement dans le refus inconditionnel de toute oppression. » « Reste, ajoute Lefort, que les droits dont les dissidents se réclament (sont) incompatibles avec le système totalitaire qui a été fondé sur leur abolition. »[458]

Sur la notion de résistance, ajoutons ceci. Il ne s'agit pas seulement, à notre avis, de résistance. Lorsque les droits sont invoqués, c'est la société moderne elle-même qui est mise en mouvement et tente de se développer non seulement contre les oppressions de toute nature (y compris totalitaire), mais contre ses propres excès qu'elle fomente en se construisant, notamment contre l'excès capitaliste. Le terme « moderne« - forgé par Balzac très traditionaliste - en dit, à ce titre, beaucoup plus long que ce qu'on veut bien

---

[457] La communication démocratique,p. 395 daté 1978.
[458] La pensée politique devant les droits de l'homme p. 407-408 daté 1980.

lui faire dire couramment. Peut-il se dispenser aujourd'hui d'une référence à la démocratie ?

Révolution politique bourgeoise, illusion du politique et illusion des droits chez Marx

Résumons la thèse de Lefort qu'il reprendra un an plus tard dans le premier chapitre de *l'Invention démocratique*. Marx voit dans la révolution politique bourgeoise une étape vers le communisme - un moment de l'émancipation humaine, de l'émancipation politique dans lequel s'établit un rapport à l'universel (contre la féodalité). « Mais, dans la mesure où elle se présente comme réalisation de l'émancipation humaine, la révolution politique bourgeoise est par essence le moment de l'illusion du politique. »

Cette illusion est celle de l'indépendance des éléments particuliers, des individus et des intérêts au sein de la société civile. En tant que telle, elle coïncide avec l'illusion des droits de l'homme. « Capté, dit Lefort, par l'image de l'indépendance de l'individu, (Marx) ne perçoit que le phénomène de la séparation (des intérêts, des éléments particuliers, des individus) qui (selon lui Marx) s'instituerait là où se trouve, au contraire (parallèlement, dirions-nous, LMB), un mode tout nouveau d'accès à l'espace public. »[459]

Critique capitale du texte de Marx sur les droits de l'homme

Critique reprise, répétons-le, plus largement un an plus tard - et qui ouvre à la société moderne tout son espace non seulement d'action, mais de réflexion, lui indique ses excès possibles ou déjà là, convertit sans cesse, selon nous, la résistance à l'oppression en action pour la justice.

Effacement par Marx de la dimension de la loi dans les droits

À propos de l'article de la Déclaration sur la sûreté, article critiqué par Marx qui n'y voit qu'une défense de la propriété bourgeoise, Lefort écrit : « (Marx) ignore

---

[459] bid. p. 412.

purement et simplement, dans sa critique de la sûreté, la fonction reconnue à la loi écrite et la séparation nouvelle qui s'établit entre ce qui relève de la loi et ce qui relève d'autre part du pouvoir. Au lieu de se contenter de rejeter l'interprétation bourgeoise de la loi qui tend à la faire servir à la simple défense de la propriété, il efface par sa critique la dimension même de la loi. »[460]

Plus loin, Lefort ajoute : « Marx se désintéresse (de la formule « Tout homme est présumé innocent, tant qu'il n'a pas été déclaré coupable »), alors qu'elle constitue sans aucun doute un acquis irréversible de la justice en démocratie. Et, s'il s'en désintéresse, c'est parce qu'il ne reconnaît pas la fonction symbolique de la loi, fonction symbolique en raison de laquelle il y a non seulement des innocents et des coupables..., mais il y a aussi des tiers, c'est-à-dire des garants de la justice, des juges, qui se font représentants de la loi et qui rendent sensible le repère d'une dimension transcendante à l'intérieur de la société politique. »[461]

Faut-il parler de droit de l'homisme, comme certains le font, lorsque ce sont précisément les droits de l'homme, écrits, fixés pour nous et par nous a-temporellement dans l'histoire, qui garantissent un peu partout, lorsque c'est possible (c'est-à-dire hors dictature, despotisme ou totalitarisme) nos libertés politiques et individuelles ? Lorsque ce sont eux qui, dans une société moderne démocratique (y compris dans la forme semi-oligarchique qu'elle peut prendre), sont la sauvegarde de notre vie sociale et politique ?

Pouvoir et droit

L'État de droit existait déjà sous l'Ancien Régime, dit Lefort. Avec la Révolution, « ce pouvoir ne devient pas étranger au droit, tout au contraire. Sa légitimité est plus que jamais affirmée. Il demeure l'objet explicite d'un discours juridique sans cesse renouvelé et dont les affirmations sont sans cesse mises en question. Mais la notion de droit de l'homme fait désormais signe en

---

[460] ibid. p; 414.
[461] ibid. p. 414-415.

direction d'un foyer de légitimité qui est en dehors du pouvoir, un foyer de légitimité immaîtrisable. Le droit figure désormais un pôle d'exclusivité irréductible vis-à-vis du pouvoir, alors qu'il était autrefois incorporé. »[462]

Revenant sur l'homme sans détermination qui serait, selon les critiques des droits, l'homme des droits de l'homme, Lefort écrit : « Les droits de l'homme ramènent le droit, par-delà le langage de l'universalisme abstrait et de l'individualisme, à un fondement énigmatique qu'on ne peut donc situer en dehors de l'homme - à un fondement qui est intérieur à l'humanité et qui échappe désormais à un pouvoir qui prétendrait le déterminer - que ce pouvoir soit politique ou religieux. »[463] « La société moderne a affaire à des revendications au nom des droits qui ne lui (au pouvoir) sont pas déjà incorporés. »[464] Il s'agit évidemment du pouvoir politique. Il y aurait à se poser la question pour le pouvoir social et politique (au sens du politique).

Espace public et droits

« Même si l'on s'en tient aux droits fondamentaux tels qu'ils ont été élaborés dans les grandes Déclarations, il faut convenir qu'ils donnent consistance à un espace public. Loin que les individus soient donc définis comme des atomes, c'est la possibilité même de leur mise en relation qui se trouve ainsi instituée...Et c'est en raison même de la signification politique des droits qu'ils ont pu venir étayer de nouvelles revendications, lesquelles, qu'elles soient sociales, économiques ou culturelles, ont toujours pour sens de pouvoir donner à de nouveaux groupes un pouvoir d'accès à un espace auparavant limité à un petit nombre. »[465]

Lefort ajoute : « Les revendications qui les fondent (droits fondamentaux et droits subséquents) procèdent d'une demande de reconnaissance publique (souligné) de la

---

[462] ibid. p. 417.
[463] ibid. p. 418.
[464] ibid. p. 419.
[465] La pensée du politique p. 608-609 daté 1988.

part de ceux qui les formulent, c'est-à-dire de beaucoup plus qu'un désir de satisfaire des intérêts. »[466]

Droits de l'homme, espace public et place individuelle

Lefort reprend le thème de l'espace public articulé aux droits de l'homme et le développe : « Cet espace (institué) est indéterminable, dès lors que s'est effacée l'idée d'un garant des croyances et des opinions ...Elles se cherchent au contact les unes des autres. La société démocratique est cette société qui accepte d'être en mouvement, qui crée la possibilité que les gens s'entendent - par quoi je ne veux pas dire nécessairement s'accordent - oui, s'entendent simplement, ne serait-ce que pour se reconnaître les uns les autres différents. »[467]

Plus loin, Lefort, après avoir expliqué un emploi possible du « je », conclut : « Les droits de l'homme comportent comme une mise en demeure faite à chacun de penser, parler de sa place. Qu'il ne soit pas répondu à cette mise en demeure, c'est une chose, mais elle existe. »[468]

L'attitude de Druon est celle de nombreux individus de droite et de gauche. Elle consiste à dire que les accords sur les droits ne servent à rien, que les totalitarismes et les dictatures sont maîtres chez eux, ce que l'avenir a démenti puisque c'est au nom des droits notamment celui à l'expression libre que le système totalitaire s'est écroulé.

L'État démocratique est celui qui énonce les principes de son action. Il a besoin d'une approbation de la société auprès de laquelle il est en quête de légitimité. Ce sont les dissidents soviétiques et ceux de l'Europe de l'Est qui ont parlé de « nouvelle résistance » ; elle fait apparaître les droits comme « incompatibles avec le système totalitaire qui a été fondé sur leur abolition ».

Sur les droits de l'homme tels que Marx les conçoit (dans *La Question juive*), Lefort montre contre Marx qui n'y avait vu qu'un moment de l'émancipation humaine, celui de l'émancipation politique, qu'il s'agit, parallèlement

---

[466]ibid. p. 609.
[467]Pensée politique et histoire p. 861 daté 1996.
[468]ibid. p. 862.

à ce processus d'émancipation et y contribuant, d'un mode tout nouveau d'accès à l'espace public. Mais c'est aussi un accès à la dimension de la loi qu'il n'est plus possible d'effacer, même lorsqu'il s'agit, dans les droits de l'homme, du droit de propriété. Car il ne s'agit pas seulement du droit de propriété bourgeoise, mais du droit de propriété de tous (bafoué, tout particulièrement, sous l'Ancien Régime, avec le maintien des privilèges, comme l'a montré Tocqueville et, plus récemment, Colette Capitan). De la même manière, le « tout homme est présumé innocent tant qu'il n'a pas été déclaré coupable » signifie qu'il y a des innocents et des coupables, mais aussi des juges qui se font représentants de la loi, « repère d'une dimension transcendante à l'intérieur de la société civile ».
L'État de droit existait déjà sous l'Ancien Régime (les droits naturels), mais désormais la légitimité du pouvoir trouve son foyer hors du pouvoir et il s'agit d'un foyer de légitimité immaîtrisable « transcendant à l'intérieur de l'humanité et qui échappe à un pouvoir qui prétendrait le déterminer ». C'est en raison de la signification politique des droits que ces derniers viennent étayer des revendications qui donnent pouvoir à de nouveaux groupes, pouvoir d'accès à un espace autrefois réservé à quelques-uns.

L'espace public est indéterminable, non garanti par des croyances et des opinions. La société démocratique accepte d'être en mouvement, les gens s'y entendent, ce qui ne veut pas dire qu'ils s'y accordent. Mais ils s'y reconnaissent les uns les autres, par exemple comme différents. C'est dans cette société que l'individu peut, en disant « je », commencer à trouver sa place.. Mise en demeure de la société à l'individu de parler, de penser de sa place, mise en demeure à laquelle il peut ne pas répondre, mais qui existe.

CONCLUSION

En répondant à la question « qu'est-ce que la démocratie ? », il s'agissait, pour nous, de montrer - ou plutôt de faire montrer par l'auteur lui-même - que, dans *Le Temps présent* (1945-2005), Claude Lefort cherche à caractériser la démocratie tant comme régime politique que comme mode de vie, que, contre d'autres formes de la société moderne et tout particulièrement contre le totalitarisme, il tente, très tôt, d'abord implicitement, mais, assez vite, explicitement, de faire voir ce qu'est et ce que vise à être la société démocratique.

Avons-nous réussi complètement, partiellement, ou avons-nous échoué dans cette tentative?

Dans sa préface au *Temps présent*, Claude Mouchard, qui édite le livre, a rassemblé, comme dans une corbeille, sans les systématiser ni les ranger, les points saillants de la réflexion de Lefort : interprétation (au sens rigoureux) des faits et événements, pensée de la révolution, désir et nécessité de dire « je », jugement face à l'événement, conception du passé-présent, analyse du corps dans le totalitarisme, mise en évidence du rejet de la démocratie par le totalitarisme, travail sur les « oeuvres de pensée », confrontation avec Marx sur les droits de l'homme, mise en scène de l'espace social, mise en évidence et en sens de l'articulation-séparation entre pouvoir, loi et savoir, problématique de la division du social (ou division sociale), attention à la littérature, question de la démocratie et de ses risques.

Mouchard est déjà sur le chemin d'une interprétation (critique au sens d'approfondie, mais non polémique) et il n'hésite pas à puiser des éléments pour sa propre interprétation dans des travaux d'interprétation déjà produits sur l'oeuvre de Lefort tel celui de Bernard Flynn *The Philosophy of Claude Lefort*, [469] (non traduit, semble-t-il) ou dans d'autres ouvrages de Lefort (par exemple *Le Travail de l'oeuvre, Machiavel* ou *Les Essais sur le politique*). Il nous semble que son intention n'est pas d'ordonner le désordre, mais d'ouvrir à la pluralité des significations et du sens, de tenir en suspens ce qui, chez Lefort, se veut en suspens et, tout comme lui, de déceler, dans son oeuvre, « ce qui est en question ».

Notre idée sur une recherche possible par Lefort de ce qu'est la société démocratique, à la fois ici et maintenant, mais aussi, par le mouvement démocratique, dans son devenir, ne vise pas, nous l'avons dit, à enfermer la pensée de l'auteur du *Temps présent* dans une direction unique. Autrement dit, il ne s'agit pas d'une hypothèse unique. Tout au plus avons-nous choisi cette idée-là parce qu'elle s'est imposée à nous, dans la lecture des textes que nous avions recueillis.

Certes nous ne pensons pas l'avoir vérifiée complètement, ce qui est impossible, mais nous pensons l'avoir vérifiée partiellement, ou, du moins, avoir commencé à la vérifier.

D'abord l'idée de l'interprétation telle que la propose Lefort, c'est-à-dire cette idée que l'interprétation de l'auteur sur une oeuvre comme sur des événements ne cherche pas à s'imposer au lecteur, mais requiert de lui une interprétation qui, elle-même, sera interprétée par d'autres lecteurs ou auditeurs, cette idée nous semble fondamentalement démocratique. Il n'y a pas, nous l'avons dit - et c'est vrai pour l'interprétation littéraire, voire pour la littérature elle-même, comme le montre Lefort en analysant *Manhattan Transfer,* le livre de Dos Passos (devenu plus tard, quelque peu, un auteur réactionnaire) - surplomb de l'interprétation de l'auteur sur celle du lecteur, mais au fond égalité entre eux et elles. Ils sont à la même enseigne, face à l'oeuvre ou

---

[469] Northwestern University Press, Evanston, États-Unis, 2005.

à l'événement. Et c'est bien ainsi que se développe explicitement l'interprétation de Lefort sur les grands thèmes que nous avons retenus jusqu'au chapitre VIII (cf. les deux sommaires) ; puis cette interprétation se développe implicitement sur ceux qu'il aborde plus directement (ceux que nous avons retenus à partir du chapitre VIII). À chaque thème (par exemple, la révolution hongroise, le gaullisme), ou bien nous voyons transparaître le régime et la société démocratique, ou bien nous voyons l'un et l'autre apparaître en clair, en traits qui contrastent avec les caractéristiques, par exemple, du totalitarisme. Lorsque Lefort en vient à dire que le pouvoir démocratique désigne un lieu vide, inappropriable, infigurable, inlocalisable, ne sommes-nous pas entraînés (si nous ne refusons pas cette définition), au moins comme lecteur, dans le mouvement démocratique lui-même ? Quelles que soient les critiques que Lefort et chacun d'entre nous peuvent adresser aux sociétés démocratiques modernes, où les droits de l'homme sont trop souvent bafoués, où l'élite technocratique, à droite et à gauche, forte de ses savoirs et de ses compétences, prétend faire la loi, n'est-ce pas ici et maintenant que Lefort nous fait vivre la société moderne lorsqu'elle se veut, malgré tout, démocratique (autrement dit hors despotisme, hors dictature, hors totalitarisme)? N'est-ce pas en elle qu'il nous propose de lutter non seulement contre le capitalisme, mais contre les excès que cette société produit et entretient elle-même (la domination masculine sur les femmes qui ne date pas d'hier, celle sur les minorités, les catégories d'âge, les démunis, etc.) ? Suivant pas à pas les textes, n'avons-nous pas laissé Lefort nous montrer que la revendication, ou plutôt les revendications mettent en cause la légitimité du pouvoir politique, non seulement lorsqu'elle est idéologique (pouvoir bureaucratique en Hongrie, en Pologne, en Union Soviétique), mais aussi lorsqu'elle est reconnue juridiquement et politiquement (le cas Juppé par exemple, en 1995) ?

Faut-il tenter d'emporter la conviction de nos lecteurs sur le bien-fondé, la vérité de notre idée ? La réponse est non. Mais pourquoi ?

D'abord parce que Lefort lui-même nous indique qu'à procéder ainsi le « surplomb » nous guette. mais surtout parce que, à notre avis, ce que dit Lefort dans son livre déborde cette idée d'une recherche, ici et maintenant, mais aussi dans le devenir, de ce qu'est la société démocratique.

Avant d'en venir à ce qui, chez Lefort, constitue à notre avis un débordement (plus qu'un dépassement) de la recherche de la société démocratique, débordement néanmoins contribuant à l'expliquer, nous voudrions reprendre brièvement d'abord deux points légers de désaccord, puis trois autres points où, selon nous, la pensée de Lefort peut être complétée.

Lefort, nous l'avons noté, approuve Tocqueville lorsqu'il traite d'imbécile un terroriste (de la Terreur de 1793) qui, venu aux États-Unis, est devenu conservateur. Avouons que, si un aussi brusque changement peut étonner et si le choix du conservatisme peut paraître regrettable, nous ne voyons pas en quoi cet homme est, pour autant, un imbécile. Car il vaut mieux passer du terrorisme au conservatisme, plutôt que de rester terroriste ou d'avoir toujours été conservateur. Le passage de l'un à l'autre dans le sens choisi ne peut témoigner, selon nous, de l'imbécillité humaine.

Le travail des sémiologues apparaît à Lefort comme peu recevable et déclenche son ironie. Il nous semble oublier que la séméiologie de Barthes était nourrie par le freudisme beaucoup plus que par le structuralisme. La démarche de Barthes ne diffère pas - sauf, peut-être, dans *Le Système de la mode* - dans son inspiration de celle de Lefort qui, lui aussi, sait puiser dans l'association libre le moyen d'atteindre le sens d'un événement ou d'une oeuvre. Les abus de la démarche séméiologique ne peuvent l'invalider. Difficile à manier, elle n'en permet pas moins d'aller plus loin dans l'analyse et se présente comme complémentaire de l'analyse contextuelle.

L'emploi du terme « communisme » à la place de marxisme-léninisme, alors que le communisme, celui de Pierre Leroux par exemple, ou de George Sand zn 1848, désigne, au XIX° et au début du XX° siècle, un socialisme anti-autoritaire, n'est, pensons-nous, ni nécessaire, ni souhaitable.

Points légers de désaccord, disons-nous. Plus importantes nous semblent les nuances que l'on peut apporter à ce que dit Lefort sur trois autres points : le capitalisme, la revendication, l'emploi du « je ».

Sur le capitalisme, Lefort nous semble rester - poussant néanmoins ce qu'il appelle son « tourment » jusqu'à la contradiction - dans la tradition sociologique, non celle de Nisbet, mais celle de Marx, de Weber et de la cohorte des sociologues (de gauche) actuels. Cela dit, il est bien le seul à montrer que le capitalisme est inhérent à la société moderne lorsqu'elle devient démocratique, à poser, donc, le problème du rapport entre capitalisme et démocratie. Autrement dit, il ne cherche pas à éluder la question. Mais, en disant qu'il faut distinguer un capitalisme sauvage et un capitalisme « à visage humain », que les luttes sociales notamment ouvrières l'ont humanisé, il édulcore, à notre avis, ce que Marx avait montré dans *Le Capital* : une quête effrénée de profit aboutissant au fétichisme de la marchandise. Les marchandises s'échangent entre elles, tout comme, pour Levi-Strauss, les mythes se pensent entre eux. Ce qui fait tout simplement disparaître les êtres humains et sociaux, dans le premier cas comme producteurs de marchandises, dans le second cas comme producteurs et penseurs des mythes.

Le capitalisme ne s'est pas affadi. Il demeure sauvage. Il a été, selon nous, dès le début un excès et continue à se développer comme tel. En revanche, la société moderne lorsqu'elle est démocratique n'est pas un excès, même si elle produit de l'excès, notamment l'excès capitaliste. Nous sommes, je suis dans ce type de société. Si je la veux, autant que possible, conforme à ses principes (ceux des droits), comment la penser, la vouloir dans le capitalisme ? Ou prétendre qu'elle y est malgré moi ? Dire « société capitaliste » c'est créer une aporie là où celle-ci n'a pas lieu d'être. Tout ce que dit Lefort dans son livre et dans d'autres nous semble contredire, mettre à mal cette aporie (que pourtant il paraît maintenir). C'est en ce sens que nous pensons incomplète l'explication du capitalisme par Lefort (comme par beaucoup d'autres).

C'est également, mais d'une autre manière, son explication de la revendication que nous jugeons incomplète. Il sait lier mieux que personne revendications et droits, montrer que de nouvelles revendications naissent des droits sociaux reconnus, qu'enfin la revendication est plurielle, qu'elle expose le pouvoir politique à une constante légitimation, à une remise en cause incessante de sa légitimité. Mais Lefort ne parle pas de celles et de ceux (individus et groupes) qui ne peuvent pas (ou plus) revendiquer : désocialisé(e)s, désaffilié(e)s, minoritaires, fous (folles) etc. Ceux-là ne sont pas très nombreux en France, mais ils le sont dans le monde. Certes, officiellement, ils ont accès aux droits, mais, de fait, les conjonctures, conjectures et circonstances réservent les droits à ceux, celles qui peuvent réellement y accéder : les riches, les aisés, les moins pauvres des plus pauvres, mais guère aux grands pauvres (sous-prolétaires) et aux misérables (SDF). Les services sociaux, les associations s'efforcent de remédier à cette absence d'accès aux droits, mais aucune politique sociale, au moins en France et encore moins aux États-Unis (l'assurance-maladie ne concerne qu'une partie de la population), n'est mise en place pour que cet accès aux droits demeure celui de tous. Conscient, peut-être, que ceux-là, celles-là ne revendiquent pas ou guère, récemment, dans une conférence, Lefort a fait allusion aux « sans-papiers » et aux « clandestins ».

Sur l'emploi du « je », Lefort donne-t-il, là encore, une explication incomplète ? Nous ne le pensons pas. Il s'agit plutôt d'un choix. Quand Lefort note que Gorbatchev dit « je » - dans son livre *La Perestroïka*, il ne l'écrit guère -, il oppose ce « je » de l'homme politique à l' « engloutissement » dans le « on » collectif. De même semble-t-il requérir du philosophe à la fois un « je » philosophique et un « je » personnel. Il faut ajouter que Lefort lui-même n'emploie qu'assez rarement le « je », sauf bien sûr dans des entretiens.

Pour notre part, et il s'agit aussi d'un choix, en tant que sociologue nous préférons le nous : le nous de groupe, comme le conceptualise Gurvitch, joint au nous personnel (qui n'est ni un nous de majesté ni un nous masquant le « je »), nous personnel qui rappelle, par le pluriel, l'appartenance au groupe, à des groupes. Une oeuvre, un jugement ne sont jamais solitaires, même si c'est un individu qui la fait, qui le porte. Un écrivain, un peintre, un sculpteur ont copié avant de s'exprimer réellement en leur nom, comme l'a montré Malraux. Quant à l'anonymat, il n'est pas nécessairement l' « engloutissement dans le on », mais plus souvent une précaution qui peut éviter de confondre l'oeuvre avec son auteur, l'écrivain, le philosophe, le sociologue avec ce qu'il écrit. L'oeuvre de Lefort n'est pas Lefort ; elle est, dirait Malraux, ce par quoi il se dépasse. Elle n'est pas son nom, mais au-delà de son nom.

Mais ce n'est pas seulement par son oeuvre et notamment par le livre *Le Temps présent* que Lefort se dépasse, c'est dans son oeuvre et dans ce livre qu'il parvient, à propos de la société démocratique, à déborder le concept, non en l'ouvrant vers d'autres concepts, mais d'abord en lui traçant son chemin vers l'inconnu, puis en faisant valoir quels sont, comme pour toute autre société, les enjeux de la lutte en démocratie, ce qui constitue, là encore comme pour toute autre société, la limite à l'extension indéfinie de la société démocratique.

Le chemin, en démocratie, est celui de l'indétermination. Sur ce point, Casrtoriadis, dans sa dernière interview publié par la Revue du MAUSS, s'est mépris sur l'intention de Lefort concevant ce concept d'indétermination. Il l'a accusé ironiquement de confusion, d'imprécision. Or Lefort, dans *Essais sur le politique*, analysant le livre de Kantorowitz *Les deux corps du roi*, fait naître explicitement l'indétermination en démocratie de la désincorporation par les citoyens et le pouvoir politique d'avec ces deux corps du roi : son corps réel et son corps mystique. La Révolution, dès ses débuts (1790), remplace le roi de droit divin par un roi constitutionnel, gardien et garant de la Constitution. De la fuite à Varennes Louis XVI ne se relèvera pas aux yeux du peuple (et non de la Législative) : il a trahi la Constitution qu'il devait maintenir et garantir. (Michelet et, après lui, Julien Benda avaient noté l'importance de l'événement). L'indétermination n'est pas, comme l'ont cru beaucoup d'auteurs, notamment Paul Valéry attiré par les régimes autoritaristes (Salazar), une décadence, un pourrissement de la société démocratique. Parmi les soi-disants « déboussolés » de la démocratie en 1940, il y eut les résistants qui la restaurèrent.

En quoi consiste, selon Lefort, l'indétermination sans laquelle il n'y a pas démocratie ? En une interrogation constante de la démocratie, sur la société démocratique elle-même, sur ses principes (les droits notamment), ses institutions, son marché, ses productions, sa consommation qui ne sont pas d'emblée capitalistes. En une interrogation sur ses excès, sur son excès principal qui est précisément le capitalisme. En un questionnement incessant sur son passé (qui ne lui est pas congruent), sur son présent, sur son devenir. Interrogation qui est certes, dit Guizot, la tâche du pouvoir politique, des institutions, de l'État, mais aussi celle, dit Lefort, des citoyens, de chaque citoyen. « L'institution imaginaire de la société » ne suffit pas à définir la société, comme le pensait Castoriadis. Il lui faut, en démocratie, un inconnu, une énigme qui la travaille, comme le pense Lefort. En ce sens, il n'y a aucune supériorité de la démocratie antique (athénienne) sur la démocratie moderne, comme semblait le penser Hannah Arendt.

Lefort aborde un problème peu retenu par les auteurs de philosophie et de science politique : celui de l'attrait de l'Un. La lutte de la société moderne démocratique pour se maintenir et se transformer suppose la conscience, en elle-même comme en toute société, d'un « attrait pour l'Un ». Mais, en démocratie plus qu'ailleurs, le balancement est marqué entre l'attrait pour l'Un et le travail de l'indétermination. Attrait pour l'Un, c'est-à-dire, semble-t-il dans l'argumentation de Lefort, désir collectif et individuel d'homogénéité sociale, de toute-puissance narcissique, de fermeture de la société sur soi, d'extériorité aussi absolue que possible du pouvoir contraignant. Les sociétés à ancêtres et à mythes fuient, refusent cet attrait de l'Un, mais elles en paient le prix en extériorisant, en plaçant en surplomb quasi absolu leurs référents (ancêtres, mythes, dieux).

La société démocratique moderne est sans cesse tenté par le populisme, le bonapartisme, sinon le totalitarisme. Qu'une indétermination trop poussée la voue au désordre, à la désintégration, à la mort ne doit pas lui faire oublier qu'à l'inverse, l'attirance excessive pour l'ordre, l'intégration, l'unité la voue tôt ou tard à la disparition, c'est-à-dire à l'assimilation dans la personne ou le groupe unitaire.

« Nul peuple n'a tant aimé ses rois... » dit Michelet des sujets du roi de France. La Boétie et Lefort peuvent dire plus carrément : nul ne les a servi avec plus de volonté. La servitude volontaire peut devenir, par conviction, la condition du sujet, de l'assujetti.

Nous pensons pour notre part que la servitude volontaire est la condition, par conviction, de la sujétion de l'assujetti au capitalisme. Mais encore plus l'est-elle de la sujétion de l'assujetti au totalitarisme.

En quoi consiste-t-elle ? En démocratie, selon nous, à considérer positivement ou négativement que la société (nous, je) est reflétée par la toute-puissance des nantis, des dirigeants économiques lorsqu'ils sont capitalistes, c'est-à-dire habités par une soif effrénée de profit et par la croyance au fétichisme de la marchandise. En totalitarisme, selon Lefort, à voir dans l'Egocrate (parti, chef totalitaire) le substitut de l'ensemble social (de nous-mêmes, de moi-même), substitut parlant, pensant, agissant comme s' il était cet ensemble social (nous, je). Autrement dit, la parole, la pensée, l'acte d'un groupe, d'un individu deviennent ceux de la société tout entière.

Mais, se demandera-t-on, dans l'un ou l'autre cas (capitalisme, totalitarisme), comment est-ce possible ?

Nous pensons, comme Lefort, qu'il y faut des relais de l'Un, des porte-coton, qui font valoir, dans tous les secteurs de la société, la toute-puissance du capitaliste ou de l'Egocrate. On peut être porte-coton notamment par conviction, par intérêt, par peur ou par lassitude. Dans *La Complication*, Lefort montre qu'en URSS beaucoup de paysans promus bureaucrates devinrent relais de l'Un par intérêt. Sous Vichy en France, un certain nombre de Français le devinrent par peur (non seulement de l'Occupant, mais des communistes, des francs maçons et des juifs). Aujourd'hui la lassitude d'un Rocard ou d'un Strauss-Kahn les rallie, à la fin de leur vie, à un capitalisme auquel ils ont toujours plus ou moins cru. Servitude volontaire qui fait pièce à toute émancipation collective ou individuelle ; cette dernière tente, à chaque génération, de contribuer à construire une société démocratique meilleure et un État aussi conforme que possible au droit et aux droits.

Attrait de l'Un, servitude volontaire sont, pour Lefort, des repoussoirs de la démocratie. L'émancipation d'individus et de groupes peut mener, à l'aide de l'utopie (cf. Abensour) et par l'action, à des transformations éventuellement révolutionnaires. Mais, si ces transformations se referment sur elles-mêmes, bloquent l'indétermination, elles peuvent tuer la démocratie et la société démocratique moderne.

Société démocratique meilleure et État aussi conforme que possible au droit et aux droits : c'est la dimension de la loi - rappelée inlassablement par Lefort - qui se trouve mise en avant. D'une loi inséparable d'un désir collectif (de groupe) et individuel, et pourtant à distance de lui. D'une loi qui n'est pas seulement juridique, mais loi symbolique, c'est-à-dire articulant l'imaginaire au réel. Loi en constante recherche d'elle-même, même si les principes qui la commandent (principes des droits) sont, tant qu'ils durent, a-temporels et, pourrait-on dire, atopiques (mais non utopiques). Dire, comme le disaient Deleuze et Guattari dans l'*Anti-Oedipe*, qu'il y a un désir sans loi, c'est, selon nous, ramener le désir à la pulsion, c'est le confondre avec elle. Car, pour être désir, il suppose nécessairement une transformation de la pulsion, c'est-à-dire une limite. Cette limite, c'est la loi symbolique que les sublimations collectives et individuelles mettent peu à peu en place. Loi symbolique qui, sitôt mise en place, s'indétermine tant par rapport au désir que par rapport à elle-même. Pour Lefort, la loi est à la fois juridique et symbolique.

Voulant ouvrir un chantier à l'élaboration d'une sociologie de la connaissance subjective, nous laissons nos propos s'exprimer librement. Le livre de Lefort *Le Temps présent*, comme toute son oeuvre, ne se prête guère, à cause de sa rigueur, de sa quête de la vérité, à une analyse sociologique de la connaissance subjective à laquelle peuvent se destiner de libres propos. La liberté de l'interprétation est celle de l'auteur de ces libres propos, mais aussi de ses lecteurs.

Table des matières

SOMMAIRE 7
INTRODUCTION 9
Chapitre I - L'INTERPRÉTATION 17
L'AUTORITÉ DU LECTEUR 17
L'EFFORT D'EXPRESSION DE L'OEUVRE 18
L'AUTEUR À L'INTÉRIEUR DU PERSONNAGE 19
DÉCENTRATION 19
LA RUPTURE AVEC LE MARXISME 20
L'ÉPREUVE DE CONNAISSANCE 21
LA RUPTURE AVEC LE MARXISME (2) 21
L'INDÉTERMINATION 22
L'IDÉOLOGIE CONTRE L'INDÉTERMINATION 22
L'INSTITUTION DU SOCIAL 23
LA PHILOSOPHIE 24
MARX ET L'IDÉOLOGIE 25
L'INTERPRÉTATION DES INTERPRÉTATIONS 26
L'INTERPRÉTATION 26
L'USAGE DE LA PSYCHANALYSE 27
DÉMOCRATIE ET PHILOSOPHIE 28
L'AUTRE 29
ACCEPTATION DE LA NOVATION 29
LES REPÈRES DE LA LOI 30
PSYCHANALYSE ET ORDRE SYMBOLIQUE 30
DÉMOCRATIE ET PSYCHANALYSE 31
IDÉOLOGIE 32
ERREUR ET CONTRADICTION 33

Le tournant : le travail de la pensée en prise avec
l'illusion 34

Chapitre II - INTERPRÉTATION ET PHÉNOMÈNES SOCIAUX 37

Antijudaïsme et antisémitisme politique 37
Antisémitisme et État 38
Désir de savoir, désir de liberté 40
Antisémitisme, idéologie, instrumentalité........................... 40
Pureté de l'organisme total 41
Antisémitisme et société démocratique.............................. 41
Démocratie, discrimination et antisémitisme 42
Egalité des conditions, égalité sociale,
égalité politique 43
Antisémitisme et démocratie sociale 44
Antisémitisme et antisémitisme nazi 45
L'émergence de la société démocratique 46
Défense de la vérité 46
La révolution 47
La révolution : fantasme de théorie et délire littéraire ... 48
L'esprit de la révolution 49
La Terreur 50

Chapitre III - INTERPRÉTATION ET IDÉE DÉMOCRATIQUE. 53

Politeia et philosophie de l'histoire 54
Philosophie de l'histoire et irréversibilité 55
Philosophie et sciences sociales 55
La société moderne 56
La démocratie moderne 57
Désincorporation et désintrication du savoir,
de la loi et du pouvoir 57
La division du social 59
Démocratie, légitimité et illégitimité 59
Démocratie 61
Démocratie et économie 61
Démocratie et capitalisme 62
L'énigme de l'homme 64
Démocratie et religion 64
L'espace dédoublé 65
L'existence d'un milieu 65
Le pouvoir investigateur 65
Référence de l'être social au pouvoir et à la loi 66
La philosophie politique 68
Genèse de la démocratie 69

PENSÉE DÉMOCRATIQUE ET PENSÉE LIBÉRALE 69
LA DÉMOCRATIE REPRÉSENTATIVE 70
REPRÉSENTATION, ESPACE POLITIQUE ET ESPACE PUBLIC 72
LA REPRÉSENTATION POLITIQUE :
DISSOCIATION DU POUVOIR D'ÉTAT ET DU POUVOIR POLITIQUE..... 72
LÉGITIMATION PAR L'OPINION 73
DÉMOCRATIE ET CAPITALISME 2 73

Chapitre IV - INTERPRÉTATION ET DÉMOCRATIE 77

ESPACE PUBLIC, LIBERTÉ DE PAROLE, ESPACE SYMBOLIQUE........... 77
LIBERTÉ DE PAROLE, DU DICIBLE ET DU PENSABLE 78
LIBERTÉ DE PAROLE, TEMPS DU RELATIVISME,
ÉMERVEILLEMENT DEVANT L'INFINI 78
RELATIVISME ET UNIVERSALISME EXCESSIFS, DROIT AU DOUTE..... 79
ESPACE PUBLIC 79
SOCIÉTÉ POLITIQUE : DISTINCTION BIEN/MAL, VRAI/MENSONGE ... 80
ECRIVAINS 80
RELATIVISME, NIHILISME, TOLÉRANCE 81
L'IDÉOLOGIE TOTALITAIRE 82
LE SENS HISTORIQUE SELON NIETZSCHE 83
LA LITTÉRATURE ET MICHAUX 83
L'OEUVRE : COMMENCEMENT ET SINGULARITÉ 84
DÉMOCRATIE (1) 85
DÉMOCRATIE (2) 85
DÉMOCRATIE ET INDIVIDU 86
DÉMOCRATIE ET CONNAISSANCE 86
DÉMOCRATIE (3) 87
LA DÉMOCRATIE LIBÉRALE 87
LIBÉRALISME 88
GLOBALISATION : DANTE ET KANT 89
PAUL VALÉRY 90
PHILOSOPHIE : LE SENSIBLE 91
MERLEAU-PONTY ET HUSSERL 91
LE VISIBLE ET LE TANGIBLE 92
LE LANGAGE ET LA PENSÉE 92
LA PEINTURE 92

Chapitre V - INTERPRÉTATION ET TOTALITARISME 95

L'HISTOIRE.. 96
LE TOTALITARISME 97
LA SOCIÉTÉ EFFERVESCENTE 97
L'IDÉOLOGIE TOTALITAIRE 98
MACHIAVEL 98

Démocratie et capitalisme (3) 102
Michaux (2) 103
La liberté d'être soi-même 103
La vie contemplative 104
Totalitarismes 105
La révolution antidémocratique 105
Totalitarisme 106
L'esthétique totalitaire 106
La révolution totalitaire 106
L'emportement dans la croyance 107
La foi communiste 108
Croyance et aveuglement 108
La servitude volontaire 108

Chapitre VI - INTERPRÉTATION ET IDÉE DU TOTALITARISME 113

L'imbécillité de la raison humaine 114
Le temps présent 114
L'incertitude 115
Aron et l'État national 115
Renan, Michelet et la nation 116
Nation et souveraineté 116
Nationalisme 118
Penser le totalitarisme 118
Le renoncement à penser 119
La règle de la confession et l'artifice du raisonnement 119
Le refus de penser 120
Aron : démocratie et totalitarisme 122
Aron et le totalitarisme 122
Aron et la définition du totalitarisme 123

Chapitre VII - INTERPRÉTATION ET DROITS 127

Valeurs 128
Ville et liberté 128
Le rapport de tous avec tous 128
Villes flamandes 129
Florence 129
L'humanisme civique 129
Machiavel 130
Villes différentes de celles de l'Antiquité 130
Droit international, droit des États 132
Le « droit de » et le « droit à » 132
Droit relationnel, droit des minorités 133

PRINCIPE DE SOUVERAINETÉ, PRINCIPE DE NON INGÉRENCE,
DROIT DES MINORITÉS 133
PEUPLE, ÉTAT, ESPACE COMMUN 134
PATRIMOINE DE L'HUMANITÉ 134
LE CRIME CONTRE L'HUMANITÉ 135
LES DÉCLARATIONS DES DROITS 136
LES ACCORDS D'HELSINKI 137
LA COUR PÉNALE INTERNATIONALE 137
LE DROIT INTERNATIONAL 138
S'INSINUER ENTRE LES TEXTES 138
« CONTRE BLANCHOT » 139

Chapitre VIII - INDIVIDU ET SUJET 141

PSYCHOLOGIE ET MATÉRIALISME 141
L'INDIVIDUALITÉ 142
LA LUTTE INDIVIDUELLE 143
L'INDIVIDU 143
LA PLACE DE L'INDIVIDU 144
L'INDÉPENDANCE DE L'INDIVIDU 144
PERMANENCE DU FANTÔME DU SUJET 145
LE JE ET LE ON 146

Chapitre IX - FAITS ET EVENEMENTS 149

LE FASCISME 150
RÉVOLUTION ET IMPÉRIALISME COLONIAL 151
BOURGEOISIE INDOCHINOISE ET USURE 151
PROLÉTARIAT ET PAYSANNERIE EN INDOCHINE 152
DÉFAITE RÉVOLUTIONNAIRE COMME EXPÉRIENCE 152
LE MATÉRIALISME VULGAIRE 152
MARXISME, HISTOIRE, ACTION 153
LES CONDITIONS DU FASCISME 153
UN PHÉNOMÈNE HISTORIQUE COMME STRUCTURE 154
L'OR 154
LE BANDITISME 155
LES LUTTES RÉVOLUTIONNAIRES DANS LES PAYS DE L'EST 155
LES CONSEILS OUVRIERS EN POLOGNE (1958) 156
GAULLISME ET FASCISME (1) 156
FABULATION, SPÉCULATION, MACHIAVÉLISME 157
SINGULARITÉ DU GAULLISME 157
RATIONALITÉ INDUSTRIELLE ET POUVOIR ÉTATIQUE 158
GROUPES DE PRESSION ET ÉTAT 159
GAULLISME ET FASCISME (2) 159
LE PROBLÈME DE LA RÉFORME DE L'ÉTAT 159

Le bonapartisme 160
Histoire, comédie, hasard politicien 160
Capitalisme, nationalismes, lutte de classes 161
Lutte de classes, maîtrise du social,
lutte contre la domination 161

Chapitre X - RÉVOLUTION ET POLITIQUE 165

La brèche 166
La révolution (1) 166
La révolution (2) 168
La révolution (3) 168
Négociation, pouvoir du parti et de l'armée (Pologne) ... 169
Réinvention de la démocratie 169
Capitalisme 170
Chute de l'URSS : le facteur politique (Gorbatchev) 171
Russie 171
L'État 172
Post-communisme 172
Tension entre capitalisme et démocratie 172
Désir de pouvoir, moyen de gouvernement 173
Ambiguïté de la position et du discours de Juppé (1995).... 173
Populisme de gauche pendant du populisme de droite 174
Populisme de gauche 175
Revendications politiques 175
Discussions et prise de conscience 176
Dénégation du politique 177
Globalisation, mondialisation 177
Désarticulation de l'idéologie bourgeoise 178

Chapitre XI - TOTALITARISME 181

Stalinisme, PC, revendications (1) 182
Stalinisme, PC, revendications (2) 182
La dictature stalinienne 183
La dictature de l'État et du parti sur le prolétariat 184
Trotski et le trotskisme 184
Déductivisme et discipline du parti 185
Le totalitarisme et l'homme en trop 186
Le pouvoir bureaucratique et la révolution hongroise . 186
La « fissure » 187
Totalitarisme 187
La censure dans les totalitarismes 188
La censure dans le totalitarisme stalinien (1) 188
La censure dans le totalitarisme stalinien (2) 189

TOTALITARISME ET DÉMOCRATIE 189
LES « FISSURES » 189
DÉFINITION DU TOTALITARISME (4) 190
DÉFINITION DU TOTALITARISME (5) 190
CRÉATIVITÉ D'UN HOMME RESTAURANT LA LOI ET L'ÉGALITÉ 192
SYSTÈME BUREAUCRATIQUE, SOCIÉTÉ TOTALITAIRE,
TOTALITARISME 193
LES LIBERTÉS (GORBATCHEV) 193
CONFLITS, LIBERTÉS, POUVOIR (GORBATCHEV) 194
DÉSIR DE LIBERTÉ ET SENS DE LA LOI 194
HISTOIRE, SOCIOLOGIE ET PHILOSOPHIE 195
TOTALITARISME : DESTRUCTION DE LA SOCIÉTÉ CIVILE 195
ATTRACTION DU COMMUNISME 196

Chapitre XII - LA GUERRE 201

GUERRES COLONIALES 202
LA GUERRE EN ISRAËL 202
POLITIQUE ET PAIX SOCIALE 203
LA GUERRE (1) 203
LA GUERRE (2) 203
LA GUERRE (3) 204
GUERRE ET NÉGOCIATION 205

Chapitre XIII - SOCIÉTE ET LIEN SOCIAL 207

RÉALITÉ SOCIALE ET SOCIÉTÉ MODERNE (1) 208
RÉALITÉ SOCIALE ET SOCIÉTÉ MODERNE (2) 209
RÉALITÉ SOCIALE ET SOCIÉTÉ MODERNE (3) 210
SPECTACLE 210
L'HÉTÉROGÉNÉITÉ DU SOCIAL 210
LE DIALOGUE 211
L'AUTO-INSTITUTION DU SOCIAL 212
SOCIÉTÉ CONTRE L'ÉTAT, L'ÉTAT, L'ÉTAT MODERNE 212
LA RÉVOLUTION (1) 213
LA RÉVOLUTION (2) 213
L'INSTITUTION DU SOCIAL (2) 214
« SOCIÉTÉS STAGNANTES » 215
L'ÉTAT ET SA FONCTION 215
LA LIBERTÉ POLITIQUE 216
L'ÉTAT 216
LA DÉMOCRATIE SAUVAGE COMME EXPÉRIENCE COLLECTIVE 217
DÉMOCRATIE, ÉTAT ET REVENDICATION DES DROITS 218
DIFFÉRENCIATIONS SOCIALES 218
REVENDICATION DE LA REVENDICATION 219

LE MODÈLE SOCIALISTE SOVIÉTIQUE 219
LA SOCIÉTÉ 219
PSYCHANALYSE ET POLITIQUE (AU SENS DU POLITIQUE) (1) 220
SOCIAL (2) 221
ÉTAT 221
DÉFINITION DU CAPITALISME 222
CONCEPTION DE LA DÉMOCRATIE 222
SYNDICAT (CFDT) 223

Chapitre XIV - 1968 ET APRÈS ? 227

MAI 68 : EFFERVESCENCE RÉVOLUTIONNAIRE 227
SENS DE L'INDÉPENDANCE ET ESPACE PUBLIC 228
MAI 68 : LA DÉMOCRATIE 229
PLURALITÉ DES IMAGINAIRES, PRINCIPE DES DROITS
(LE FIS ALGÉRIEN). 229
LE FRONT NATIONAL 230
LE MAUSS (MOUVEMENT ANTI-UTILITARISTE
DANS LES SCIENCES SOCIALES) 231
LE MAUSS (CRITIQUE DE LEFORT) (1) 232
LE MAUSS (CRITIQUE DE LEFORT) (2) 232
RÉSISTANCE ORGANISÉE DES SALARIÉS 235
CONVERGENCE DU LIBÉRALISME ÉCONOMIQUE
ET DU LIBÉRALISME POLITIQUE 236
AGGRAVATION DES DIFFICULTÉS DE L'INTÉGRATION SOCIALE 238

Chapitre XV - LE POUVOIR 241

LA QUESTION DU POUVOIR 242
LE POUVOIR DÉMOCRATIQUE (1) 243
LE POUVOIR DU PEUPLE 244
LE POUVOIR DÉMOCRATIQUE (2) 245
LIEU DU POUVOIR COMME LIEU VIDE 246
POUVOIR ET SOCIÉTÉ (GUIZOT) 249
LE POUVOIR INVESTIGATEUR 251
LA RÉFÉRENCE AU POUVOIR ET À LA LOI 252
POUVOIR DE LA PAROLE ET DE L'INTERPELLATION 252
LA PERVERSION DE LA DÉMOCRATIE 253
NATION ET SOUVERAINETÉ 254
DÉMOCRATIE : POUVOIR DÉSIGNANT UN LIEU VIDE 255
POUVOIR ET DROIT 255
LE POUVOIR, LA LOI ET LE SAVOIR 256

Chapitre XVI - LES DROITS DE L'HOMME 259

DROITS DE L'HOMME ET DÉCISION 260

ÉTAT ET DROIT 261
DROITS DE L'HOMME ET RÉSISTANCE 262
RÉVOLUTION POLITIQUE BOURGEOISE, ILLUSION DU POLITIQUE
ET ILLUSION DES DROITS CHEZ MARX 263
CRITIQUE CAPITALE DU TEXTE DE MARX
SUR LES DROITS DE L'HOMME 263
EFFACEMENT PAR MARX DE LA DIMENSION
DE LA LOI DANS LES DROITS 263
POUVOIR ET DROIT 264
ESPACE PUBLIC ET DROITS 265
DROITS DE L'HOMME, ESPACE PUBLIC ET PLACE INDIVIDUELLE ... 266

CONCLUSION 269

L'Harmattan, Italia
Via Degli Artisti 15 ; 10124 Torino

L'Harmattan Hongrie
Könyvesbolt ; Kossuth L. u. 14-16
1053 Budapest

L'Harmattan Burkina Faso
Rue 15.167 Route du Pô Patte d'oie
12 BP 226 Ouagadougou 12
(00226) 76 59 79 86

Espace L'Harmattan Kinshasa
Faculté des Sciences Sociales,
Politiques et Administratives
BP243, KIN XI ; Université de Kinshasa

L'Harmattan Guinee
Almamya Rue KA 028 en face du restaurant le cèdre
OKB agency BP 3470 Conakry
(00224) 60 20 85 08
harmattanguinee@yahoo.fr

L'Harmattan Cote d'Ivoire
M. Etien N'dah Ahmon
Résidence Karl / cité des arts
Abidjan-Cocody 03 BP 1588 Abidjan 03
(00225) 05 77 87 31

L'Harmattan Mauritanie
Espace El Kettab du livre francophone
N° 472 avenue Palais des Congrès
BP 316 Nouakchott
(00222) 63 25 980

L'Harmattan Cameroun
Immeuble Olympia face à la Camair
BP 11486 Yaoundé
(00237) 99 76 61 66
harmattancam@yahoo.fr

L'Harmattan Senegal
« Villa Rose », rue de Diourbel X G, Point E
BP 45034 Dakar FANN
(00221) 33 825 98 58 / 77 242 25 08
senharmattan@gmail.com

642388 - Février 2016
Achevé d'imprimer par